北太平洋の先住民交易と工芸

大塚和義編

思文閣出版

北太平洋の先住民交易と工芸　目次

総　論

北太平洋の先住民交易とその歴史的意義

大塚　和義

1―はじめに

ここでいう北太平洋とは、ベーリング海峡をはさんだ新旧両大陸の北部地域である。すなわち、日本列島を含むユーラシア大陸東部地域、さらにアリューシャン列島からアラスカおよびアメリカ北西海岸の広大な範囲であり、そこで歴史的に行われてきた交易とそれに刺激された結果ともいえる特徴ある華麗な工芸を俯瞰しようとするのが、本稿の目的である。

北太平洋地域の自然環境は、おしなべて厳しい。この環境に適応して生き抜くために、人類は、風雪にたえぬく生存戦略を創造した。たとえば、石器をつくり使いこなすというすぐれた技術の開発であった。はるか数万年前の後期旧石器時代のマンモスハンターたちがユーラシア大陸の極北近くまで環境に適応し生活地を拡大できたのは、食料として重要である巨大なマンモスをたおす技術以外に、さまざまな毛皮獣の捕獲の巧みさに支えられて、防寒防風に効果的な衣服や住居が考案されたからである。同時にマンモスの牙製のみごとに表現された女性像など、工芸の技術も創造されている。

また、彼らの主要な道具である石器の材料となる原石は、はるか遠い地域で産出するものも使われており、数百kmあるいはそれ以上の石材の移動が認められている。たとえば、北海道十勝山系産の黒曜石が、約400km離れたサハリン島のソコル遺跡でも石器に加工されている。この原石の移動には、湧別（ゆうべつ）技法と呼ばれる高度な石材剝離の技術もともなっている。さらに12000年ほど前から始まる、土器を作り出す技術をもった縄文文化時代においても、その前期の時期には、青海（おうみ）・糸魚（いとい）川産のヒスイが、北は北海道の礼文島から南は鹿児島県まで、日本列島の広範な地域の遺跡から発掘されている。このような「もの」の移動・拡散は、直接的になされた場合もあろうが、はるか旧石器時代より多くは仲介する役割をもったネットワークをへて間接的に「もの」と「もの」の交換、つまり「交易」によってなされたものが主体であろう。

交易は単に「もの」の交換だけでなく、人間が互いに対面し、対話することによって情報の伝達や技術の移転が行われ、双方向の経済的文化的交流でもあった。交易の方法は、じつに多様な形態が産みだされ、儀礼をともなうなど複雑な手続きによってなされてきたことが世界各地の民族誌の事例から知られている。たとえば、交易の開始前には儀礼的な挨拶や贈答が行われ、ついで目的とする物品の交換となり、互いに等価値とみなして成立するのである。

すでに述べたように、北太平洋の先住民は、旧石器時代から物流を行ってきたが、旧大陸とその縁辺部に居住する先住民は歴史的に早くから中国を中心とする周辺国家や交易商人と接触し、日本列島北部の先住民は遅くとも7世紀前後から本格的な東アジアの商品経済圏の枠組みに囲い込まれた。同時に、この地の先住民は、商品価値の高い毛皮生産に生活活動の力点をおかなければならなくなった。

17世紀にはクロテンの毛皮を求めてロシア帝国による急速なシベリア進出が展開され、シベリア先住民の居住地に踏み込んで横暴にふるまうコサックを主力とするロシア勢に対して、ヤクートやコリヤークなど多くの先住民が果敢に戦闘を行うことも頻発した。しかしロシアは圧倒的な軍事力によって先住民の抵抗を抑え、毛皮交易を活発に展開した。やがてロシアはベーリング海峡を越えたアラスカやアメリカ北西海岸までの地域を掌中にして先住民との交易を行い、莫大な利益を得た。1799年には帝政ロシアの国策交易会社である露米会社が設立され、シトカにその基地が建設された。そこでロシアが求めたものは最上級の毛質を誇るラッコの毛皮であり、その捕獲には卓越した海獣狩猟技術をもつ先住民アリュートが動員されたことはよく知られている（交易図参照）。

本稿では、主として筆者が現地調査に力点を置いた北海道・サハリン島および大陸のアムール川流域における先住民交易について、歴史的な転換期を明らかにしながら具体的な「もの」を通して記述したい。

2─オホーツク文化におけるラッコとクロテン

黒褐色に輝く光沢と滑らかな感触でラッコに勝るものはないだろう。有数のラッコの繁殖地である千島列島中部のウルップ島が、日本では1604年刊行の地図に記載されているところから、遅くとも近世初期から「ラッコ島」と呼ばれていた。

しかしそれ以前の７～10世紀に北海道オホーツク海沿岸に展開していたオホーツク文化期には、ラッコはクロテンとともにすでに高価な交易品になっていた可能性が強い。

北海道のオホーツク文化期の墓には、鉄刀や鉄鉾や鉄斧などの金属製品や帯金具、それに軟玉製環などが副葬されており、オホーツク文化人がサハリン島や大陸のアムール川流域の同時代の文化集団と活発な交易を展開し、中国周辺国家の製品を入手していたことは明らかである（菊池　1976）。同時代、北海道に広く分布して漁撈採集と本州との交易活動を生活の基盤にしていたと考えられる擦文文化人とは異なり、オホーツク文化人は卓越した海獣と陸獣の狩猟技術をもって、およそ７世紀に、とつぜん北から北海道島に南下してきた集団であり、筆者はそ、の契機が、上質の毛皮入手を主目的とした行動であったことを強調しておきたい。

オホーツク文化の遺跡からは多量の動物の骨格が出土しているが、ラッコの骨格遺存は極めて乏しい。しかし、オホーツク文化のいくつかの遺跡から牙や角にラッコの姿をリアルに表現した10世紀頃の彫刻品が出土していることは注目しなければならない。たとえば、羅臼（らうす）町松法（まつのり）遺跡出土のラッコ彫刻は腹部の体毛の表現が中心線と矢羽状の線刻からなっており、トナカイの角を素材にしている（写真１）。トナカイは北海道島には生息しておらず、この角を入手するにはサハリン島北半部もしくはアムール川流域のトナカイゴケの繁

写真１　ラッコの彫刻（北海道羅臼町松法遺跡出土／オホーツク文化期）

写真１　北海道羅臼町教育委員会蔵（涌坂周一氏撮影）

茂する地帯との往来がなければ不可能である。また、常呂町常呂川河口遺跡出土のラッコ彫刻はヒグマの犬歯を素材にし、前肢を胸に置いて腹部体毛の表現は中心線と矢羽状の線刻からなっている。これらの彫刻品のみごとな表現は、実際にオホーツク人がラッコの姿態を熟知できる状況にあったことを示しているだろう。

陸獣で最高級の毛皮であるクロテンの骨格は数多くオホーツク文化の遺跡から出土している。たとえば常呂町栄浦遺跡からは少なくとも23個のクロテン頭骨の出土が報告されている。しかもその頭骨にはその一部を刃物で切り取って脳を取り出した痕跡が明瞭であるものが多い。これは、アイヌのクマ送り儀礼と同様の信仰観念にもとづく、霊送り儀礼が丁重に行われていたことを示すものである。19世紀のサハリンアイヌには木製のテン送り容器が存在しており、クマと並んで霊送りされる獣としてクロテンが特別な扱いを受ける位置にあったことを物語っている。しかし、もはや現在ではテン送りの詳細を知ることはできない。

しかしながら、クロテンと並んで最上の毛皮獣であるラッコに対するなんらかの儀礼は、オホーツク文化はもとよりそれ以後の先住民文化にも明らかでなく、存在しなかった可能性が強い。ラッコの主要な生息地がオホーツク文化の辺境地帯であり、オホーツク文化人がウルップ島周辺に接触、あるいは猟を行った時期も、9世紀以降と考えている。ラッコは生息地で捕獲解体され、製品化されて、毛皮だけが運ばれたという事情が、オホーツク文化の遺跡からラッコの骨格がほとんど出土しないこと、送り儀礼の確かな痕跡がつかめない理由であろう。

これらのことから推量されるのは、当初、オホーツク文化人がクロテンの毛皮を求めて宗谷海峡を越えて北海道島のオホーツク海沿岸を南下し、それとともに商品としてのクロテンの毛皮を自分たちの居住地周辺で捕獲していたことである。やがて最上級のラッコの毛皮の存在が知られ、クロテンの毛皮とともに北海道北部沿岸を経由して、サハリン島やアムール川流域にもたらされ、さらに中国へと運ばれていたと考えたい。しかも、このオホーツク文化には、ベーリング海域に生息するセイウチの牙を加工した女性像が存在する（大塚1968）。オホーツク文化人は、予想をこえる交易ネットワークの広がりを保持していた交易集団でもあった。

北海道島においてオホーツク文化人と接近して居住していた擦文文化人は、本州の和人社会と頻繁な交易活動を行っており、ラッコやクロテンの毛皮もこのルートに乗って本州へも運ばれたことであろう。北海道島で土器を用いる文化の最末期に位置し、アイヌ文化の直接の担い手であると考えられている擦文文化は、北海道島を中心に、7世紀から12世紀まで存続した文化であり、海浜や河口、大きな河川の流域において、サケ・マスなどの漁撈を中心に狩猟や植物採集を生産の基礎に置いていた。擦文文化人は、本州産の鉄製武器や農具を相当数保持し、漆器もわずかながら所有していたことが考古学的な遺物から証明されている。また津軽・下北でも擦文文化の遺跡が少なからず発掘されており、頻繁な往来、すなわち擦文文化人と本州の和人社会との積極的な交易が展開されていたことは明らかである。

3—毛皮商品生産へ転換する先住民

少なくとも12〜13世紀ごろに中国を主軸にして、それに日本や朝鮮、さらに東南アジア諸国家などもくわわって、東アジア商品経済圏は大規模な成長と発展をとげた。これにともない、先住民社会でも自家消費の獣捕獲から商品としての毛皮生産への転換が急激に起きる。

「19世紀初頭の北太平洋地域の交易ルート」（大塚和義 © 2003）

アメリカ合衆国
英領カナダ
ロシア領
アメリカ
（アラスカ）
ベーリング海峡
チュコトカ半島
セントローレンス島
ジュノー
アラート・ベイ
シトカ
バンクーバー島
ビクトリア
サンフランシスコ
コディアク島
ベーリング海
リューシャン列島

先住民が交易船の建造と自在に操船する技術をもつことは、交易活動を展開するために大きな役割りをもつが、良質な交易品の安定的な生産がより重要であろう。商品としての毛皮は比較的軽く、多量に船積みすることができる。高値に売れる商品の毛皮を生産するためには、毛皮獣それぞれの習性や生態を熟知し、意図的に選択して捕獲しなければならない。そのためには捕獲用具の罠や仕掛け弓などさまざまな捕獲技術の改善が必要である。

とくにアイヌ社会では、それまでほとんど積極的に捕獲しなかったといってよい比較的小型のクロテンが捕獲の主体となり、ついでカワウソやキツネなども対象になったと考えたい。すなわち、食料や衣服の材料に適しているエゾシカを中心とした猟から、高価な商品としての毛皮獣が捕獲の対象となったのである。そのうえ、捕獲した獣の皮を手早く剝いで乾燥し、鞣すというすぐれた加工技術がなければ商品にはならない。それを効率よく行うための集団の存在が欠かせない。

さらに、毛皮獣を捕獲するハンターたちは、シーズンには広範な地域で狩猟活動を展開する。これらを統率して、集荷体制を確立し、商品的価値づけや交易者との交渉や利益の分配などを円滑に行うためのリーダーが出現することが通例である。商品となる毛皮の格づけのために、毛質や大きさ、鞣しの善し悪し、傷の有無などの点検と選別が行われる。おそらく、交易のリーダーが、アイヌ社会の地域的有力者となり、経済力を背景に強い統制力を持つ首長制的社会の出現をみるのである。そうした成熟社会のひとつのモニュメントがチャシと呼ばれる砦柵の構築であると考えたい。

毛皮が交易品としての重要な役割を有するにつれて、交易によって得られる外来品は、先住民社会のなかで重要度を増してくる。それなくしては、生活が成り立たなくなることもある。アイヌ社会においては、日本製の漆器類、ことに椀や行器などが必需品となり、財貨的な価値をもつ宝物「イコㇿ」が成立した。また、嗜好品としての酒やタバコが儀礼に欠かせない存在となった。こうして、捕獲対象の獣が、食料や衣服などに用いる自家消費の獣の捕獲から、商品価値のある毛皮獣の捕獲と毛皮生産へと大きく変化したのである。

アイヌの伝統的な居住地域アイヌモシㇼ（アイヌ語で人間の土地）は、日本と中国という二つの国家を結ぶ交易ルートの要地に位置し、歴史的に北方ルートや南方ルートによる交流や交易を持続させてきた。つまりアイヌは、北方の先住民の交易ネットワークにのって直接的・間接的に中国と関係をもち、南方の本州和人に渡したアイヌの生産物がさらに中国へ輸出されるという関係ももっていた。

すなわちアイヌは、自家生産品である毛皮や海産物をもって和人社会と交易していただけでなく、大型のイタオマチㇷ（板綴り船）を用いて、北方のアムール川流域に生活していたサンタン（山丹）人（現在のウリチが主体）と呼ばれていた人たちと交易し、高級な中国製絹織物を主体に、ガラスの青玉やワシ・タカの羽根などを持ち帰り、これらを松前藩に上納したり松前城下の和人商人に売却して、仲介交易者として相当な利益をあげていたと推測される。

このようにアイヌ社会が両国家の商品経済圏に組み入れられた結果、その旺盛な経済活動を背景に集団組織の規模を拡大し、民族的な枠組みを強力に、しかも急速に形成していったのである。アイヌの民族的集団構成と文化的な枠組みの形成の時期は、13世紀から14世紀にかけての時期であると、筆者は考えている（大塚　1993）。

写真 2（左） デレンの満州仮府において清朝官吏にクロテンの毛皮を朝貢する先住民
写真 3（右） 花翎（クジャクの羽根）。ブラワ村のウリチの有力者の家に伝来。

4 ―アムール川先住民の交易活動

アムール川地域とサハリン島の先住民は、中国の13世紀後半に建国された元、ついで明の両時代から支配を強化された。さらに17世紀初頭に成立する清朝時代にはきわめて有効な先住民支配のシステムである辺民制度のもとで、毛皮徴税の義務を課せられた。アムール川流域ではナナイ、ウリチ、ニヴフなどの諸民族であり、サハリン島ではニヴフ、ウイルタ、アイヌが徴税に応じていた（松浦　1987,1991）。

その状況を視察したのが、1809（文化６）年の間宮林蔵による海峡横断であった。大陸のデレンに設置されていた満州仮府（写真２）における清朝官吏による先住民支配の実情を探った林蔵は、帰途はアムール川河口に出るルートをとり、その下流沿いの集落アウリを訪れている。アウリの住民は、ソビエト政府の政策によって1950年代に５～６㎞上流に位置する現在のブラワ村に移住した。この村の人口の約半分、1000人はウリチ民族である。しかもアイヌを先祖とするという伝承をもつクイサリとドゥワンという二つの氏族がブラワに住むウリチの半数以上を占めている。

アムール川流域には現在、かつての清朝の辺民制度による支配を証拠だてる「もの」がかなり残されていることを筆者が始めて明らかにした（大塚　1991）。ブラワ村の小さな博物館には、中国製の龍文で飾られた絹製の衣服、軟玉や陶磁の杯、銀製の化粧道具などが展示されており、個人の家にも、代々継承されてきた中国製品が大切に所蔵されている。官位を示す帽子につける花翎（かれい）などはその一例である（写真３）。

辺民制度のもとでは、クロテン毛皮およそ100枚ほどをはじめ少なからぬ量の毛皮を献上したアムール川流域の先住民に対して、清朝皇帝は引見を許した後、官位とともに高官の娘として仕立てられた女性を妻として与えた。そして龍文で飾られた官吏の衣服などさまざまな品物とともに高貴なる女性は先住民の村へやってきたのである。この具体的な記録文書については、松浦茂氏によって詳細な解読と分析が行われている（松浦　1996）。

筆者が注目したのは、たくさんの中国製品とともにブラワには日本製とわかる漆器が伝えられていることであった。18～19世紀にかけての日本製の漆椀と高台を30個ほどまとめて伝えていた家は、アイヌ出自の伝承をもつドゥワン氏族の一員である。これらの漆器はクマ送

写真２　間宮林蔵述・村上貞助編『東韃地方紀行』1811年成立写本より（個人蔵）／写真３　ブラワ村ドゥワン氏族に伝来所蔵

写真４（左）　古く日本に伝来した獣皮衣。裾に特徴ある文様が青地に白糸で施されている。文様からみて明らかに現在のウリチと同じであり、彼らが山丹人の子孫であることが判明したと筆者は考える。
写真５（右）　秦檍麿『蝦夷島奇観』（1800年頃成立）に描かれた「満州服」は、中国製の絹衣の裾にウリチ文様が白地に青糸で表現されている。

り儀礼になくてはならないものであったという。しかも、漆椀の底には明らかにアイヌのシロシ（所有をしめす刻み印）とみてよい線刻が付されたものもいくつかある。このシロシ付きの漆椀の存在は、アイヌの血を引く人たちがブラワ（当時アウリ）周辺に交易のためにしばしば往来していたこと、そして重要なクマ送り儀礼にも参加していることをうかがわせ、集団の成員となってこの地に生活して生涯を終えた者がいた伝承を裏づけるものであろう。

さらに、アイヌが織ったものか、その技法が伝わってこの地で作られたのか、「クイウマリ」と呼ばれる帯がウリチ地区には広く残されている。これはまさしくクイ（苦兀、つまりカラフトアイヌ）が交易品としてもたらしたものであると考えたい（II－７「ウリチの帯・クイウマリ」参照）。

サハリンアイヌ特有のイラクサなどの繊維を編んで作った編袋が、アムール川中流域の先住民ナナイまで分布している。アイヌ自身が交易のために自製品のいくつかをアムール川流域に持ち込んでいることはきわめて興味深い。しかも、この編袋は、中国製錦の衣服やその端布入れとして使われて、現在にまでいたっている。

アムール川流域の先住民、ことにウリチやナナイは中国製品の仲介交易者だっただけではない。中国製の錦衣から糸を採り、鞣し皮や絹布などを仕立てた衣服に色彩ゆたかな絹糸の刺繍を施した先住民自製の品が、日本社会にまでもたらされていたことを証明する「もの」も実在している。現在、静岡市立芹沢銈介美術館に所蔵されている獣皮衣は劣化がはげしく、いかにも年月の経過をおもわせる資料である（写真４）。1800年頃に描かれた秦檍麿（はたのあはきまろ）の『蝦夷島奇観』の異本には、「満州衣服種々渡来……十徳といへり」と説明文がついた衣服がみえる（写真５）。両者が類似することは明らかであり、描かれた衣服が北方からもたらされたという認識と、その時代のものであった可能性もある実物資料の存在は興味深い。

アムール川流域の先住民が、クロテンの毛皮、チョウザメの筋、チョウザメの膠、ワシ・タカの羽根などの原材料を交易品として生産していただけでなく、精巧な装飾を施した魚皮衣やチョウザメ皮製のタバコ入れなども商品として製作されていたことが筆者の調査により明らかになった（II—11「アムール川流域先住民の魚皮衣」参照）。

写真４　静岡市立芹沢銈介美術館蔵／写真５　個人蔵

写真６　ウリチの村ブラワに伝来したタバコ入れと火打ち具入れの木型。右のタバコ入れはチョウザメの皮で作られることが通常で、交易品にもされた。この地で盛んに製作され、交易によって広く流通し、アイヌや和人社会にも入ってきている。

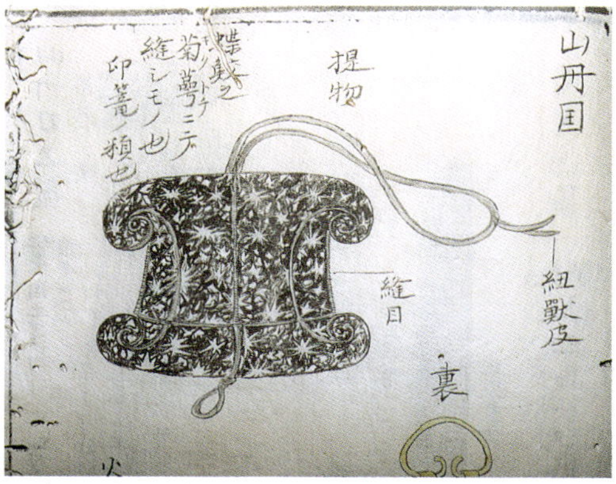

写真７　温井亨『蝦夷広覧』に描かれた「山丹国………印篭ノ類也」と記述されたタバコ入れ

ブラワの博物館に古いタバコ入れと火打ち具入れの木型が展示されている（写真６）。村の古老によると、若いチョウザメの尾部には突起が多くあり、これをイラクサなどの茎を束ねたもので研ぎ出すとみごとな星形模様が浮き出てくる。これを木型で成形してタバコ入れなどの容器を作る。そしてこの星形文様のタバコ入れは珍重されたと聞いているという。

実際に、これが山丹人の産したものとして温井亨『蝦夷広覧』（19世紀前半頃成立とみられる）に丹念な図入りで掲載されている（写真７）。そしてこの形式のタバコ入れの現物が、アイヌ社会や日本社会にも少なからず伝わっているのである。木型の存在とその由来から、この糸巻きの形態で合せ蓋形式のタバコ入れの製作地がアムール川流域であることは確実といえる。しかも興味あることには、このタバコ入れとセットになる半円形の火打ち具入れの木型がブラワの博物館に所蔵されている。そして、この木型で作ったとみなしてよいほど近似した形状の火打ち具入れが、現在、大阪の国立民族学博物館に収蔵されている。

５―交易品のガラス玉と先住民工芸

北太平洋の先住民は交易によってガラス玉を入手し、独自のデザインで首飾りに綴り、衣服や帽子、ベルトやカバンなどの装飾に用いてきた。

いうまでもなく、供給する側の交易者たちは、たいていは、手のこんだ高度な技術を要して作られるガラス玉ではなく、簡単な製法で大量にしかも安価にできるものを供給した。これらの条件に合致するガラス玉の色は青、黒、白であり、サイズもそれほど大きいものではない。北太平洋全域の先住民が用いていた玉類は、単色のものが圧倒的に多く、先述の青、白、黒に加えて黄や琥珀色や緑である。また、需要する先住民側は、ガラス玉やその形・色に意味づけや価値づけをしていることが多い（Ⅲ―３「カムチャツカ半島先住民のビーズ工芸」参照）。つまり玉に霊力があると信じるなどである。筆者はカムチャツカ半島の先住民エヴェンから、青は「空」、黒は「大地」、白は「幸福」を意味すると教えられた。また、玉の孔からのぞくと別の世界が見えるとも語ってくれた。

アイヌ女性の正装に首飾りは欠かせない。首飾りは、色もサイズもさまざまのガラス玉、少ないながら真鍮や錫などの金属製玉、鳥の管骨や石の玉や古銭、あるいは中国製のキセルの雁首を切断したものなどが綴られている。直径５cm以上もある大きな青（浅葱色）玉やア

写真６　ブラワ村博物館蔵／写真７　温井亭自筆稿本より

イヌ語でシトキという金属板を中心に置いてガラス玉を連ねた、総重量が2kg前後にもなるものもある（写真8・9）。また左右対称に同様の大きさや色合いの玉を2～3筋に部分的に連ねるなどの形式がアイヌの首飾りの特徴である。

考古学的出土遺物としてのガラス玉が、アイヌ文化の人たちに用いられたことが明白なのは千歳市美々8遺跡のものである。この遺跡からは、火山灰の年代測定から1667年と1739年の間と、1667年以前の文化層からガラス玉が30個ほど出土している。その形態は丸玉、蜜柑玉など最大直径1.3cm、最小直径0.4cmであり、全体的に小型である。色は浅葱、緑、青、白、透明で、成分分析の結果、鉛ガラスとアルカリ石灰ガラスの2種が判明しており、やがて原材料の産地が明らかにされて流通ルートも正確なものになるであろうが、現在は基礎的な実験段階である。

北海道やサハリンのアイヌが入手したガラス玉類の対価としては、毛皮や海産物が相手方に渡ったと容易に推測できる。いわゆる山丹交易が活発に展開した18世紀～19世紀に、山丹地方と呼ばれていたアムール川流域の先住民の手を経て中国製のガラス玉がアイヌの手元に蓄えられ、女性の財産として保有され、財貨的な役割も担って母から娘へ受け継がれていった。

間宮林蔵が大陸に渡った文化6年（1809）以後、サハリンのアイヌが直接大陸に出かけて交易活動を行うことは難しくなった。幕府は明治に入る直前までサハリン南端の白主（しらぬし）で直接山丹人と交易を行い、この時の物品記録がいくらか残っている。その最も古い享和3年（1803）の資料には青玉の記載は一切なく、錦衣類や鷲羽などである。嘉永6年（1853）の「北蝦夷地御引渡目録」によれば、実際のサイズは不明であるが（ガラスの）小玉は青色玉1904連、白色玉77連、飴色玉10連の計1991連、中玉は色は不明で515個と記載されている。これに対して元治2年（1865）の「山旦（さんたん）人渡来一件」のなかに記載された玉類をひろうと、

写真8（左）　アイヌのシトキ（飾り板）付き首飾り。中央に円形の飾りをつけ、青い大玉や色彩ゆたかな各種の玉を連ねている。円形飾りには、両端に中国製とみられる揺がつけられている。一般にアイヌの玉には中国や日本製ばかりか、はるか遠く中近東やヨーロッパ製のものも含まれており、アイヌの交易ルートの広がりを示している。
写真9（右）　首飾りをつけ盛装してクマ送り儀礼に参加したアイヌ婦人

写真8　個人蔵／写真9　帯広市にて（1979年）

写真10　千島アイヌの首飾り。ラッコ皮と交換に入手したものであろうか。玉擦れが顕著で長年使用されていることがわかる。

青大玉194個、青玉30連、青小玉207連、青黒小玉50連、紫小玉５連、白小玉17連である。すなわち、嘉永６年には2000連近くのガラス玉が交易品として山丹人によって白主に持ち込まれているが、そのなかに大玉はまったく見当たらない。その12年後、元治２年には大玉194個が持ち込まれており、いわゆる山丹渡来の（中国製）大玉が元治２年には北から相当量入ってきている。おそらく嘉永６年以降に山丹人が大玉を積極的に交易品として持参したと、記録からは述べることができる。しかしふしぎなことに、交易ルートであるアムール川流域に、現在大玉を所有している者はいない。その理由を解き明かすことは今後の課題である。

江戸中期から後期にかけて、和人社会には「蝦夷趣味」ともいうべき流行があったようで、タバコ入れの緒締めとしてアイヌ玉、とくに浅葱色の「虫の巣玉」と呼ばれるガラス玉が好まれた。この玉は虫の巣のようにみえる気泡がある玉で「カラフト玉」とも呼ばれたことは、この玉が当初は北からアイヌの手を経て本州にもたらされたことを物語るだろう。本州の和人自身がガラスの玉類を豊富に生産してアイヌ社会にもたらすのは19世紀に入ってからと推定されている。明治30（1897）年頃まで、北海道からの注文に応じて盛んに美しいガラス玉を作ったという聞き取り（杉山寿栄男　1936）もあることから、アイヌの首飾りが、現在各地に大量に残されている大玉や各種のトンボ玉を綴った派手な形態になったのは、それほどに古い時期ではないと考えたい。明治末から大正時代にかけてのアイヌ観光の隆盛にともなって衣装が華やかになり、数多くの刀や漆塗りの行器などが蓄積されたのと同じ現象であったと考える。

緑と琥珀色と青の直径１cmばかりのガラス玉を連ねた色丹島居住の千島アイヌの首飾りがある（写真10）。これらのガラス玉は明らかに中国製である。特徴ある緑色のガラス玉は、アラスカ南東部やアメリカ北西海岸の先住民も相当量を先祖から受け継いでいる。

ロシアはシベリアのクロテンやラッコの毛皮を求めて、シベリアを東へ進み、やがて海峡を越えてアラスカに先住民との交易拠点を設けた。そして現在、ルシアンビーズと総称されているボヘミヤ製を主体にした青いカットグラスビーズをはじめ、各種のガラス玉が大量に運ばれ、先住民に渡された。これらのガラス玉は首飾りに綴るだけでなく、衣服やヘアバンド、手袋や靴などの装飾として用いられ、みごとなビーズ工芸の技法がロシアと接触した先住民に発達した。

6 ―先住民文化の周辺国家への影響

先住民が交易者と接触したことで、先住民のみが文化的な影響を与えられたのではなく、交易者や周辺国家に影響を与えた点も見逃してはならない。よく知られたエスキモーのアノラックは防寒に適しており、この仕立てのアイデアと言葉は世界的にもちいられているが、もはや、アノラックが極北の地で先住民の手によって創造されたことは忘れられている。

また、先住民アイヌと和人との交易関係では、アイヌの伝統的衣服であるアツシ衣（アイヌ語ではアットゥシと表記）が漁場労働者や荒波を行く北前船の乗組員に愛用され、蝦夷地

写真10　個人蔵（写真２・３・５〜10　筆者撮影）

のみやげとしても買い求められた。アッシ衣は水に濡れてもすぐに乾燥するという利点がある。アイヌ文様で飾られたアッシ衣を、津軽・下北地方の民衆は模倣してつくり、着用した。

いまから200年ほど前の天明から寛政にかけての時期に、アイヌの製作した「蝦夷細工」が多数蝦夷地から記念品やみやげとして和人社会に持ち帰られ、文人たちの間では「蝦夷趣味」が流行したことが明らかになった（大塚　2001）。

当時、蝦夷地は一般民衆が自由に行くことを許されぬ異国・異域であった。そうしたみはてぬ土地から和人社会にもたらされる蝦夷錦や蝦夷玉、あるいはコンブ・サケなどゆたかな海産物によって、アイヌの住む蝦夷地世界はさまざまにイメージされた。歌舞伎の「天竺徳兵衛韓噺（てんじくとくべいいこくばなし）」などにはアイヌの衣服や中国の龍文入りの錦衣が取り入れられて、一層の異国情緒を民衆に伝えた。こうした交易による「もの」の大きな動きは、大坂と蝦夷地を結ぶ西廻り航路を航行した北前船の活躍ぬきには成り立たないことは確かである。

このように先住民交易は、周辺国家の交易者にも多大なる文化的な影響をもたらしたが、その解明はアイヌ社会でいえば、近年始まったばかりである。北太平洋全域の先住民が交易によっていかなる役割を演じ、自らの社会や文化にどのような変化をもたらしたか。今後、先住民の立場からの交易研究をさまざまな角度からすすめ、先住民文化像を捉えなおす作業が期待される。

北太平洋の先住民に限らないが、民族の文化伝統をいかに持続させるかが大きな課題となっている。そのなかで具体的な「もの」の視覚に鋭く反応する象徴性を生かして、民族とその文化の存在を強く主張する動きが盛んになってきているのが最近の状況である。

【参考文献】

菊池俊彦　1976「オホーツク文化に見られる靺鞨・女真系遺物」『北方文化研究』第10号　北海道大学北方文化研究施設、pp. 31-117

松浦茂　1987「清朝辺民制度の成立」『史林』第70巻第4号、pp. 1-38

松浦茂　1991「18世紀末アムール川下流地方の辺民組織」『人文学科論集』鹿児島大学法文学部紀要第34号、pp. 65-112

松浦茂　1996「十八世紀アムール川下流地方のホジホン」『東洋史研究』第55巻第2号、pp. 110-146

大塚和義　1968「オホーツク文化の偶像・動物意匠遺物」『物質文化』11号　物質文化研究会、pp. 22-32および図版

大塚和義　1991「アムール川流域における伝統文化の現在――おもにウリチ族の舞踊・工芸とその歴史的位置」『民族芸術』7　民族芸術学会、pp. 8-35頁

大塚和義　1993「民族の象徴としてのアイヌ文様」大塚和義編『アイヌモシリ――民族文様から見たアイヌの世界』国立民族学博物館企画展図録、pp. 9-31

大塚和義　2001『日本文化のなかのアイヌ文化――木彫品、錦絵などの資料から――』平成12年度文部科学省科学研究費補助金特定領域研究(A)日本文化班資料集4　国際日本文化研究センター千田研究室

杉山寿栄男　1974(1936)『アイヌたま』北海道出版企画センター　復刻

I

アイヌモシリ（蝦夷地）と日本

I—1

北方産の俵物・昆布交易

田島佳也

1—海産物は古くからの食料と神饌

寛永（1624～43）末期の京都への、河湖沼潟の淡水・汽水産物を中心とした水産物や海産物の流通状況を知りえる松江重頼の俳諧方式書『毛吹草』をみるかぎり、わが国では近世前期まで、漁村民や貴族、裕福な一部都市民を除くと、庶民の間で海産物（水産物を含む）を食べる食生活が一般化していたとは考えにくい。

とはいえ、海産物は塩蔵・煮乾物の形で京都や奈良や地方都市に送られ、地域色をまじえた食文化が着実に芽生えていった。海産物のなかには地域的偏在性の著しいものもあったが、概して食生活は地域にとどまるものではなかった。事実、昆布の産地は北東北以北の道東にだいたい限られていたが、14世紀に成立した『庭訓往来』に「夷鮭」ともども「宇賀ノ昆布」が出てくるように、中世には北海道産の昆布と鮭が京都に運ばれ、食されていたのである。ただ、昆布は寺院や宮中が出汁や大斎の点心用汁に使うようになってから需要が高まり、これが契機に昆布を縁起物とする習慣も生まれた。ただし、それらがどの程度、京都市中の庶民の食生活に浸透したのか、また京都を通過して西国まで流通していたかは定かではない。

わが国では昆布と同様、海鼠も鮑もまた古くから人びとに食され流通した。加工品の煎海鼠と串鮑・干鮑については『延喜式』にも載り、煎海鼠は志摩や若狭・能登・筑前・肥前・肥後などから、串鮑や干鮑は常陸・若狭以西の18カ国から貢献され、大神宮式・斎宮式の神饌にも多く用いられてきた。しかも、煎海鼠は肺虚や咳嗽、小児の疳疾などの治療薬として、また中国では鮑ともども不老不死の霊薬として声価が高かった。

2—海鼠・鮑・昆布の需要急伸

すでに中世以前からあった食料や神饌の海鼠・鮑・昆布の需要が飛躍的に伸びたのは江戸時代に入ってからのことである。海鼠を熬乾した煎海鼠は形が米俵にも似ていることから、米経済の江戸時代にふさわしく、米俵の入荷になぞらえる縁起物の贈答品や、また四時の時候時の幕府への「時献上品」として使われた。それは鯛に次いで多かった。藤蔓につなぎ、あるいは竹に刺した串海鼠も献上品とされた。串鮑や熨斗鮑、干鮑、切漬などの加工鮑の献上も多く、東北の一部や南海・西

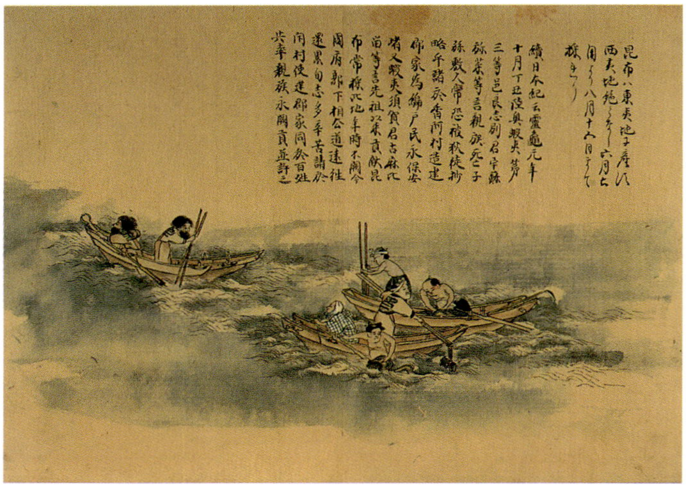

写真1　寛政12年(1800)頃の昆布漁
上掲史料には「昆布は東蝦夷地に産し、西蝦夷地には絶えてなし」と記す。採取は6月土用から8月15日まで。図では捻棹か二叉棒(マッカ)で採っている様子が描かれている。

写真1　『蝦夷島奇観』(個人蔵／大塚和義氏撮影)

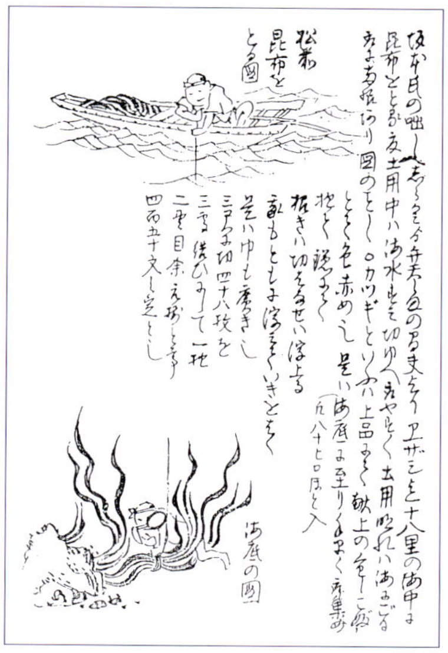

図1　昆布漁の様子
潜水による昆布採取。寛政(1789～1800)以前の様子と思われる。夏土用中は海中が澄み、採り易く、海士は海底に潜って、船上から吊下げた綱で昆布を束ね、根もとを切り、それを船上の漁夫が引上げている。2人1組の連携した昆布採取である。

海を中心とした諸藩から献上された。

しかし、とりわけ海鼠や鮑、昆布を多く食したのは庶民である。とくに正月料理に、塩鰤や焼鯛、海老などの海産物と一緒に、縁起をかついで語呂合わせの良い打鮑や海鼠、昆布を用いた。関西では出汁に昆布出汁が嗜好され、正徳（1711～16）頃から大坂では昆布加工業が勃興した。文化・文政期(1804～29)に料理文化が爛熟期を迎えると、大坂を中心に都市では高級料理茶屋や刺身屋・飯屋・煮売屋が軒を張り、棒手振の揚昆布売も出現した。海鼠や鮑も料理屋・煮売屋・肴屋で一般的に売られ、町家の食需も高まり、海鼠腸（このわた）や糟漬が賞された。

もっとも、海鼠や鮑、昆布の需要が急増したのは元禄11年（1698）に幕府が外貨を稼ぐためにそれを中国向け輸出海産物に指定し、統制してからである。煎海鼠と干鮑は俵物（のち鱶鰭（ふかひれ）も加わる）として、昆布は鯣（するめ）や鶏冠苔（とさかのり）・天草（てんぐさ）・干瀬貝（ほしせがい）など18種の諸色（しよしき）の一つとして輸出されたが、中国人は無刺の煎海鼠より有刺のそれを好んだ。ちなみに、中国では鮑は鮑魚といった。

3―主産地の北海道とその漁業・加工

寒流の影響下にある東北海道から東北太平洋岸を除くと、わが国を囲む海は暖流の影響下にある。その中で海鼠は「江海の各処に」、鮑も「諸国の海中どこにもい」た。ただ、海鼠は江東に多く、尾張の和田・参州柵島・相州三浦・武蔵の本木・讃岐の小豆島のものが有名であったが、「奥州松前・津軽のものが上」等であった。干鮑の上等名品は壱岐産や佐渡産であり、糟鮑・風乾塩煮鮑・熨斗（のし）鮑も造られた。わが国では常節（とこぶし）・蝦夷鮑・アナゴウ・ミミガイなどの鮑が捕れるが、伊勢産や豆州産の鮑より小粒な蝦夷鮑が北海道西海岸では多く捕れ、蝦夷鮑の味は中国人の声価が高かった。昆布は東北海道と北東北の寒流域で採れた。

北海道では煎海鼠と串貝（鮑）、昆布、鰊（にしん）などがすでに17世紀に商物として本州へ売りさばかれていた。漁期の5～7月頃、漁者は当時、鮑を潜水による鮑起しやヤスで、また主に砂地に棲息する海鼠をヤスや簡単な引網で漁獲した。昆布は当初、潜水による鎌苅りが主であった。のち海鼠漁に八尺網が、昆布漁に鉤や捻棹（ねじりざお）・二又（ふたまた）棒(マッカ)が採用された。

当時、鮑漁や串貝製造はもっぱらアイヌが行っていた。ただ、和人との売買に当たって串貝が1束（鮑500個）でも不足する時は翌年20束取られ、出せない時は子供を人質に取るなど、和人の非道がすでに横行していたが、鮑漁は幕末まで続けられた。和人も鮑漁に従事し、飢饉の続く天明8年（1788）頃でも、江差地域では和人漁者が豊富な鮑資源によって2～3時間漁をすれば4～5日家族を養うに足りるほどの稼ぎを得たといわれる。その後、採捕高は減ったが、寛政5年（1793）に蝦夷地石狩場所までの追鰊漁が許可されると、それにともなって西蝦夷地の鮑漁が隆盛した。とくにそれは天保（1830～43）以降著しかった。その出漁基地になったのが太田場所で、未熟な若者の鮑突き修練場ともなった。

干鮑そのものは鮑を塩で踏洗い、淡水で煮て蒸籠に寝かせ、日乾、あるいはほいろで乾か

図1　『模地数里』(国立公文書館蔵)

して造った。種類には明鮑・灰鮑（白干鮑）があり、そのなかには薄片鮑・金銭鮑・縄貫乾鮑などもあった。

蝦夷地では海鼠引き漁も盛んになった。それまで３本ヤスを使用していたアイヌに、18世紀末、幕府が幕史を派遣して海鼠引き漁の奨励を図った宗谷場所では１網で120～130個、１艘で１日平均400個を水揚げし、300艘の船で１日総数12万個の海鼠を採捕したという。アイヌはそれを大鍋で煮て串海鼠（くしこ）に製し、会所に運び、500個につき玄米１俵（８升入）の割合で米・煙草・漆器・酒などと交換した。取引に際しては公正な交換は行われず、不等価交換がはなはだしかった。とはいえ、なかには和人の奸計を出し抜くアイヌもいた。

中世、箱館の宇賀で採れ、日本海海運で中継都市の敦賀や小浜に運ばれた昆布は京都で宇賀昆布の名で売られ、中世末には若州小浜で若狭昆布、京都で京昆布（のち志苔（しのり）昆布）の名で売られた。江戸中期になると、大坂に刻み昆布や細工昆布の加工業が興った。需要の増大にともなって、昆布加工業は京都・兵庫・福井などに広まり、産地も追昆布苅り者(出稼昆布漁者)を招き込みつつ、東蝦夷地の幌泉や日高場所まで拡大した。

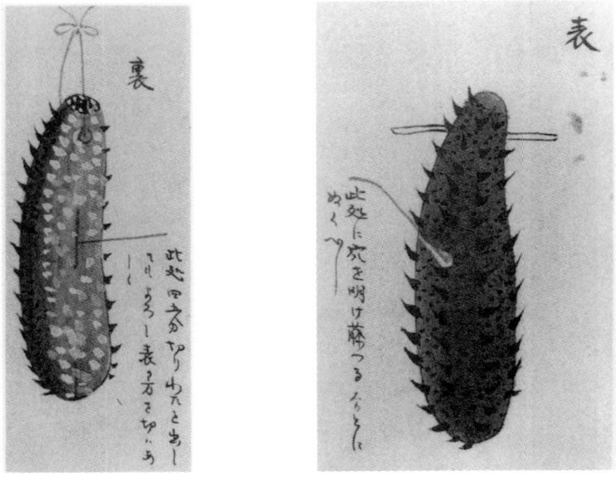

写真２　煎海鼠仕立方

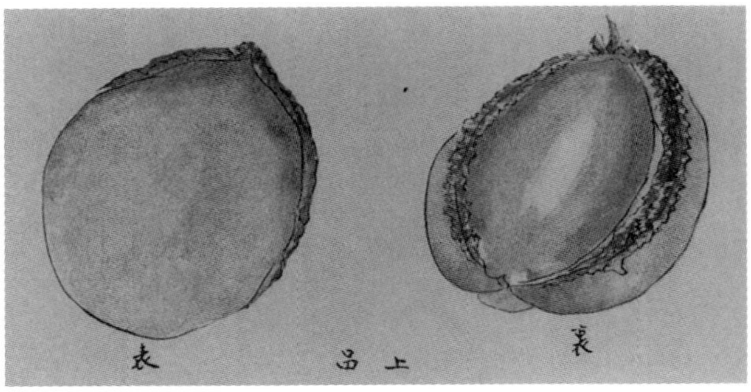

写真３　上品の白干鮑

４―抜荷、および中国への輸出とその終焉

「鎖国」下の江戸期、貿易と対外関係は松前口、対馬口、薩摩口でも行われていたが、その幕府の公式窓口は長崎であった。これまでの対中国貿易決済品の銅の不足に見舞われた幕府は元禄11年（1698)、その代替品に俵物・諸色を当て、長崎にそれを諸国産地から強制直廻漕させることにした。

その中で幕府が、とくに品質佳良な北方産の俵物・昆布に着目したのは元文４年(1739)以降である。前年に長崎俵物会所を設けた幕府は、この年輸出海産物廻漕を松前藩に命じ、翌年2000両を融資し、寛保元年（1741）煎海鼠5700斤、串貝844束、昆布6000駄、身欠鰊（みがきにしん）そのほかを長崎に送らせた。しかし、収支が償わず、松前藩は廻漕から手を引き、代わりに近江商人が海産物相場をみながら荷所船（にどこぶね）（共同雇賃積船）を使い、大坂や赤間関（下関)、あるいは直接長崎に運んだ。宝暦４年（1754）からは長崎俵物支配方が下向して集荷に努め、日本海海運（北前船）やのちには俵物会所建造船などを使って廻漕した。同13年に唐金銀の逆輸入による貿易が始まると、俵物・昆布の重要性はよりいっそう増し、幕府は新浦開発、漁具の貸与、漁撈法・製造法の伝授、資金前貸などによる増産策を講じた。だが、成果は上がらず、貸金の焦げ付きが生じた。18世紀中頃に入ると、鮑買上代金の前借要求に絡むエゲフ鮑突き伝兵衛宅引倒事件や大坂船による昆布抜買い事件、東在茅部（かやべ）漁者の昆布一手買い中止訴願一揆が相次いで発生し、俵物・昆布の長崎廻漕に支障をきたした。

そこで幕府は天明５年（1785)、直仕入れの仕法替えを断行し、諸国生産地に供出目当高を強制設定し、松前藩にはわが国総輸出高の３分１に匹敵する煎海鼠13万斤と年間総輸出高

写真２・３　福島屋杉浦嘉七家文書「唐方渡俵物諸色大略絵図」『日本農書全集』50農産加工１　農山漁村文化協会　1994より

写真４　西蝦夷地で長崎俵物などの生産にたずさわるアイヌの人びと

にほぼ該当する干鮑12万斤、昆布3000石を課した。しかし、買上価格の低さから諸藩や幕府は目当高を達成できず、集荷高は減少の一途をたどった。幕府は寛政９年(1797)に褒美銀制を採用して漁者の生産意欲を喚起し、目当高を低くしてその増徴を図った。それが効を奏し、一時的に増加を実現したこともあったが、煎海鼠の生産高は嘉永４年(1851)には５万斤を割り込んだ。干鮑の生産は寛政(1789～1800)末に減少したものの、文化・文政(1804～29)期に好調に転じた。とはいえ、天保(1830～43)以降、再び長崎廻漕は減少していった。

長崎への俵物廻漕減少は乱獲や低価格買上、禁制品の黒干鮑・塩貝の製造などによるが、抜荷や密貿易の頻発も原因であった。それは文政(1818～29)中期以降著しくなり、天保期に露骨になった。というのも、俵物確保のために幕府は国内の喰用や贈答用さえ規制していたが、町方食需の増大による脇売りや隠匿が進み、さらに新潟や海老江などを舞台にした越前船や越中船などによる薩摩藩への抜荷が横行したからである。とくに、薩摩藩の琉球を介した中国との俵物・昆布、漢方薬貿易がこの頃展開し、天保12年(1841)には昆布30万斤、煎海鼠2000斤、ほか鱶鰭・鯣が琉球から輸出された。安政(1854～59)期には以前から抜荷を行っていた薩摩藩船による北海道での不法直買が進展し、北方産俵物・昆布の長崎廻漕は衰微して行った。そして箱館開港や慶応元年(1865)の俵物相対自由売買の許可とともに、その廻漕使命を終えることとなった。

【参考文献】

渋沢敬三　1992　「『延喜式』内水産神饌に関する考察若干」『渋沢敬三著作集』第１巻　平凡社

宮下章　1974　『海藻』ものと人間の文化史11　法政大学出版局

平秩東作　1969　「東遊記」『日本庶民生活史料集成』第４巻　三一書房

串原正峯　1969　「夷諺俗話」同上

古川古松軒　1964　『東遊雑記』東洋文庫27　平凡社

菅江真澄　1971　「えみしのさえき」『菅江真澄全集』第２巻　未来社

松前町　1984・88　『松前町史』通説編第１巻上・下

小川国治　1973　『江戸幕府輸出海産物の研究』吉川弘文館

荒居英次　1988　『近世海産物経済史の研究』名著出版

上原兼善　1990　『鎖国と藩貿易』八重岳書房

真栄平昭　1991　「『鎖国』日本の海外貿易」『日本の近世』1　中央公論社

稲垣美三雄　1947　『日本昆布大観』日本昆布大観編纂所

田島佳也　1994　「海産物をめぐる近世後期の東と西」『日本の近世』17　中央公論社

田島佳也　1994　「蝦夷地海産物のゆくえ」『歴史の道・再発見』第１巻　フォーラム・A

写真４　『安政５年　鉡斉筆蝦夷生計図説』(個人蔵／大塚和義氏撮影)

Ⅰ－2

食文化のなかの「松前物」

菊池勇夫

1 一松前物と国内市場

日本列島のなかでも東北地方の人々はよく魚を食べるようである。1959～89年のデータ分析であるが、主要食品の食料費支出に占める割合をみると、魚介類の割合が高い県として秋田県・青森県・山形県・岩手県がトップグループにあり、北陸の石川県・富山県がこれに次いでいる（内野　1998）。北海道や他の東北各県も高率のほうである。東北や北陸では塩干ものを多く食べていることが魚介類の支出割合を押し上げているのだという。肉類の支出割合の高い近畿地方と好対照をなしている。

東北・北陸地方の魚介類（とりわけ塩干魚介）中心の食生活パターンは、どのような要因・背景によって、いつごろから形成されたのであろうか。それを歴史的に跡付けるのは容易ではなく、生産・流通史研究と生活史研究をうまくリンクさせて明らかにしていくしかないが、おおまかにいえば鰊（にしん）や鮭（さけ）などの北海道産物（松前物）が北海道と東北・北陸とを結ぶ日本海交易の展開によって大量にもたらされるようになってからであるとみて間違ってはいまい。すでに、14世紀半ば頃の『庭訓往来』に、当時、蝦夷が島（夷島）と呼ばれていた北海道の産物である「宇賀昆布」「夷鮭」が見えている。津軽十三湊の安藤氏の活躍などによってその名が特産として本州に知られるようになったのであろう。

このように、中世にさかのぼる歴史があるといっても、もともとはアイヌの人々の保存食

写真1　鰊漁で活気あふれる江差浜の様子が描かれている「江差浜鰊漁之図」（部分）

写真1　市立函館図書館蔵

としての干し魚であり、その余りが交易品になったものである。東北・北陸地方における食生活の基本パターンを特徴づけるまでに、大量に供給され摂取されるようになったのは、もっと時代が下がり18世紀以降ではないかと考えられる。それは、鮭についていえば、瀬戸内海産の塩が蝦夷地（北海道）に持ちこまれることによって、干鮭（からざけ）に代わって塩鮭が大量に製品化されたこと、鰊についていえば畿内農村の商業的農業の発展に促されて肥料用の鰊〆粕（にしんしめかす）生産が活発化し、それにともない食用の身欠鰊（みがきにしん）の製造もさかんになったことを背景としている。鮭や鰊ばかりでなく、昆布・俵物、鱈（たら）やカスベなど、蝦夷地の資源略奪的な漁業開発は蝦夷地を日本の国内市場のなかに組み込み、アイヌの人々のそれまでの生活や交易のありかたを壊していき、投機的・冒険的性格をもった商人資本が巨富を築いていくのであるが、ここではその指摘にとどめておこう。

北海道産身欠鰊の移出先
（明治21年＝1888）

新潟県	30,315石
東京府	18,771石
福井県	8,288石
秋田県	6,861石
富山県	6,500石
長野県	5,426石
大阪府	3,749石
石川県	3,260石
岐阜県	2,891石
奈良県	2,579石
青森県	2,412石
山形県	2,318石
以下省略	
合　計	98,205石※

※：箇数の滋賀県を除く
出典：『北海道漁業志稿』

2 一松前物の地域的受容

松前・蝦夷地と兵庫・大坂とを日本海ルートでつないだのは、主要には北陸地方の北前船主たちの流通活動であった。彼らは土崎湊・酒田・新潟・富山など日本海沿いの主要な港湾都市で北海道産の海産物を売りさばき、米・酒などの北海道向けの物品を買っていた。1870～80年代のデータによると、青森・秋田・山形・新潟の各県では鰊製品のうち身欠鰊のウェイトが高く、鰊を肥料としてはあまり消費していない。福井・石川・富山の北陸各県になると、身欠鰊の販路でもあるが、同時に胴鰊・笹目などの安価な鰊肥料も買われている。畿内・瀬戸内海地域では〆粕肥料が中心であったのと、大きく異なっていた（山口　1963）。1888年の各府県における身欠鰊の移入量（必ずしも消費量を意味しない）を表示しておいたが、東北・北陸のほかに東京が目立つ。新潟がとくに多いのは、新潟を経由して内陸諸県に売られていくからであろう。塩鮭（しおざけ）・塩鱒（しおます）の販路も似た傾向にあり、北海道産食品の移出は総じて日本海側・東北日本に偏重し、太平洋側・西南日本に希薄であるといってよい。

蝦夷地・北海道の海産物が大量に入ってくる日本海沿岸の主要な河口湊である酒田や新潟などでは、「猫またぎ」という言葉が日常使われていた。塩のきつい塩鮭はありふれて猫も食べないという軽蔑した言い方であった。しかし、雄物川・最上川・阿賀野川（阿賀川）・信濃川などの大きな川では舟運が発達し、河口湊から中上流にそうした塩鮭類が運ばれ山村などにも売られていったが、海から遠いところでは貴重な保存食、蛋白源として重視されており、地域によって受け止め方がだいぶ違っていたのである。

福島県の会津地方に行くと、鰊の山椒漬（さんしょうづけ）と呼ばれている郷土料理が有名である。観光土産品にもなっている。鰊といっても使うのは乾燥させた身欠鰊であるが、身欠鰊に山椒の葉を入れて醤油・酒・酢で漬け込んだものである。そのさい、漬け込む容器は「鰊鉢（にしんばち）」（写真2）と呼ばれる陶器で、会津本郷焼の産である。会津本郷（現本郷町）の焼物は17世紀半ば頃に始まり、会津藩の奨励によって発展したものであるが、阿賀川の舟運によって新潟から入ってきた身欠鰊の漬け込みとうまく結びついて、民間需要に応えたところが注目されよう。会津にいくと、今でも鰊鉢を製造・販売している。

写真２　鰊鉢

各地の民俗調査報告書の類をみれば、北海道産の塩干魚介類がどのように摂取され、「伝統」的な食文化として根づいていたのかおよそのことがわかる。東北地方（とくに日本海側）でいえば、会津地方の鰊山椒漬だけではなく、鰊・身欠鰊を利用した食文化が広がっていたことに気づかされる。秋田県や山形県などでは生鰊（なまにしん）ないし塩鰊（しおにしん）をカド、身欠鰊をニシンと区別しているところがあり、ニシンといえばふつう身欠ニシンをさすのであった。幕末・明治期に書かれた『伊頭園茶話』によると、久保田（秋田）では、生鰊を生カド、塩鰊をカド、割って干したものをニシンと呼び、松前ではカドとはいわずニシンとのみ言い、割って干したものは身欠（みかき）というと述べている。地域による呼称の違いにも着目したい。

身欠鰊は、そのまま生味噌をつけて酒の肴にしたり、焼いて食べたり、煮物に入れたりなど便利な食材であり、大根の鰊漬、玉菜の鰊漬、身欠鰊の昆布巻、凍み大根と身欠鰊の煮物など郷土の「伝統」的な食となっていた。前出の『伊頭園茶話』も身欠鰊を使った「鰊漬」の作り方を記している。また、繁忙の田植え時の昼食には身欠鰊が欠かせない一品であった。ひな祭りにはハレの食として、生鰊を一匹のまま焼いて食べる慣わしのところもあった。春の魚にふさわしい扱いであった。青森県や秋田県では、その沿岸でも鰊がやってきた時代があり、また松前から大量の生鰊がもたらされていたので、入手しやすいところでは家ごとに春先に生鰊を数箱買いこんで、樽に塩と米ぬかで漬けて保存食（にしんのこぬか漬）とし、夏から秋にかけて食べる慣わしであった。

江戸時代半ばころから豊漁・凶漁を繰り返しながらも大量に漁獲されてきた北海道鰊も、建網による乱獲なのか、山林の濫伐など環境の悪化なのか、あるいは別な問題なのか原因が突き止められていないが、1955年以降、鰊の群来が全くみられなくなった。鰊漁でにぎわった番屋は廃屋になり、一部が往時をしのぶ文化財として残るだけとなった。今や輸入鰊の時代になってしまい、東北地方の鰊の摂取量もずいぶんと減少し、身近な食材ではなくなった感がある。鰊の人工孵化の効果であろうか、1999年３月、留萌海岸に45年ぶりの群来があった。ふたたび、鰊漁で沸き返るような日常の光景が訪れるのだろうか。

鰊の凶漁といえば、1780年代の天明期、当時の鰊漁業の中心であった北海道渡島（おしま）半島南部の松前地方が鰊の凶漁に陥っていた。この凶漁が、松前から蝦夷地へと鰊漁が日本海を北上・展開していく契機になり、やがて樺太にまで鰊漁場が開かれていくことになった。その点でも天明期は重要な画期となったのであるが、東北地方はあいにく天明の飢饉のさなかにあった。『飢歳凌鑑』という青森県東部の飢饉史料によれば、松前からの生鰊・身欠鰊が不足し、値段が高かったという。このとき八戸沖でも鰯（いわし）など大不漁で、漁村の飢饉状態は最悪であった。海の凶作の歴史にも関心を向けたい。ちなみにアイヌ社会でも、享保８年（1723）秋、石狩川が鮭の極端な不漁になり、翌年にかけて餓死者が出るほどの飢饉になっている。

３―食材と食文化の伝統

鰊ほどの供給と需要はなかったが、地域によってカスベとかカラカイと呼ばれているエイの干物も東北地方の日本海側の人々にとっては身近な食材であった。菅江真澄は『楚堵賀浜風』（天明５年＝1785）という津軽地方の旅日記に、カスベの干し魚、瓜、茄子を籠に入れ

写真２　佐々木長生氏撮影

写真３　廊　　下
北海道開拓の村に1990年再現。陸揚げしたニシンの一時収蔵施設を廊下と呼ぶ。

て山中に入る「山子」のことを書き、カスベというのはカスエイという魚の乾肉で、夏の頃にアイヌの人々が獲るもので、これを「秋味」に積み来るものだと注記していた。秋味というと、鮭の塩引のことのように理解されがちであるが、真澄によると年を越さないで秋のうちにやってくる「松前出の舟」のことを「あきあぢ」と呼んでいるのだとしている。また、『松前方言考』（嘉永元年＝1848）は、カスベという魚が蝦夷地にはなはだ多くて、これを乾して鱈（たら）と同じように諸国にひさぐが、鱈ほどではなく津軽へ多く持ち渡ると記している。

もちろん販売先は津軽地方だけではなかった。86歳になる米沢藩士が書いた『吉田綱富見聞記』（1841年）のなかに「から鮭の事」という興味深い記述がある。安永初め頃（1770年代）、それ以前にはたくさん米沢のイサバ屋にあった干鮭が不足していたという。著者は安永５年（1776）に妻を迎え、婚礼の品々を求めたさい、イサバ屋で干鮭を買おうとした。しかし、イサバ屋には干鮭が無く、これを用いたらと勧められたのが「からかい」であった。「に〆」（煮しめ）にして食べるというのであったが、これでよいか大変不安に思ったようである。強いて勧めるので買うことにし、家に帰って見せたところ、近所より手伝いに来ている面々も初めて見る干し魚であった。それ以後、自分のように家計にゆとりのない者は「にしん・からかい」をふだん買って食べるようになったと記している。

山形県米沢地方などではカスベのことをカラカイと呼んでいる。その食べ初めの歴史がこの記録からうかがわれるのである。「にしん」すなわち身欠鰊もカラカイと並んでこの頃から安価な保存食として広まりはじめたものなのであろう。安永期に干鮭が不足したというのも、鮭塩引（さけしおびき）に北海道産鮭製品の主役が交代したことを反映している。

カスベの煮つけは、ところによっては夏の風物であった。山形県の村山地方では、御盆礼の来客に出すもてなしの食としてカラカイや棒鱈の煮つけが欠かせなかった（『聞き書山形の食事』）。また、秋田土崎港では毎年７月に神明社の祭礼行事が行われる。この港祭りは地元では「カスベ祭」とも呼ばれている。各家で招待客に出すごちそうが、干しカスベの煮つけであったところから、そのように言われるようになったのだという（『土崎神明社港祭り曳き山行事』）。かつては干しカスベを鋸で引いて、さらに程よい大きさに鉈（なた）で叩き切って用いた。それを水で煮てもどし、ざらめ・醤油・酒で味付けして煮詰めるのであるが、うまく食べるための調理方法がくふうされていた。

現在の私たちの食材は魚であれ野菜であれ、世界各地から買い集められている。それがよいかどうかについてはひとまずおくとして、「伝統」的な食文化、より正確には江戸時代中期以降に作り上げられた日常の食文化が、もはや支配的地位を失い、忘れ去られていく日々の現実にあることははっきりと認識しておかなければならない。

【参考文献】

内野澄子　1998　「食の消費パタンの地域性」『全集日本の食文化』1　雄山閣出版
菊池勇夫　1993　「最上川流域と蝦夷地――流通史と生活史をつなぐ――」『西村山地域史の研究』11　西村山地域史研究会
山口和雄　1963　『明治前期経済の分析』東京大学出版会
北水協会編　1977　『北海道漁業志稿』国書刊行会　復刻版

写真３　北海道開拓の村蔵

I—3

北前船とその航海

松木　哲

1—北前船とは

北前船という言葉の内容が近年予想外に広がってしまったようである。この言葉があまり関心を持たれていなかった時期には、研究者によって多少の差があったにしても、およそ「上方から北海道へ食料や生活用品などを、北海道からは水産物などを日本海経由で本州各地に運んで売買していた船で、18世紀末ころから明治末まで活動した」と考えられていた。すなわち北前船は運行形態を重視した用語であった。しかし、近年高田屋嘉兵衛が有名になるにつれて北前船のイメージが拡散してしまった。北前船の意味をある程度限定しなければ話が混乱するので、ややあいまいな点はあるが北前船を上記のようにとらえておくことにしよう。したがって、北海道——明治以前の呼び名では蝦夷地——と本州との交易に従事したのは、ここでいう北前船が多数を占めていたがそれだけとは限らないし、北海道の産物がすべて日本海経由で運ばれたのでもない。

日本海沿岸の海運は室町時代にはさかんに行われていたらしく、このころ成立したとされる「廻船式目」の中に三津七湊と列記されている当時の港のうち、七湊はすべて日本海沿岸の三国から津軽十三湊の間の港である。当時、日本海沿岸の荷物は敦賀や小浜から琵琶湖を経由して京都・大坂へ運ばれていた。江戸時代に入って松前藩との交易のため最初に蝦夷地に進出したのは近江商人で、その荷物の輸送を引き受けたのは敦賀や三国の船であった。しかし、幕府が河村瑞賢に命じて寛文11年(1671)に東廻りの、翌年西廻りの航路を整備させたため、日本海沿岸からの荷物は次第に琵琶湖経由から瀬戸内海経由で物資集散の中心地大坂へ直接運ばれるようになり、いわゆる西廻り航路が主要な輸送経路となった。

北前船は北海道の水産物を購入して各地で売りさばきその価格差を収益としたから、うまく当たれば大きな利益が得られる代わりに、遭難すればすべての資産を失う危険を含んでいた。北陸地方には莫大な資産を蓄えた有名な北前船主がいたが、その一方で遭難などのため姿を消した船主もあり、北前商売はどちらかと言えばリスクの多い商売であった。

明治に入ってから日本の沿岸輸送に蒸気船が参入し始めるが、季節貨物で価格の低い北海道の水産物の輸送は相変わらず北前船が担い続け、北海道開拓によって北海道との交易はむしろ活発となった。しかし、明治中期からは次第に衰退の傾向をたどり、やがて通常の国内海運の中に埋没してしまった。衰退の原因としては、電信が普及したため各地の相場が平準化してうま味のある商売が難しくなったこと、鉄道の普及や蒸気船が増加して荷物が奪われたこと、主要な荷物であった魚肥にかわる肥料が利用されるようになったことなどがあげられている。北陸の北前船主の中には、西洋型の帆船を購入したり蒸気船による海運業に転換、あるいは銀行業・保険業などに進出した家があり、その居宅が資料館として公開され、巨利

写真1　荷物を高く積み上げた北前船(明治30年ころ撮影)

を得た北前船繁栄の跡をとどめている。

2―なにを運んだか

北海道で稲を栽培するようになったのは明治以降であった。したがって松前藩の蝦夷地支配が強化され、木材の積み出しや鰊(にしん)漁がさかんになるにつれて、17世紀後半になって本州から移住してくる人たちが増加したが、その生活を支える米などの食料は本州から持ち込まねばならなかった。一方、蝦夷地からは綿などの栽培に使用された肥料が運び出された。

綿は16世紀には栽培され始め江戸時代には西日本を中心とする各地でさかんに栽培されるようになった。綿や藍などの肥料として初めは干鰯(ほしか)(肥料としての鰯の干物)を使用していたが、やがて蝦夷地で大量に取れ始めた鰊などを使うようになった。綿は寒い地域では育たず、北前船の終着地大坂周辺には、河内・播州の綿、阿波の藍と肥料を必要とする商品作物が多かった。18世紀後半からは蝦夷地での漁法が改良されて漁獲量が増大し、北陸地方の船主による買積がさかんになり、明治時代まで続くいわゆる北前船の活躍が始まった。

蝦夷地での和人の生活に必要な食料や生活物資に比べれば、蝦夷地から積み出される水産物は大量であった。北前船の下り（上方から蝦夷地へ）荷は多種多様であり、瀬戸内海から日本海沿岸の港に寄って各地の産物を購入しながら蝦夷地に向かった。米・味噌・醤油・塩・酒などの食料、それに木綿などの日用雑貨のほかに、漁業や荷作りに必要なワラとワラ製品も稲のない蝦夷地にとって重要であった。なお大坂からの荷物に古着があり、量はさほどではないと思われるが上方の古着が北海道まで送られていた。これが京の着倒れの古着か、蝦夷地の漁場できびしい労働に従事したヤン衆の労働着にする木綿の古着かわからないが、アイヌ模様を入れた木綿の着物などの元になっていたのかも知れない。

上り荷は主として肥料に使う鰊などであったが、昆布や数の子といった食料品もあり、いずれも乾燥して運ばれた。したがって上り荷は大量で、しかも乾燥した水産物であるから重さはともかく体積が大きく、荷物を高く積み上げて運んでいた。明治中頃の写真を見ると信じがたいほどの高さに積み上げている。西廻りで運んだ鰊・鱈(たら)・昆布などは加工食品として現在でも関西の料理には欠かせないものだが、塩鮭は主に東廻りで江戸に運ばれており、このころから江戸と上方では嗜好に差があったようである。

蝦夷地からもたらされた毛皮や蝦夷地に残っている漆器などは、北前船の積み荷のリストの中にはまず出て来ない。北前船は確実に売れる品物を大量に売買する事が目的であったから高価な物は扱わなかったのであろう。しかし北前船の船主や乗組の多かった北陸地方には、アイヌの人たちが着ていたアツシなどが残っており、北海道には船頭が自分の船を画かせた絵馬を奉納している例もあり、文献には出て来ないさまざまな物が土産として北前船で運ばれたに違いない。また物ではないが、信州の馬子唄追分節が港々を北海道までつたわって江

写真1　福井県南条郡河野村磯前神社蔵

差追分になったのも北前船による文化交流の一例といえよう。

3—どのような船が使われていたか

明和3年（1766）刊行の『和漢船用集』に「北国舟は加賀、能登、越後、津軽、南部などの舟で、これを北前舟、北国舟といい、オモキ作りでおよそ千石以上の大舶」との説明がある。この北国舟は舟の形式の名前だが、この記述のため北前船を特殊な形式の船と思っている人もあるようだが、18世紀後半からさかんになる北前船は、船の形式としての北国舟ではなく、当時全国的に普及していたベザイ型の船を使用していた。

瀬戸内海で改良されたといわれるベザイ船は、江戸時代初期には本州南岸で広く使用されていた。一方、日本海沿岸では江戸中期まで北国舟やハガセ舟と呼ばれる形式の船が活躍しており、北国舟には上記のように千石という大型の船があって、日本海沿岸に進出し始めたベザイ船はそれよりも小型であった。しかし河村瑞賢が使用したのは紀州から塩飽（しあく）（讃岐国）にかけての船と乗組員であり、塩飽の船は堅牢なので使用したとの記録がある。使い慣れた船をというのが主な理由かも知れないが、大型の日本海沿岸の船は使用しなかった。

北国舟は江戸後期にはベザイ船に取って代わられてほとんど姿を消し、資料不足のためどのような船だったのか正確にはわからないが、帆はあるが大勢の漕手を乗せていたこと、船底の両側には丸木からくり出したオモキという大きな部材があったことなどが知られている。北国舟が衰退した理由として、ベザイ船の方が帆走性能がよく乗組員が少なくてすんだため、あるいは大きな木材が必要なオモキの入手が困難になったためなどの意見がある。秋田は現在でも有名な杉の産地であるから、大きな木材を必要とするオモキ作りの北国舟でも、ベザイ船に圧迫されながらもしばらくは生き残れたのかも知れない。

ベザイ船が全国的に普及するまでは各地にローカル形式の船があったことは忘れ去られ、現在和船あるいは千石船と呼んでいる船は、弁才あるいは弁財と書かれることの多いベザイ型の船である。なお北前船は最初は日本海側から来た船を指す瀬戸内海や上方での言葉であり、日本海沿岸には北前船という言葉はなく、北海道通いの船はベザイ船あるいはバイ船と呼んでいた。天保13年（1842）の『日本船路細見記』には各地からの船に対する大坂での着船場所の一覧があり、北国路北前船と北廻地船とをわけて記載している。北前船は日本海側から来た船を指し、上方から日本海方面に出かけた船は北前船とよんでいない。しかし現在では北前船が北陸地方でも使われるようになっている。

弁財船は小型の荷船として瀬戸内海あたりで改良され、やがて全国的に普及して鎖国のため沿岸航海に限定された江戸時代の海運を支えた船である。鎖国以前の日本では、西洋の影響を受けた中国船が朱印船に使用されたり、船内を隔壁で仕切った大型の軍船が建造されたりしたが、江戸時代初期に大型軍船の建造も外国への渡航も禁止されたため、軍船は大名の御座船（ござぶね）などだけとなり、外洋に出て行く船は必要がなくなって、沿岸輸送用として弁財船が発達した。弁財船は西洋の船とは違った形式の船で次のような特徴をもっている。

・幅の広い大きな板を並べて外板とし、少数の大きな梁（はり）で両舷の外板をつなぐ。したがって外板を補強するための肋骨は入れない。
　(肋骨がないため船内が広く貨物を多く積めるが、厚い外板を使用するから大型化するには不利な構造である。また曲がった肋骨を使わないから材料の無駄が少ない)
・船首の一部を除いて水密の甲板を張っていない

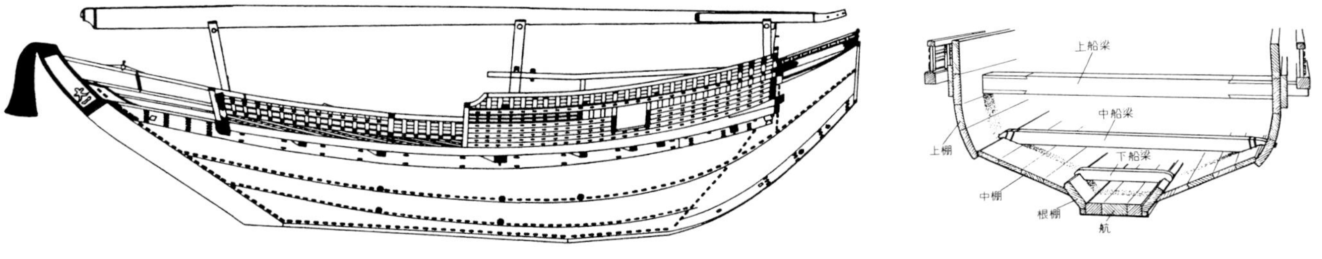

図1　19世紀初期の通常の弁財船とその断面図

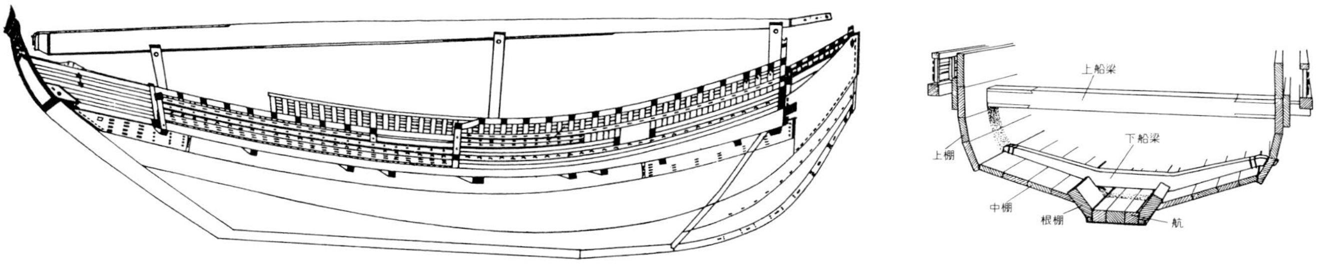

図2　19世紀中期の北前型弁財船(反りが強くなっている)とその断面図(船底の梁の形に注意)

(水密甲板があれば狭い入口から貨物を出し入れしなければならないが、和船では荷物の積みおろしが楽にできる。その代わり貨物が雨に濡れないように防がねばならず、また荒天では波が打ち込む危険がある)

・両舷に装飾的な垣立を取り付けてある

(初期の弁財船では垣立は貨物が落ちるのを防ぐ目的であったようだが、やがて外板を高く立ち上げて波の打ち込みを防ぐようになり、外板の外側にある垣立は実用性を失い装飾化した。製作には相当な手数を要するにもかかわらず、垣立は江戸時代を通じて取り付けられ、和船の外見を特徴づける構造物であった。さすがに明治中期からは簡略化が進みやがて消滅した)

・大きな舵を綱で船体に引き付けていたが固定する金物はなかった

(浅い港では舵を引き上げ、外に出ると船体よりも低い位置まで下げて舵ききをよくしていたが、荒天では追波が大きな舵にあたって破損する危険があった)

・大きな帆を中央やや後ろよりに揚げていた

(帆の幅が船体幅の2倍近い巨大な1枚帆であり、外見上最も目立っていた。ヨーロッパ船に救助された漂流者が1枚の角帆を描けば日本船と理解してもらえたとの話がある。もっとも船首近くには短い帆柱があり小さな弥帆を揚げられるようにしてあるが、この帆を揚げることは少なく揚げても目立たない)

和船は時代とともに変化しながらも、基本的には上記の特徴を失わなかった。もっとも江戸時代末期からは荷物を積んだ時には垣立の外側に波しぶきを防ぐための蛇腹を取り付けるようになり、垣立の前半分はかくされてしまった。また明治中期からは西洋技術の影響を受け始めるが、船首尾に西洋式の帆を取り付けるようになったのが外見上の大きな変化である。

和船は小型の船を除き大小にかかわらず外見はほぼ同じであった。しかし各部寸法などは僅かながら差があり、特に自分の荷物を積んで各地の港に運ぶ北前船は、速力よりも積載量を重視したことや港での費用に関係する石数を少なくするため、江戸末期から他の船とは多少違った形の船を造るようになった。変化したのは下記の点である。

和船では最も幅が広いのは帆柱のすぐ前あたりだが、それより少し前を最も広くする船があらわれた。石数は帆柱の前の梁の幅で計算するためそれよりも前を広くし、石数を増やさずに荷物を積む場所を大きくした工夫である。

船底が平らに近くなったのも大量の荷物を積むための変化であり、そのため通常の船では下船梁（したふなばり）と中船梁（なかふなばり）の２本の梁が入るところを湾曲した１本の梁にしている。

大量の荷物を積んで深く沈めても波が打ち込まないように、船首尾の反（そり）が大きい。

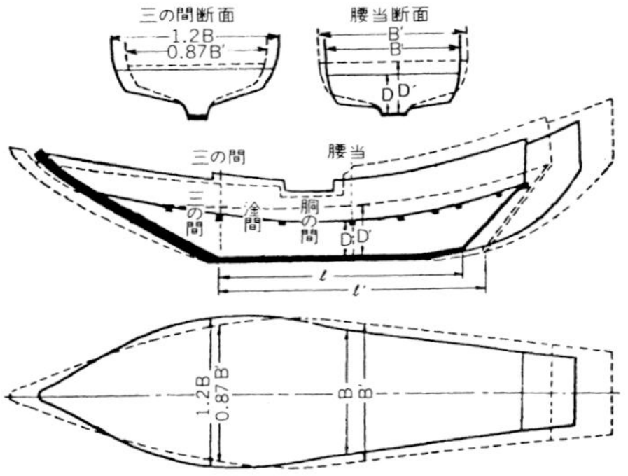

図３　石数を少なくするための工夫
（実線が北前型　点線は通常型）

上記のような変化は図面などを見ないと見わけにくいが、船首尾の反りは注意すれば写真でもその違いがわかる。

和船の建造にはたいして設備が必要ではなかったから各地で行われていたが、最大の造船地は大坂であった。これは材料が入手しやすかったためと思われるが、大坂の船大工は船主の希望に応じて江戸通いの船や北前通いの船を建造していたようである。

４—北前船の航海

日本海は冬季には季節風が強く危険なため、近くの港を往来する船はともかく、北前船は春先に動き始め秋口には瀬戸内海に入り、冬は適当な川筋に船をつないで乗組員は休養した。したがって北前船は半年あまりの運行であった。川で船を囲うのは木造船の大敵である船食虫が淡水では死ぬからである。船囲いには大坂の木津川が最もよく利用され、大阪市は明治になって船囲場を用意して北前船を収容するようになった。

乗組員は２月頃になると帆柱を立て道具類を整備して出港し、瀬戸内海から日本海沿岸の各地に寄って荷物を買い集めながら北海道へ向かった。北海道からの航海は積荷を大量に売りさばける港だけに寄るため、春の航海よりも速い事が多かったようである。大坂—北海道を１往復するだけの船ばかりでなく、北海道で手早く荷物を集めて新潟あたりまで運び、もう一度戻って大坂に向けて出発したり、なかには瀬戸内海まで２往復する船もあった。荷物が早く集まりしかもあまり多くの港に寄らなくてよい場合には能率的な運航ができたのだろう。

江戸時代初期の和船は岸から離れずに航海する地乗りとよばれる航海をしていた。しかし次第に岸を離れて岬や島をたどって直線的に走る沖乗りを行うようになった。江戸時代後期には上方を出てから北海道までの所要日数が半月から１カ月半であり、下関から北海道まで無寄港の例もある。天保11年（1840）に佐渡奉行に就任した川路聖謨（かわじとしあきら）は、「近年蝦夷南部から大坂に向かう船が韃靼（だつたん）の沖にかけて走り、そこから下関にかけて間切って行くので佐渡に寄る船が減少した」との伝聞を書き留めているが、天保13年の『日本船路細見記』には、萩の沖にある見島から佐渡のはるか北を通って男鹿半島までの直線コースが引いてあり、この程度の沖乗りはしただろうが、佐渡での伝聞は信じがたい気がする。

和船の大きな角帆は後ろよりの風を受けて走るのに適している。もちろん江戸時代中期には、横あるいはやや斜め前からの風を受けて走る事もできるようになっていたが、横からの風を受けると波しぶきが打ち込んでくるし、特に北海道からの上り航海では思いきり高く積

図１〜３　石井謙治　1983　『図説和船史話』至誠堂より

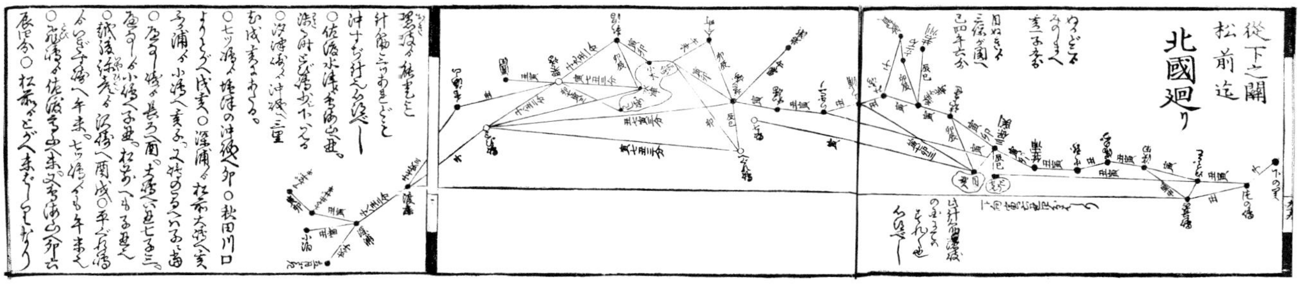

写真2　山口県の見島から男鹿半島まで直線を引いている（左端が松前）

み上げた荷物が邪魔になって、追い風以外は走りにくかったであろう。風が前に回ると無理して走るよりは最寄りの港に入って風待ちをした方が楽であったから、沿岸を走る帆船はよく風待ちをした。順風が吹き始めると風待ちの船は一斉に出港するが、沖に出ても風が変わると無理をしないで元の港に引き返すことが多く、2回以上同じ港にもどってきた例も知られている。下りの航海が1カ月半かかったといっても、逆風や無風による風待ちや荷物の積み降ろしのために港に滞在していた日数が含まれており、条件さえ良ければそれほどの日数が必要だったのではない。

よほどの順風に恵まれない限り帆船のスピードはさほど早くはない。潮流の速い瀬戸ではそれに逆らって走るのは難しく、そのような場所では潮待ちが必要になる。瀬戸内海には潮流の速い瀬戸が多く、潮待ちのための港が多かった。ただし潮は6時間ごとに逆転するから、潮待ちは風待ちのように長時間待つ必要はない。日本海は狭い海峡で外につながった広い海のため干満の差が少なく、海峡付近は別として潮流が弱く潮待ちは必要ではない。北陸あたりの出身者が初めて瀬戸内海に入った時、潮流の強さと干満の大きさに驚いたに違いない。

帆船の時代には和船に限らず遭難が多かった。最も危険なのは強い風に吹き流されて岸に打ち付けられることである。北前船が秋から冬にかけて日本海を航海しなかったのは、北西季節風で岸へ押し流されるのを避けるためであった。広い外洋では少々吹き流されても岸には近づかないが、陸に囲まれた狭い海で遭難しそうもないと思われがちな瀬戸内海でも、強い潮流に流されたり風が急に変わって狭い海域では対応できなかったりして遭難することがあり、日本海から来た船にとっては走りにくい危険な海だったのではないだろうか。北前船の遭難は巨額の資産を失うことを意味し、遭難のため没落した北前船主は多かった。

写真2　『日本船路細見記』

I－4

日本史のなかのラッコ皮交易

児島恭子

いまや小さな子供でも、北の海に住むだぶだぶの毛皮を着た猫のような顔のラッコを、生きた姿で知っている。しかし、かつて毛皮の形で日本史上に登場していたことは、可愛いしぐさほどには知られていない。明治から昭和にかけてはラッコ皮の帽子やラッコの毛皮の衿がついた外套が流行していたがそれは別の話である。ここでは先住民族アイヌの手から交易によって運ばれてきた、皇族の褥(しとね)になるといわれた超レアなラッコ皮の話をしよう。

1－日本中世のラッコ皮交易

江戸時代に編纂された室町幕府関係の史書『後鑑(のちかがみ)』所収の文書に、応永30年（1423）、足利義量(よしかず)の５代将軍就任祝いに安藤陸奥守が贈った品々の中に「海虎皮三十枚」が記されている。安藤氏は当時津軽の十三湊（青森県市浦村）にあって繁栄を極めていたが、その富の源は北方の特産物にあった。将軍就任の贈答品となった「海虎皮」が、ラッコの毛皮ではないかと考えられる。のちに臘虎・臈虎・獺虎と書かれた動物名がある。それらはラッコという音をうつしたのであり、海の獺という意味から来た海獺という表記も多い（中国ではこれをアシカと同一視しているし日本でもそういう例は多い）。『大漢和辞典』には海龍を「海獣の名。らっこの異名」としているが用例は出ていない（大型のトドではないか？）。『松前志』は海獾を使っているが、中国の用例では海獾は黒貂かと思われる。海虎は音を表しておらずラッコに虎の縞模様はないので、模様があるという意味では海虎はアザラシをさす「海豹」と同じかもしれない。つまり海虎はアザラシだということになる。海獣たちの名称はややこしいが、基本的にはオットセイは海狗、トドは海馬、アザラシは海(水)豹等と書きわけたとすれば、海虎はラッコと考えてもいいだろう。古代から北方産の毛皮に関する記録はあるが、ラッコとみなせるものはこの時が初めてである。この『後鑑』の記事は、世界でも一番早い時期のラッコを表す文献史料かもしれない。

文明19年（1487）以前に成立した覚什(かくじゅう)作『聖徳太子伝記』には「千島の荒夷ども形鬼神に同じ。髮赤く色黒し。しかれども日本の人の廻船のために渡すところの色々の綾錦(あやにしき)とうの衣裳どもを持って、獺皮、海豹、とゞの皮を腰に巻き」と記されている。これは聖徳太子信仰による太子伝の一部で、10歳の時、都に攻めてきた蝦夷を神力によって帰伏させる場面だが、鬼に擬せられる蝦夷が「獺皮、海豹、とゞの皮」を身にまとっていて「日本の人の廻船」から得た綾錦を持っていると述べることの背景には、事実としてのアイヌ民族との交易が知られていたことがあったのであろう。

安藤氏はラッコ皮をアイヌ民族との交易によって手に入れていた。当時の日本人はラッコの生息地には行ったこともなかっただろう。ラッコ皮はまずアイヌ民族どうしの交易によっ

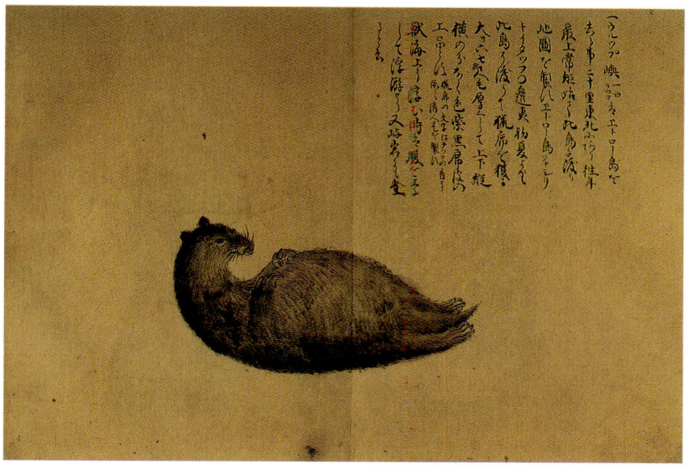

写真１　『蝦夷島奇観』に描かれたラッコ

て産地の千島から北海道を横断して南下してきたのだ。遣明貿易に携わった将軍側近の商人楠葉西忍は、宝徳年間の1450年前後に北京まで行ったが、日本から輸出すると儲かるという品物の例として「ランコ(ママ)皮　唐土ニテハ冬入物也」と伝えている(『大乗院寺社雑事記』)。中国での毛皮の需要は多大なものであるが、千島から北回りで行く経路ではなく日本を通って中国まで運ばれたラッコ皮があったのだ。将軍義量に贈られたラッコ皮も一部は中国へ輸出されたのだろうか。

ラッコ(皮)のことは『節用集』(文明本、15世紀後半)『運歩色葉集』(天文17＝1548)『日葡辞書』(慶長８＝1603)などの辞書類にもちゃんと出ている。イエズス会宣教師により長崎で刊行された『日葡辞書』はラッコを「手でなでつけると、どちらへでもなびくような毛をもった海の獣の一種」と説明し、「ラッコの皮のような人じゃ」という例文の意味を「あの人は容易に誰の意見にでも傾き、どちらの側にでもなびく人である」とする(『邦訳日葡辞書』)。この説明はたしかにラッコ皮のことであり、「ラッコの皮」という言葉が中世以来流布していた広がりを推測させる。

2―江戸時代のラッコ皮交易

北方の産物を求めてより奥地のアイヌ民族との交易を進めていった和人は、17世紀までラッコの生息地に近い蝦夷地東奥部へは進出しておらず、アイヌが和人の所まで運んできたのだった。17世紀初めのキリスト教宣教師の記録には、松前にメナシ地方(北海道東部)のエゾがラッコ皮をもってくると書いてある(デ・アンジェリス『蝦夷報告』)。文禄２年(1593)、のちの松前藩主蠣崎慶広は肥前名護屋(佐賀県鎮西町)で朝鮮を侵略しようとしている豊臣秀吉のもとに参上し、徳川家康にも面会した。当時、蝦夷の地は朝鮮と隣接していると認識されていたから、秀吉はたいへん喜んだという。以後、松前家はラッコ皮を贈答品にしている。

慶長７年(1602)　慶広がラッコ皮２枚を徳川家康に献上(『福山秘府』)
慶長15年(1610)　慶広が駿河城で柳川豊前守に贈呈(『新羅之記録』)
元和元年(1615)　特大のラッコ皮が出、家康に献上(「大海獾皮」『福山秘府』)
寛永３年(1626)　公広が秋田藩主世子佐竹義隆に贈呈(『梅津政景日記』)
寛永８年(1631)　公広が将軍に献上(『大猷院殿御実紀』この後も記録に散見する)

南部藩の『雑書』には正保元年(1644)、田名部奉行所(青森県むつ市)がメナシからきたエゾよりラッコ皮２枚を買い置いたとある。メナシの厚岸に松前藩の交易所が設置されたのはこの頃といわれるが、本州に交易にやってきたアイヌの人々もいたのである。その後の来訪は記録されていない。

アイヌから一度に得るラッコ皮の数は、数枚から数十枚である。元和元年６月、東隅(厚岸地方か)の「夷船」が数十艘やって来て、「酋長螺邏稀阿犬」が獺虎数十枚を持ってきた。そのなかの１枚は、「長さ七尺計り、肩幅二尺八寸余」と巨大であった。この見事な皮は二

写真１　個人蔵(大塚和義氏撮影)

シラケアイヌの言葉によれば「夷の中にて前代未聞」であり「大得意」（＝大親友＝良い取引先）に渡さんと欲し持ち来ったものであった（『新羅之記録』）。また、シャクシャイン戦争後の「ツクナイ（賠償）」として寛文10年（1670）に厚岸から10枚、沙流（北海道日高）から１枚が松前に到来した。寛政元年（1789）クナシリと対岸メナシの若手アイヌが蜂起した時、クナシリの老首長ツキノエが松前藩へ従順の意味で差し出したラッコ皮は２枚であった。これらから、ラッコ皮の希少価値が察せられるというものであろう。従って高価で、領主クラスの贈答品に使われもするのである。元和２年（1616）と同８年には秋田藩重臣梅津政景が、寛永元年（1624）と同２年には藩主佐竹義宣が１枚のラッコ皮を入手するよう命じているが、同３年、松前藩主が世子佐竹義隆を訪れたさいに１枚贈っている。宝暦９年(1759)、松前藩が厚岸で各地のアイヌからラッコ皮を50枚集めたというのは、稀なことであったという。

ラッコ皮は、アイヌからは独占的に松前藩が集める建前になっていた。表向きは民間での流通が許されていなかったが、実際には闇取引があり、そのへんの実情を平秩東作『東遊記』(天明３＝1783）は次のように記している（現代語訳）。

> ラッコは海獣である。皮は献上品にする。至って高価なものである。蝦夷地の東方にラッコ島といって大きな島があり、蝦夷人はそこへ渡ってとる（写真１）。町売りは禁じられているが、松前城下の商人へ手を回して調達すればどれほどでも買うことができる。近年は異国から赤人と言う者がラッコ島に渡りラッコをとるため少なくなったと言いふらすが実はそうではない。蝦夷地の場所請負の町人から松前の町人が買い取り、大坂へ回すからである。このような高価なものを憚りものといい、領主買上げのほかは他での売買は国禁という。しかし松前藩士や町人の所に抜け荷として入るものがあって、城下の町人の蔵にあるのだが、役人からとがめることもしない。領主が入用の時は、商人から買い上げるという。

また天明６年（1786）の公文書にも「過半は場所請の者共内々にて直に他国へ売出し、志摩守（藩主）方へ差し出し候は少分の儀と相聞こえ申し候」と記されている（『蝦夷地一件』)。蝦夷島主蠣崎氏・松前藩主のステイタスシンボルであった中世以来のラッコ皮は変質していったのである。

3 ―ラッコ皮の価値と先住民族

桃山時代の武将の陣羽織には奇抜なデザインのものがあるが、ラッコの毛皮が付いていた、などという例は知らない。あっても不思議ではない。手に入れた高価なラッコ皮は飾り物にされたかもしれないが、「疝痛あるものその皮を腰にまとえば、その疾なおることあり。かつ壮年の男女もこの皮を敷て気血逆上するの患いなし。また痘瘡のときこの皮を褥とすれば其の病甚だ軽しという」(『松前志』)。将軍は鞍覆にした（『休明光記附録』)。

写真２　『本草図説』に描かれたラッコ

オランダ商館文書の長崎からの輸出品目に、

写真２　西尾市岩瀬文庫蔵(『高木春山　本草図説　水産』リブロポート　1988より）

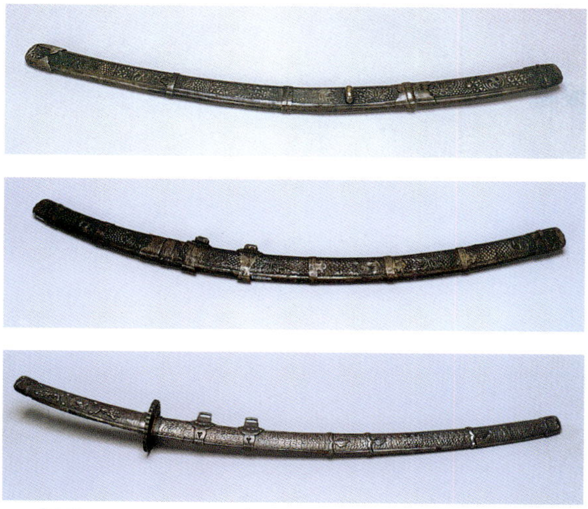

写真3　ラッコアタイタンネㇷ゚（ラッコの価の長刀）

racksvellen（＝ラッコの皮）があるほか lakonokawa があるのは『日葡辞書』の Raccono caua を彷彿とさせる。zeetijgers vellen とあるのは直訳は「海虎の皮」。日本か中国で「海虎」の字が使われていて意味をオランダ語に直訳したのだろうか。あるいは海獣の汎称であろうか。ラッコ皮と称されていても本物とは限らず、18世紀には、長崎から中国に輸出されたラッコ皮はわずかであったらしい。正徳元年（1711）、中国船は計34艘が来航したが、持って帰ったラッコ皮は1枚だけであった。当時、中国の需要はロシアやスペインが供給していたのである。蝦夷地が日本の商業経済のなかに重要な産物の供給地として組み込まれる時期、アイヌ民族に依拠する特産品ラッコ皮の意味は微妙なものになってくる。かつての政治的な意味はなくなり、高価な商品としての価値は持続し、博物学的な関心が寄せられるようになってくる（写真2）。

天明6年（1786）のクナシリ、アッケシ、キイタップでの交易価格は、アザラシ皮だと上品1枚がたばこ1把とマキリ1挺であるのに対し、ラッコ皮は下品1枚でも米8升入り30俵、糀（こうじ）8升入り3俵、酒5升入り1樽、たばこ3把、きせる2本であり、上品なら米と糀は2倍になる。シーボルトは文政9年（1826）の江戸参府の折にラッコ皮を売り込みにきた人物と会ったが、1枚のラッコ皮に小判70枚を要求され、買わなかった（『江戸参府紀行』）。

莫大な価値を与えられたラッコ皮は先住民族の狩猟や交易の拡大を招いた。それにともなう文化の交流や狩猟技術、航海技術の発展などアイヌ民族にとってプラス面もあったかもしれない。しかし、アイヌ文化の中でのラッコの存在には疑問があり、よくわからない。アイヌの口誦文芸には厚岸の豪傑イクレスイェの物語として、イクレスイェが釧路のコタンで、捕獲したラッコを料理するところに行き会わせたというのがある。また英雄詞曲の一曲「クトゥネシリカ　虎杖丸の曲」は、石狩川の河口に出没する黄金のラッコ退治が物語の発端になる曲である。この英雄詞曲でのラッコの本質は巫女の憑き物であり、頭骨を巫術に使うカワウソと同じ役割を持っている。イクレスイェの物語も、カワウソと置き換えられる話である。アトゥイ・エサマン（海のカワウソ）というのがラッコの普通の名前であった。ラッコがいるとは思えない石狩のラッコは謎である。

前述の、アイヌ首長による松前藩主へのラッコ皮の見返りに何が渡されたかは文献に明記されていないが、アイヌの人々の宝物に「ラッコアタイタンネㇷ゚」（＝ラッコの価の長刀）という刀がある（金田一京助・杉山寿栄男『アイヌ芸術』）のは注目される（写真3）。

ともあれ、遅くとも15世紀から日本で流通したラッコ皮は、道東や千島のアイヌ民族の狩猟と交易の賜物であった。産地ではないところのアイヌの人々の中継もあったかと考えられるが、先住民族の交易品であるラッコ皮は日本史のなかで特殊な交易品であった。

【参考文献】

浪川健治　1992　『近世日本と北方社会』三省堂

児島恭子　1994　「ラッコ皮と蝦夷錦の道」『歴史の道再発見』第1巻　フォーラム・A

児島恭子　1999　「北方交易とラッコ」『白い国の詩』1999年9月号　東北電力㈱地域交流部

写真3　国立民族学博物館蔵

I—5

都にやって来た海獣皮——古代中世の水豹と葦鹿

藤田明良

1—水豹皮と葦鹿皮

鮭・昆布・鷲羽・色革、北の世界からは京都や鎌倉にも、さまざまなモノがもたらされた。古代・中世の古記録に登場する「水豹皮」「葦鹿皮」も、その一つである。水豹は阿左良之＝アザラシ、葦鹿は阿之加＝アシカと和訓され、ともに北の海に棲息する海獣の毛皮だと考えられている。葦鹿皮は陸奥・出羽両国の交易雑物、水豹皮は安倍氏や奥州藤原氏からの貢納品として史料に登場し、奥羽が中継地の役割を果たしていたことも、良く知られている。だが、その用途に関しては、馬具や武具に使用したという指摘があるものの、他のモノに比して未解明の部分が多い。

毛皮であるので鞣（なめ）して染色した色革などとは、位置付けや使用法が違ったはずである。北太平洋の人々にとって、保温と耐久性に優れた海獣皮は、万能の生活必需品であるが、日本の都では、はるばるやって来た稀少な存在だ。貴族や武士はどのような思いを込めて、これを用いたのだろうか。ここでは公家の日記や儀式・故実の書物、そして絵画史料を手がかりに、往時の日本社会における海獣皮の位相の一端に迫ってみたい。

2—貴族社会での使用例

仁安3年（1168）10月21日、京都は高倉天皇の大嘗会に先立つ御禊（みそぎ）行幸で沸いていた。その様子は、御禊装束司次官として儀式を支える新帝の蔵人頭・平信範の日記『人車記』（兵範記）に詳しいが、この行幸には彼の息子信廣も供奉している。その装束の記述に「水豹尻鞘」と「葦鹿下鞍」が登場するのである（写真1）。尻鞘（しりざや）（後鞘）は太刀の鞘を覆うカバー、下鞍（したぐら）（韉）は、木製の鞍（鞍橋）の下に載せ掛ける馬具のことである。下鞍は、切付（きつつけ）（上重）と膚付（下重）の二枚構造になっており、毛皮は外から見える切付のほうに用いられた。尻鞘も当時の辞書『色葉字類抄』（尊経閣本）に、「俗、以虎豹水豹斑猪等皮、加於劒鞘上、為尻鞘」と注記し、虎、豹、水豹、斑点のある猪の毛皮を代表的な素材としている。両者とも目立つ部位であり、「左筆」といって描絵の場合もあるが、毛皮を用いることが多く、その中で水豹や葦鹿も使われた。貴族社会における海獣皮の用例は他に、鷹狩のための野行幸に供奉する鷹飼の「水豹皮腹纏」（『新儀式』10世紀後半）などもあるが、今回は比較的史料の豊富な、この尻鞘と下鞍から検討してみたい。

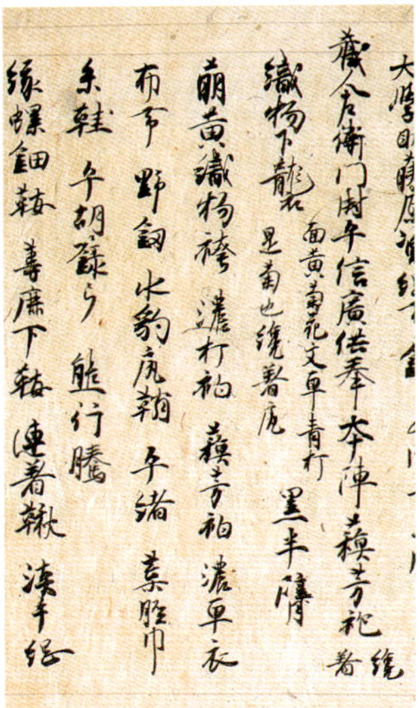

写真1　平信廣の装束に見える「水豹尻鞘」と「葦鹿下鞍」

写真1『人車記』（陽明文庫蔵）

尻鞘に使用されるのは、主として水豹皮である。10世紀半ばの『西宮記』に「阿左羅之」が見えるのをはじめ、『満佐須計装束抄』(12世紀後半)『餝抄』(13世紀前半)『衛府官装束抄』(14世紀初頭)など、平安・鎌倉期の有職故実書に綿々と登場する。また、春日祭の舞人が「銀散劒」に「水豹尻鞘」つけていた(『猪熊関白記』正治2年2月3日)などと、公家の日記にも散見する。これに対し下鞍(切付)に用いられるのは、葦鹿皮が多く、『西宮記』(10世紀半ば)『助無智秘抄』(13世紀初頭)『餝抄』(同前半)『拾芥抄』(同後半)『衛府官装束抄』などの故実書に載せられている。すでに9世紀初頭、葦鹿等の鞍具への使用の是非が朝廷で議論されており(『日本後紀』弘仁元年9月28日)、この頃から下鞍に使用されていたことが知られる。

ところが12世紀末から、賀茂祭の中宮使の引馬が「水豹切付」を付けているように(『百錬抄』建久5年4月18日など)、下鞍の切付にも水豹が登場する。鎌倉末期に有識の輩が集まり、北面や滝口の武士の装束を正したという『布衣記』にも、「鞍は水干鞍、切付はあざらしの皮、上敷同皮」と、切付や上敷(鞍橋上面の部位。表敷ともいう)に、あざらし(水豹)を使用すべきとある。室町時代の有職故実の大家・一条兼良も『桃花蘂葉』で、下鞍の材料として竹豹・小豹とともに水豹を挙げた。これは単に水豹と葦鹿の呼称を、混用しているのではないようである。『衛府官装束抄』は、検非違使の賀茂祭警固の装備として、六位の尉は「あしかのきつけ(葦鹿の切付)」、随兵は「あざらしのきつけ(水豹の切付)」と書き分けているし、『物具装束抄』(15世紀初頭)も、葦鹿は「外記史内記等用之」、水豹は「六位用之」としている。鎌倉時代には、水豹も下鞍に使用されるようになり、以後、併用された時期が続いたようである。近世には両者の関係は逆転したようで、19世紀半ばの『餙馬考』は、葦鹿切付の考証で「今、用る處、多くは水豹なるべし」と述べている。

また同じ馬具に、切付の下に差し懸けて衣装の汚れを防ぐ、障泥(あおり)(泥障)がある。毛皮や牛馬の皺皮(しぼかわ)などで作られるが、14世紀半ばに成立した『庭訓往来』(6月返信状)に「水豹・熊ノ皮の泥障」とあって、水豹も用いられたことがわかる。以上を整理すると、都では、葦鹿皮が9世紀を下限として馬の下鞍などに、水豹皮が10世紀を下限として、太刀の尻鞘や腹纏などに使用され始めていた。鎌倉時代に入る前後から、水豹が下鞍や上敷・障泥など馬具にも進出するのに対し、葦鹿の用例は時代が下がるにつれて、見られなくなっていく。

3—毛皮としての海獣皮の位置

当時の日本で利用できる毛皮には、列島各地で捕獲できる鹿・猪・熊などがあったし、大陸産の虎や豹なども、奈良時代以前から入ってきていた。後者は早い時期には新羅や渤海からもたらされたが、平安中期以降はもっぱら中国商人が持ち込むようになる。この毛皮の使用については、厳しい身分規制が存在した。早くも奈良時代初頭に朝廷は、金銀の飾りと並んで虎・豹・羆(ひぐま)の毛皮を、鞍具や太刀の装飾に使用できるのは五位以上、すなわち貴族に限定しようとする(『続日本紀』霊亀元年9月1日)。規制はその後も繰り返され、平安初期の『延喜式』(弾正台)で、豹皮は上級貴族である公卿のみ、虎皮は一般貴族である五位以上、羆の障泥も五位以上と定式化された。豹や虎の評価が高いのは、貴族が毛皮に求めたものがなによりも、自らを儀装する装飾性だったからである。さらに素材となる動物のパワーによって身を守るという、神秘的呪術的指向も見逃せない。目立つ文様を持ち、異形異能のモノが棲むと観念されていた海外異域からやって来るものに、高い付加価値がつくのは当然であった。では、その中で北からもたらされる海獣皮は、どう評価されていたのだろうか。

毛皮について、前出の『西宮記』では、尻鞘は「豹、公卿。虎・竹豹、四位五位。阿左羅之、六位。斑猪、上下野望用之」、下鞍も「豹、公卿 神事五位已上通用。虎、四位五位。葦鹿 六位」と記している。神事などの例外を除いて、豹は公卿以上、虎は五位以上という『延喜式』の原則が守られているが、阿左羅之（水豹）と葦鹿はともに、これに次ぐ六位の官人用と位置付けであった。その後の故実書を見ても、「五ゐ六ゐのは、しりさやをさす。五ゐはとら、六ゐはあさらし」（『満佐須計装束抄』）「六位……、太刀にはあざらしの平尻鞘をさす」（『衛府官装束抄』）「三位以上、竹豹切付。四位豹、五位虎、六位葦鹿」（『拾芥抄』）「切付事。小豹、公卿及四位用之。竹豹、小豹ヨリモ勝物也。上臈上達部用之。虎、五位用之。葦鹿、外記史内記等用之。水豹、六位用之」（『物具装束抄』）というように、水豹と葦鹿についてはは六位以下というポジションは不変である（史・外記・内記は原則として六位以下)。但し、諒闇（天皇の服喪）中は、五位以上でも豹や虎をひかえて、水豹尻鞘や葦鹿切付を使うことになっていたらしい（『餝抄』諒闇劒尻鞘事・諒闇鞍事）。

このように水豹皮や葦鹿皮は、豹や虎の使用を許されない六位以下の装束として、または諒闇のような華美を慎むべき局面に用いるのが、貴族社会の「掟」であった。換言すれば、豹や虎よりはランクが劣ると認識され、貴族の予備軍、貴族政治を支える文武の実務官人たちの、身分標識となったのである。先述した御禊行幸で平信範が、六位蔵人である息子に葦鹿皮の下鞍を用意したのも、この規範に拠っていた。故実書にも供奉する蔵人のうち六位の鞍は、「縁螺鈿鞍、葦鹿下鞍」とちゃんと記されている（『助無智秘抄』）。なお、武具や馬具を扱う店は、都では早くから存在していたらしい（『延喜式』東西市司）。たが、ハレの場で使用するものは、どこの家でも常備していたわけでなく、貴族や官人も使い回しをすることが多かったようだ。室町時代の例だが、賀茂祭用の「水豹切付」の貸借に関わる書状が、万里小路時房の日記『建内記』（嘉吉３年３月）の紙背文書に残っている。

だが「掟破り」は、いつの時代にも存在する。平安中期から社会の揺らぎを抑え、支配のタガを締め直す公家新制という法令が、しばしば出された。内容に「過差」（分を過ぎた奢り）の停止を含むものも多く、例えば全文が現存している建久２年（1191）令では、地下六位以下の者が鞍に「豹虎皮韉」を用いることを禁じている。同じ条文が寛喜３年（1231）令にもあるが、禁令を繰り返し出さねばならないのは、違反が恒常化していることの証でもあった。平信範のように故実にこだわる真面目派ばかりではなかったのである。

武人政権である鎌倉幕府も新制を発令したが、ここでも毛皮使用は規制の対象になっている。弘長元年（1261）２月の関東新制では「豹虎皮切付」が禁止されたが、弘安７年（1284）10月に政所に張り出した鎌倉市中向けの新制では、「水豹切付」も止められている。六位以下に使用が許されていた水豹皮の規制は、京都と鎌倉の新制を通じて、管見の限りこの例だけである。蒙古襲来直後の幕府では、安達泰盛が主導する「弘安徳政」によって、極端な諸事引締め政策が挙行されていたが、水豹皮の使用禁止もその一環であろうか。

このように幕府の成立後は、京都の価値観による規律化が、東国武士たちにも及んでいく。東国・北国の武士たちの間に、北の世界からくる海獣皮に対して、もともと京都とは異なる用法や観念があったかどうかの探究は、今後の課題としたい。なお幕府の新制では、鞍の豹虎皮と太刀の金銀蒔絵装飾、同じく水豹皮と銀交の装飾が、互いに対応している。先述した京都の新制や故実書も同じ傾向があるので、豹・虎と金、水豹と銀を、似たような位相でとらえる感覚を、当時の人々の中に見てとることも可能かもしれない。

4 ―描かれた海獣皮

水豹皮や葦鹿皮を、当時の絵画史料から探すことはできるのだろうか。描かれた毛皮に「水豹皮」などと注記されたものは、今のところ見当たらないので、探索のためには、まず文献上の名称と現在の動物名の、対応関係を確定しなければならない。現在、水豹は海豹とならんでアザラシの漢字名として使用されるが、日本近海に姿を見せるアザラシは五種類いる。水豹を水に棲む豹文の動物と解釈すれば、まず該当するのはゴマフアザラシである。ただし、ワモンアザラシもフイリアザラシとも呼ばれ、個体によっては斑点模様があるという(伊藤徹魯氏のご教示による)。今のところこの2種が水豹の有力候補といえる。

だが、葦鹿の方は和訓から、現在のアシカに直結させるわけにいかない。ニホンアシカは近世まで山陰や紀州をはじめ、日本各地に棲息しており、奥羽のみの交易雑物としては疑問である。また毛皮にも模様がなく、豹や虎に次ぐ地位に相応しいともいえない。このニホンアシカは、かつてミチやトドとも呼ばれていたが、トドが現在は別の大型海獣の名称となっているように、呼称だけからの判断はやはり危険である。字義からすれば「葦毛」(白毛に黒色・褐色の差し毛のある毛並み)のような毛皮の可能性もある。ともかく海獣は同種でさえ個体差が大きく、幼獣と成獣、雄と雌、棲息地域や季節、さらには体の部位によって、毛並みや模様が異なる。「あしかをねらうえぞ舟」(『源仲正集』)と平安時代に詠まれているから、海獣と考えて良いと思うが、葦鹿に対応する動物探しは、慎重にすすめなければならず、現時点では未詳とすべきであろう。

そこで葦鹿はひとまず置いて、水豹皮を絵画から探すと、可能性のある例が一つ見つかった。中近世移行期に描かれた放馬・調馬・厩馬などを主題とした絵の中に、醍醐寺所蔵の『調馬図』(17世紀初頭)がある。描かれた10数匹の中に、暗い青灰色に斑点を持つ毛皮の障泥を付けた馬がいるが、この毛皮はゴマフアザラシの成獣の背面ではないだろうか(写真2)。この絵には、豹・虎・熊・鹿等の毛皮や牛馬の皺皮など、多種多様な障泥が描かれている。中世まで使われていた代表的な障泥を描き分けたとなると、『庭訓往来』にも登場する水豹が登場しないのは、かえって不自然と思われるが、いかがであろうか。

写真2　虎皮障泥(手前)と、ゴマフアザラシと思われる皮の障泥(奥)

そのほか平安・鎌倉期の絵巻物にも、行列や合戦の場面を中心に、毛皮が使われた下鞍や尻鞘が見える。縞紋の虎皮や輪紋の豹皮は判別しやすいが、水豹皮を特定するのは、なかなか難しい。豹皮の模様は部位によって黒斑にもなるので、ゴマフアザラシなどの斑点と区別がつきにくい(輪紋を竹豹、黒斑を小豹と呼んだという説もあるが、異説もあって未詳である)。また五位以上の装備でなくとも、虎豹皮が描かれている場合もあって、法制や有職故実の「掟」も、やはり遵守の実態や絵師の流儀などに左右されるようである。特に出陣や合戦の場面では、その威を借りるためか虎皮の使用が顕著である。

写真2 『調馬図』(醍醐寺蔵)

その一方で、描かれた毛皮の模様から、逆に現在の動物名に迫れる可能性もある。『平治物語絵巻』の六波羅行幸の場面で、跪いて天皇を迎える平家の武者たちの背後に、黒褐色に白輪紋の毛皮の下鞍を付けた馬がいる（写真３）。このような毛皮を持つのは、日本を含むユーラシア大陸周辺では、ゼニガタアザラシかワモンアザラシ、そしてゴマフアザラシの一部だけである（馬にも連銭葦毛という毛並みがあるが、このような明確な白輪にはならない）。この白輪状の毛皮も、北方の海獣皮と考えてよいのではないだろうか。この推定が正しいとすれば、この毛皮を当時、なんと呼んだのか。これも水豹なのか、別の名か。そもそも文献史料に登場するのかしないのか。未だ不確定な要素が多いが、後考を促すため、敢えて指摘しておきたい。

写真３　鞍橋の下に見える白輪模様の毛皮の下鞍（手前）と、豹皮の下鞍（奥）

５―頼朝の入京と北条氏の貿易

はるばる京都や鎌倉にやってきた北の海獣皮は、貴族や武士の身分や威儀の表象として、馬具や武具の装飾に使用された。但し、その位置付けは、国産の鹿・猪・熊等よりは上だが、豹や虎という派手な舶来毛皮の後塵を拝する存在である。しかし例外もある。最後に、海獣皮が豹虎皮をおさえて目立った例を紹介しよう。

まず建久元年（1190）11月７日、源頼朝の入京である（『吾妻鏡』）。後白河法皇から庶民にいたる大勢の都人の視線を集める頼朝は、行列の中を黒馬に跨って進んだが、その馬には「水豹毛泥障」が懸けられていた。当時の位階は従二位、豹虎皮を付ける資格があったのに、頼朝は一世一代の晴舞台ともいえる日に水豹を選んだのである。黒馬に水豹とは渋いとり合わせだが、おそらくこの演出は、北の世界との回路を彼が掌握したことを京都に誇示するためだっただろう。この上洛は、奥州合戦の直後であり、行列の先頭には奥州産の金が詰まった辛櫃も配置されていたのである。

源氏将軍の断絶後、北方との回路は北条得宗家が掌握することになった。北条氏は中国貿易にも熱心であったが、永仁６年（1298）に元に向かう貿易船が、五島列島で遭難したことがある。この船には得宗関係者の交易品が積まれていたが、その中に「あざらしのし（り）さや」が装着されていた金装飾の太刀があった（『青方文書』）。先述のように日本では金に対応するのは豹や虎の皮だが、それらをもたらした中国では、むしろ北海の海獣の方が珍重されていたのかもしれない。中国や朝鮮における海獣皮の使途を視野に入れていけば、北の海域世界に連なる交易ネットワークの解明は、今後さらに進むことになるであろう。

【参考文献】

近藤好和　2000　『中世的武具の成立と武士』吉川弘文館
鈴木敬三　1961　『初期絵巻物の風俗史的研究』吉川弘文館
関口　明　1987　「渡島蝦夷と毛皮交易」佐伯有清編『日本古代中世論考』吉川弘文館
保立道久　1993　「虎・鬼ケ島と日本海海域史」戸田芳実編『中世の生活空間』有斐閣
和田一雄・伊藤徹魯　1999　『鰭脚類――アシカ・アザラシの自然史』東京大学出版会

写真３『平治物語絵巻』（東京国立博物館蔵）

Ⅰ—6

近世日本における皮革製品とその流通

森下雅代

1—わが国における皮革の利用

わが国でも黒川真頼が『工芸資料』の中で「太古は人皆弓矢を執って以って獣を獲りて其の皮を剝ぎ、脂を去りて用に充つ」[(1)]と述べているように毛付皮を衣服や靴、敷物にしたと推定される。火をおこすのに用いられた鞴（ふいご）は吹皮とも呼ばれ、さまざまな動物の皮でつくられていた。弓を射るときに左手につける鞆（とも）、楯（たて）などが皮革で作られていたことは楯縫、鞆張の名で呼ばれた工人の記録などからうかがえる。4～5世紀の日本では革製の甲の草摺（くさずり）が用いられていた。鹿皮を鞘に、鹿角を把とした刀子や毛皮を長い箱状に縫った靫（ゆき）（矢を盛るもの）馬具などの遺品も多い。「弓弭の調（ゆはずのみつぎ）」と呼ばれた男子の朝廷への貢物は鹿、羚羊、猪、熊などの獣皮、獣骨であった。獣骨を火に焼いて吉凶を占う風習もあった。

正倉院宝物にも革素材の品々が多数遺されている。漆皮箱、帯、履、鞍、鼓、琵琶の捍撥（かんばち）などである。舞楽では楽器の他にも装束の羽根、兜に皮革が使われた。他に蹴鞠の鞠、仏堂を荘厳する華鬘（けまん）などがある。黒貂や虎・豹などの皮衣が平安貴族に愛用されていたという。「為征蝦夷」を目的に甲冑に対する軍事的需要が高まるようになると、甲冑の素材は鉄や布、糸から革へと変遷していく。鉄の鋳造を牛革の鍛錬に変更し、布を革に、組紐のかわりに鹿革を細く裁断して用いたことで製作日数が大幅に縮小された。すなわち練革（ねりがわ）（撓革（いためがわ））のように牛の生皮を鉄槌で打って鍛練したものが甲冑の札板や兜鉢に、柔らかい鹿革を脳漿でなめしたものが小札を綴る威料（おどしりょう）や裏、縁に使用されたのである。[(2)]行縢（むかばき）にも毛皮や革が使われ、刀の柄や鞘にも鮫皮が巻かれていた。以来、近世にいたるまで皮革は主に武器、武具として多用されることになる。江戸期になると、袋物や火事装束、函貼り、足袋、履き物、羽織など日常の生活用品にも皮革が多彩な使われ方をするようになり、素材としての皮革も海外からの輸入品も多くなる。

2—日本の伝承皮革の製法

獣皮加工の技術は各民族によって多種多様である。革の作り方は世界各地の民族が置かれている条件、すなわち気候や風土、資源、生活様式、文化水準などによって異なっている。わが国で古来伝承されてきた特徴的な製革法としては植物油脂鞣（なめし）と脳漿鞣（のうしょうなめし）があり、染法の一つとして行われてきた燻煙法にも鞣効果があるとされる。

植物油脂鞣の例としては、古くから播州姫路を中心として行われてきた姫路革製法があり、『延喜式』造皮の項の記述にその技術的な手法の類似性をみることができる。[(3)]水に浸し、踏み柔らげるなど、現在まで伝承されている製革法の原型が千年以上前の文献に見られることは大変に興味深い。なお、姫路城下、及び室津の港では、革加工も盛んに行われていた。特に室津は西国大名の江戸参府の拠点であり原材料の白鞣革、及び姫路革細工を全国に出荷する流通の要でもあった。姫路革文庫(ブンコ)は創始の時期を中世にさかのぼるといわれ、江戸時代には播磨の物産として著名であったといわれる。明治に入ってからクロム鞣・タンニン鞣の導入があり、白鞣革の古来からの製法を守る業者は激減し、姫路革を使った文庫を製作する技術者も極めて少数となってしまったという。

脳漿鞣はわが国で多用された鹿皮の一般的な作り方である。同じく『延喜式』に見られる鹿皮の製法は甲州印伝として現在に伝わる鹿皮の加工技術と基本的には変わっていない[(4)]。筆などに利用するために毛を除き、銀面を削りとり、脳をあえ、乾燥させる。焼き柔らげる面造りの工程で独特の柔軟な肌理(きめ)を作り出し、煙を熏(ふす)べて染めをする。この鞣法は各地に伝承されていたが、昭和30年代にはホルマリン鞣に変わり遂に終焉してしまう。

熏(ふす)べ革というのは、わが国では鞣を行った後の鹿の白革に着色の目的で燻染法を施すことを指すが、本来この方法には煙成分に含まれるアルデヒド類の鞣作用が報告されることが多い。また植物染料の媒染固着作用もあり、革の色合いが一段と深みを増すという効果がある。

明治になって、皮革はまた軍需として効率化と増産を要求されるようになり西洋式の製革法が導入され、これら古来からの伝承的な鞣法は衰退してしまう。

3 ―日本の革加工技術

上代から近世にかけて見ることのできる革加工技術には、革の可塑性を生かして成形し塗漆して固めた漆皮と、革が丈夫で軽いという長所を利用して作った装束や飾りなどの彩色革、染色や熏(ふす)べによって文様を描き着色した染め革などがある。

古代の革甲や革盾は刺し縫いして漆がかけられており、奈良朝の漆皮箱には無文のものの他、金銀泥絵、平脱、彩絵がある。革帯は塗漆した上に石や金具が付けられ、履にも文様が描かれたり金具やガラスで飾られ縫われるなど漆以外にも多彩な加飾の法が見られる。中世の朱漆皮棗や漆皮内朱椀[(5)]、近世の輸出用丸楯の蒔絵[(6)]、姫路文庫革の型押や金箔押し、色漆による着色等々、革を成形して漆をかけた作品群の加飾の法は、それぞれの時代の様式、文様、技術の影響を受けて成立した。

2枚の練革を成形し塗漆した兜鉢[(7)]。成形、塗漆の後、顔料で着色した馬面[(8)]、舞楽面、能面[(9)]など。他に革の表面を胡粉(ごふん)で下塗りして顔料着色したものに琵琶や阮咸(げんかん)の捍撥がある。透し彫りした牛皮華鬘(ごひけまん)や舞楽装束の羽根、兜など同様の着色法により文様を描いている。

甲冑に多用された革には華麗で多彩な染め革文様が散りばめられている。これらの染革は植物染料によって染色加工したものや顔料着色によって文様をあらわしたものがあり、彩色技法も浸し染・引き染・糊防染・絞り染・踏込による型置と摺込・夾纈(きょうけち)染[(10)]など多様である。また煙によって染色加工したものは熏(ふす)べ革と呼ばれたがその発色は稲藁や松葉を熏べる時間や割合によって異なり、だいだい色から茶褐色、灰色まで微妙な色目を幾通りにも染め分けた。無文のものと型置、糊置、絞りなどで文様を描いたものがある。

4 ―原皮の供給

このように見てみると、皮革は日本人の生活のなかで意外に多用されていることがわかる。先にも述べたように、古代、各地から都に貢上された物品には多数の獣皮の名が見られる。『延喜式』にみえる交易雑物から拾い集めてみると、鹿皮、鹿角、鹿脂、鹿毛、牛皮、狸皮、

写真１　ヨーロッパギルトレザー断片
1675～1700年オランダ製　壁装飾の一部（縁かざり）。この時代に特徴的なクワブ（軟骨）文様と２人の天使。アムステルダム、ハンス・ル・メール工房作か。シャボン玉を吹く天使のモチーフは、16世紀から19世紀のヨーロッパでしばしば、はかなさの寓意として使われた。この文様は和製金唐革にも使われている。長崎に現存する妙見菩薩厨子（隠れキリシタンの神像）側面の図柄がそれである。

写真２　金唐革細工
渡りの革を日本で裏物に仕立てたもの。革は花瓶手と呼ばれるオランダ製。18世紀初頭。裏に日本製の染め革（蜻蛉模様）を使用している。

馬皮、兎毛などがあり、全国から獣皮が集められていたことがわかる。中でも陸奥国の葦鹿皮、独犴皮、出羽国の葦鹿皮、独犴皮、熊皮のようにヒグマや北方の犬など本州には生息しないものも含まれていて、北方世界との交易を前提とした物品までもが記載されている。他に履料牛皮、曝皮、洗革、皺文革、緋革など具体的な名称もみられ、この時代の皮革の使われ方、需要と供給の関係などがうかがえる。

しかしながら、長い間、肉食の習慣を持たなかったわが国では結局は海外から原皮や革製品を輸入することになった。現在でもわが国で自給できるのは豚皮のみであとは原皮を殆どすべて海外に頼っているが、近世の貿易史料を見ると数多くの皮革が取引きされていたことがわかる。これらの史料のなかに垣間見える記録を拾い集めることによって、どんな原皮がどのように供給され使われたかの一端を推測することができる。

平安貴族の黒貂の皮衣は渤海国使からの献上品であったし、徳川家康も松前氏から獺虎皮の衣服を贈られている。家康が薬用として海狗腎（かいくじん）（オットセイのこと）を所望した話は松前藩・徳川家双方の記録に残されている。[11]家康所用の刀の鞘にはスペイン産のギルトレザー（壁面装飾革）が貼られている。[12]現在日光東照宮に遺されている金唐皮包葵桐文金装太刀拵がそれである。尾張徳川家に嫁いだ家光の娘、千代姫の婚礼調度の中に、オランダアムステルダムのハンス・ル・メール工房作の鏡覆があり、徳川美術館に所蔵されている。[13]そして近世、長崎貿易の記録の中に見られる多数の皮革はどのように流通し、使われたのであろうか。点在する情報の中から、世界規模での物の流れがみえてくるようである。

5―近世日本の皮革関連輸出入

長崎での交易品の内容はオランダ東インド会社の仕訳帳や、長崎奉行や長崎通詞の記録、出島商館長日記、五箇所商人貿易文書など膨大な史料の中に埋もれている。平戸時代のものも含めてその具体的な品目と詳細を簡単にまとめることは難しいが、近年多くの研究がなされ少しずつその実際が明らかになっている。皮革については名称のみで実体がわからないものもあるが、多くの記述を見ることができる。最も大量に輸入されていたのは鹿皮で次に鮫皮であった。鮫皮の用途の第一は刀剣の装飾で、さめ皮と呼ばれていたが実際は南洋産エイの皮で種類も多く品質も多様であった。これが刀の柄や鞘を包んでいたのである。また金唐革として輸入され、煙草入れや、箱貼り、印籠などに仕立てられたのはヨーロッパの宮殿や教会の壁を飾っていた装飾革であった。輸出品の中にらっこの皮やてんの皮がみられるのは大変興味深い。

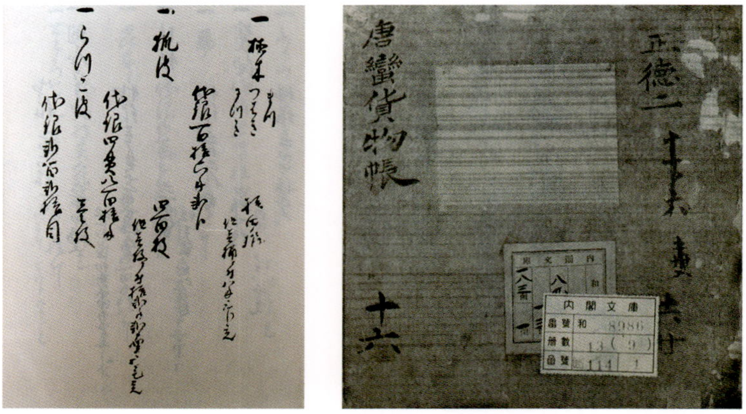

写真３　『唐蛮貨物帳』の表紙と本文

6 —『唐蛮貨物帳』にみる皮革関連輸出入

近世中期の記録のなかから具体的な内容を見てみよう。『唐蛮貨物帳』（写真３）は、宝永６年から正徳４年(1709～14) までの長崎における唐・蘭船との貿易品の内容を唐通事、蘭通詞が長崎奉行に提出し幕府に進達したもので、現在、内閣文庫に伝えられ1970年に印影本として刊行された。記載された数字とその内容の信頼度は高く、この年度の輸出入品を取引量、価格にいたるまで細かく記録してある。

動物関連で大量に輸入されていたのは、鹿皮（山馬・こびと・みどり）で、ついで牛皮、鮫皮（柄鮫・鞘鮫・海子）などである。虎皮、にくの皮（羚羊)、はるしゃ革（赤・黒)、蛇皮、犀皮、豹皮、青皮、阿蘭陀から革なども輸入されていた。輸出品の筆頭は狐皮で大量に唐船で運ばれている。帰帆先は台湾、南京、東京、広東、寧波などであった。らっこ、てんの皮、皮たばこ入れ、皮ぞうり、革楯の記載もみられる。ふかひれ、なまこ、あわびなど海産品の輸出も多い。これら北の産物が長崎から積み出されていたことになる。

価格は必ずしも一定ではないが単価の概数をみると、いずれも銀払いで、山馬皮（９～11匁/枚）こびと皮（２～４匁/枚）牛皮（５～11匁/枚）にくの皮（１匁/枚）柄鮫（２匁５分/本）狐皮（８～13匁/枚）らっこ皮（220匁/枚）となり、らっこ皮が高額で取引きされたことがわかる。

7 —近世皮革関連資料

江戸時代になると武具、甲冑が研究対象となり、中世の大鎧への回帰もあって革関連の著作や文様の解説書、実物見本、標本作成が行われた。延宝から元禄年間（1673～1704）に加賀前田家５代綱紀が収集、分類、整理した『百工比照』は工芸の分野で使用される製品や素材の標本を網羅したもので、入手できないものは写しを作成する徹底ぶりであった。染革見本帳「革類」は全14折り帖仕立て本で見本の革一枚一枚に名称を附したものである。

この他にもいくつかの資料に近世わが国に流通した皮革製品の実態を見ることができる。『装剣奇賞』７巻(写真４)は稲葉新右衛門通龍が天明元年（1781）に

写真４　『装剣奇賞』の本文

写真5　『鮫皮精義』と英訳本

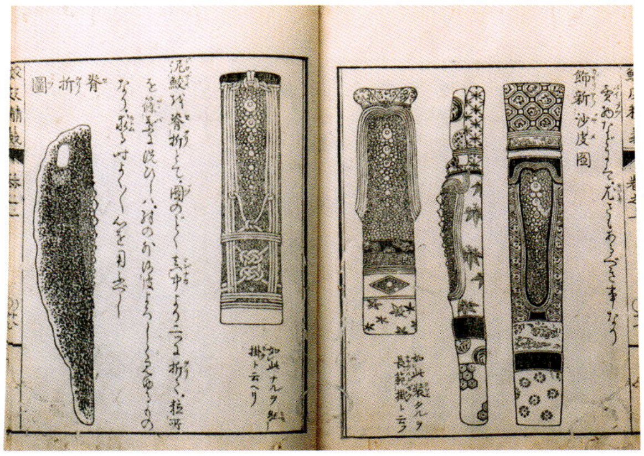

写真6　『鮫皮精義』の本文

大坂で刊行した刀剣装具の鑑定のための便覧書であるが、巻之六革品の中には当時、輸入されたり、流通していた皮革についての図版入り解説がついている。同じく彼が天明5年に刊行した『鮫皮精義』上下2巻(写真5・6)には鮫皮についての詳細が図入りで紹介されている。鮫着師や柄巻師などの職人にとっても貴重な手引き書であったようで現在もこれ以上の刊行物は出ていない。1913年にイギリスで英訳本が出版され、その後もオランダなどで版を重ねている。

具足師春田永年が周到な考証を添えて染革文様を分類図示した『温古袌彙』(寛政7年＝1795) は貴重な筆写本でこれをもとに浮世絵師英泉 (池田義信) が編集した彩色摺りの大型版本『革究図考』も天保15年 (1844) に刊行され一般に流布した。

革手鑑については「百工比照」の他には伝『津軽藩革鑑』(文化10年＝1813) があり金子賢治氏の論考に詳しい。清野謙次氏の論考で知られる木村蒹葭堂の『革手鑑』(天理大学図書館蔵) は『装剣奇賞』の実物貼付版とでもいうべき貴重な資料で今後の研究が待たれる(別項参照)。他にも成立年代不詳、名称の記述のない見本帳の存在も少なからず知られており、貿易資料としての見本帳と合わせ今後の研究課題となろう。

これらの史料により近世日本の物流が大きな交易の流れの中に位置することを実感できる。

(1)　黒川真頼　1878　『工芸志料』東洋文庫254平凡社、p.265
(2)　永瀬康博　1992　『皮革産業史の研究』御影史学研究会民俗学叢書6、pp.11-82
(3)　「牛皮一張長六尺五寸 広五尺五寸除毛一人。除膚肉一人。浸水潤釈一人。曝涼踏柔四人」
(4)　「鹿皮一張長四尺五寸 広三尺除毛曝涼一人。除膚完浸釈一人。削暴和脳梃乾一人半。染皂革一張長広 同上焼柔熏烟一人。染造一人」
(5)　漆皮内朱椀／室町時代／逸翁美術館蔵 (金子賢治　1983　「日本の革工芸」、『染織の美』24　京都書院、p.12
(6)　カンプハイス家紋蒔絵楯／径60.0cm／1673年頃／ライデン国立民族学博物館蔵・ハッパルト家紋蒔絵楯／径56.0cm／1653年頃／アムステルダム国立博物館蔵 (『シーボルトと日本』展図録、1988、No.20・21)
(7)　練革兜鉢／南北朝時代／高津古文化会館蔵 (『染織の美』24、p.74)
(8)　豊田市猿投神社蔵／長さ60.6cm／幅47cm／安土桃山時代 (豊田市教育委員会編『'88カレンダー豊田文化財』)
(9)　舞楽面貴徳番子／能面朝倉尉／江戸時代／能楽資料館蔵 (『染織の美』24、p.16)
(10)　菖蒲革の技法にみられる。凸形木型と板の間に革をはさみ込んでくくり、浸し染めにする。
(11)　榎森進　1999　『東北の交流史』無明舎出版、pp.73-76
(12)　森下雅代　1992　「南蛮渡来装飾革のルーツを探る」『レザークラフトニュース』No.47
(13)　I・F・田中-ファン・ダーレン　1986　「千代姫の金唐革」『MUSEUM』No.425

写真1・2・4～6　筆者蔵／写真3　『唐蛮貨物帳』(影印本／1969年／内閣文庫蔵)

『皮革手鑑』から見えるアジアと近世日本

藤田明良

中村真一郎氏の遺作『木村蒹葭堂のサロン』で、一躍有名になった大坂の文人・町人学者の木村蒹葭堂（1736～1802）。私立博物館のルーツともいわれるその多種多様なコレクションの中に、アジア各地の皮革類を集めた標本があった。

長らく埋もれていたこの標本は、1940年、近代日本の医学と人類学に大きな足跡を残した清野謙次氏によって見出される。氏はこれを『皮革手鑑』と命名し、著書『太平洋に於ける民族文化の交流』（太平洋協會編・創元社発行）に、「木村蒹葭堂の異國研究と其の皮革手鑑」の一章を設け、図版入りで紹介を試みた。だがそれは44年９月という戦局悪化の時期と重なってしまう。戦後も、この本を顧みる人は少なく、蒹葭堂の『皮革手鑑』も世間の注目を浴びることはなかった。

1955年６月、清野氏は他界し、『皮革手鑑』はその５カ月後、天理大学附属天理図書館に居所を移すことになる。標本等は清野氏の手で、かつての反故（ほご）和紙の台紙から真新しい厚紙の折本に貼り替えられ、りっぱな木箱に納められていた。その蓋には直筆で、文化史上の第一級資料という趣旨が裏書されており、氏が特別の思いをこれに寄せていたことが知られるのである。1960年には、同図書館の『稀書目録・和漢書之部・第三』に掲載され、現在、所定の手続きを経て閲覧できるようになっている。

『皮革手鑑』の現状は11頁の折本で、各頁上下２段に標本が貼られ、その右横に品名などを

東北アジア各地の毛皮が貼られている頁（左）と、その中のエゾテン皮（上）

写真　『皮革手鑑』（天理大学附属天理図書館蔵）

書いた、蒹葭堂の筆になる色紙の短冊が付されている。頁によっては上段と下段の間に、標本と色紙が貼られているものもある。当初あった標本や色紙が剝がれて無くなった箇所には、白紙の短冊が代わりに貼られている。清野氏の著書は２頁分の写真が掲載されているが、それを見る限りでは新しい台紙への張り替えは、以前の原状に忠実に行なわれたようで、標本や色紙の剥落も、ほとんどが氏の入手より前のものらしい。現況は、標本94種、色紙75枚が残っており、両者が揃っているのは51組ある。ただし、色紙と標本の組み合せには錯簡も認められ、全てを蒹葭堂が並べた状態のままと考えることはできない。

標本の皮革類は、虎や銀鼠（ぎんねずみ）などの毛皮、水牛・野牛などの鞣革（なめしがわ）、紋革・金唐革などの模様革と実にさまざまである。色紙に書かれた名称には、地名を付したものも多い。その内訳は、姫路・山城八幡・肥後古閑橋という国内も見えるが、蝦夷・琉球・中華・朝鮮・ヲロシア・印度・阿媽港（マカオ）・サントメ（インド東海岸）・和蘭（オランダ）など、世界各地の国・地域が多数を占めている。これらは、かつての産地・加工地・中継地などを指すと考えられるが、ここに見られる標本は、実はいわゆる皮革だけでない。更紗・羅紗・モウル・アンペラなど、アジア各地の織物・編物の標本も少なくないのである。

『皮革手鑑』は、命名者の清野氏がいうように、モノと情報の交流から、アジアのなかの近世日本を見直す、まさに絶好の資料である。しかしその研究は、半世紀以上前の氏の論文で止まっており、いろいろな角度からの検証・考察を、今すぐにでも再開しなくてはならないだろう。大坂で木村蒹葭堂が、このコレクションを収集してから、すでに200年以上の年月が経過した。だが、例えばエゾテンの毛皮が、羽毛のような柔らかさを保っているように、台紙の上の標本たちは、鮮烈な輝きを未だ失ってはいない。アジア各地からやってきた標本たちが、多くの人々の手で、自分たちの真価が引き出されることを切望しているように、思えてならないのである。

【付記】 小文の作成にあたり、大塚和義氏から『皮革手鑑』について、森下雅代氏から皮革加工について、多くのご教示を受けた。記して謝意を表わす。

I－7

オホーツク海沿岸の海獣狩猟――近代を中心に

宇仁義和

オホーツク海は欧米から見た世界史に最後に登場する海である。アメリカ捕鯨のフロンティアとして、また最後のラッコ猟場として歴史の舞台に現れた。ここでは北海道沿岸を中心にオホーツク海での近代の海獣狩猟の歴史を振り返ってみたい。取り上げるのは本書のテーマに即して、ラッコ、オットセイ、アザラシ、トド、アシカなど鯨類を除く海獣類とする。

1―開拓時代の海獣狩猟

開拓使や北海道庁の統計書には海獣皮の産出枚数が記録されている。ラッコ、オットセイ、トド、アシカ、アザラシと北海道沿岸に分布する海獣がすべてあげられていることから、これらの動物に経済的価値があったことがわかる。それは北海道の奥地やオホーツク海沿岸地方の開発が遅く、野生動物を直接利用する毛皮の産出が重要な収入源だったことの現れだろう。

なかでもラッコについては、多大な事業収入を目当てに開拓使直轄の猟業が行われた。官営ラッコ猟は明治６年（1873）に着手され、開拓使廃止後は農商務省が引き継ぎ明治18年まで継続された。アイヌとの交易品だったラッコを直轄事業で捕獲したのは、北辺の国境警備という事情があった。当時の千島（クリール）列島は地球上最後のラッコ猟場として、アメリカやイギリスなど欧米の猟船が多数出入りしていた。日本は領海内でのラッコ猟を禁止したが、辺境の海では実行力をともなわず、事実上外国猟船の密猟が野放しとなっていた。対策として、択捉（エトロフ）島にラッコ密猟取締署を設置し官吏を常駐させ、外務省に軍艦の派遣要請を行い、自国の資源を確実に利用するため官営ラッコ猟を始めたのだった。この時期の官営ラッコ猟では合計2000頭以上が捕獲され、ロンドン市場に出荷して外貨獲得の輸出品となったほか、外国領事夫人などへの贈答品として利用された。

一方、入植者の間で利用されたのはアザラシだった。おもな産地はオホーツク海沿岸で、年間産出枚数は斜里郡で明治38年（1905）年に100枚、同42年に150枚、宗谷郡で大正４年（1915）に260枚、枝幸郡で同６年に100枚という記録が残っている。これは市場に出荷されたものの記録であり、自家消費分を含めるとさらに多くの個体が利用さ

写真１　千島國海獺採之図
全国各地の名産品を描いた「大日本物産図会」のなかの１枚。図も解説も３人乗りバイダルカを表わしており、ラッコは背中を上にして描かれている。明治10年(1877)出版。

写真１　個人蔵

写真2　獲物を捕えた銛先
斜里川河口に近いクシュンコタン貝塚出土の銛先。流氷上で獲物を捕まえたのだろうか、通常は海猟で使用される銛先が、エゾシカの下顎骨に刺さったままの状態で出土した。長さ14cmと大型である。海獣骨製。アイヌ文化期。

れていたはずである。アザラシの皮は水に強く、馬の手綱(たづな)やかんじきの紐に、脂肪は食用や照明に、また農業に欠かせない馬具の保革油や造材用の綱の凍結防止剤にも用いられた。

このほか、オットセイは明治8～14年の間に開拓使札幌本庁で約300頭、函館支庁で約1400頭と記録されている。函館支庁管内には松前藩に献上するためアイヌがオットセイ猟をしていた噴火湾があり、また統計書の項目にはアイヌ語でオットセイの大きな雄を意味する「ヲヌネップ」との表記もあることから、伝統的な捕獲が続けられていたのかもしれない。また、トドとアシカは千島と渡島(おしま)半島南部を中心に記録されている。この両種については名称の混同があり同定に注意を要するが、現在は絶滅状態にあるニホンアシカが捕獲されていた可能性も考えられる。

北海道庁の統計書では、海獣皮の産出調査は大正8年（1919）で終わっている。農業が基幹産業となり、小規模な海獣狩猟の経済的役割が失われたということだろう。

2一近代の海獣狩猟とアイヌ

明治大正期のアイヌの海獣狩猟に関した記録は数少ないが、公文書や聞き取りの報告からその片鱗がうかがえる。

択捉島の官営ラッコ猟では、猟夫は「土人」と記録されている。当時の公文書は北海道立文書館に数多く保存されているが、役所同士のやりとりからは具体的な猟の様子やアイヌの姿を読みとることは困難である。

アザラシ猟に関しては、オホーツク海沿岸の斜里町で1950年代に聞き取り調査が行われている。この調査は更科源蔵が行ったもので、伝統的な銛猟の様子を記録しており、北海道アイヌ唯一のアザラシ猟に関する民族誌となっている。これによると、猟の季節は春3月流氷にアザラシがのってやってくる頃で、イタオマチㇷ゚（板綴り船）に3人が乗り込み行った。捕獲はアザラシに見つからないよう船から頭を出さずに近づき、「シウリ」の木で作られた長さ9尺（約2.7m）の柄をもつ投げ銛(もり)を利用したという。知床博物館には、更科のインフォーマントの父親が明治時代初期にアザラシ猟に使った鹿角製の銛先がある。また、近年は知床半島のアイヌ文化期の発掘事例からもアザラシ利用の証拠が得られている。

北太平洋を舞台にしたオットセイ猟船には、室蘭や登別・白老など噴火湾のアイヌが射手として乗り込んでいた。北洋のオットセイ猟は明治30年（1897）に制定された遠洋漁業奨励法による補助を受け、日本で最初に成功した遠洋漁業となった。航海は西洋式帆船を建造して行われ、アリューシャン列島にまで出猟した経験はその後の北洋漁業の先導となったが、同44年に日・米・露・英の4カ国で膃肭獣(オットセイ)保護条約が結ばれ、オットセイの捕獲が繁殖島での陸上捕獲（プリビロフ諸島・コマンドル諸島・海豹(かいひょう)島の3カ所）に限定され、海上捕獲が禁止されたことで消滅した。日本の北洋オットセイ猟は、明治31～44年の14年間にラッコ約900頭、オットセイ14万頭余りを猟獲したと記録されている。

海獣狩猟の研究事例は多くなく、とくに近代のアイヌについては不明なことが多い。明治期の噴火湾でのオットセイ猟の様子など、間接的な記憶を頼りに復元作業を続ける必要があるだろう。筆者が聞き取りを行った明治40年生まれの入植者は、幼いころ、兄が斜里アイヌのアザラシ猟船に同乗していたことを覚えている。船がイタオマチプか和船かどうかは不明だが、鉄砲を使った猟だったという。

3―戦争と海獣猟業

戦争と海獣猟業は深い関係があった。戦時体制下の日本は、海外からの資源供給が途絶えたため、国内での物資調達を極限にまで進めた。その影響は野生動物にまでおよびオホーツク海の海獣も軍需物資資源として大規模に利用されるようになった。オットセイの毛皮はパイロット帽や飛行服に、アザラシの毛皮はスキーシールに、トドの皮は軍靴の靴底や帯剣に、肉は千島列島に駐留していた兵隊の食料供給に使われた。アザラシやトドが大規模に利用されるようになったのは戦時体制下のことなのである。

このときもラッコだけは特別な扱いを受けた。ラッコ皮は銀座や神戸の毛皮商を通して、戦争中でも欧米への窓口となっていた上海市場に出荷され、外貨獲得に役立ったのだという。

実はラッコは、膃肭獣保護条約締結後も合法的に捕獲ができた。ウルップ島からオンネコタン島にいたる千島列島では、農林省直轄の中部千島開発事業が進められ、このなかで条約で認めれた沿岸３海里内でのラッコの猟獲が行われていたのである。ラッコはすでにアラスカやカムチャツカ方面では絶滅状態であったため、国営猟業で得られたラッコの毛皮は貴重品でたいへんな高額で取り引きされた。とくに第一次世界大戦の後は需要が増え、農林省が売却したラッコ皮は大正14年（1925）は１枚で2750円、翌年（1926）は１枚3260円もの値段が付けられたという。

同条約は日本が破棄を通告したため、日米開戦を目前にひかえた昭和16年10月に失効する。日本は臘虎膃肭獣（ラッコオットセイ）猟獲取締法を改正しオットセイの海上捕獲を再開した。翌年、政府は日本海獣株式会社を設立、本州と北海道近海でのオットセイの海上捕獲、ウルップ島でのラッコ猟、そしてトドとアザラシの猟獲を行った。この会社のおもな役割は政府の捕獲許可の受け皿であり、猟獲物を一元管理する機能だった。自社所有の猟船は数少なく、実際に海上捕獲を行ったのは岩手や宮城・千葉などの突棒（ツキボウ）船であった。

戦時物資を調達した海獣猟業は終戦を迎えすべてが禁止された。史上最後となったラッコ猟は、昭和18〜20年に201頭を捕獲したと記録されている。

写真３　アザラシ毛皮服
身頃はゴマフアザラシ、袖口はチンチラウサギ、襟は「樺太猫」とあるので、おそらくオオヤマネコの毛皮で作られている。サハリン産のアザラシを買い入れ函館で製品化したもの。北海道では開拓期から戦後まで、アザラシなどを捕獲して服やカバンなどに仕立て利用することが行われていた。なお、資料寄贈者からのノートには身頃の素材を「バラガタ」と記されているが、おそらくウイルタ語 baaiaŋada＝ゴマフアザラシ２歳獣を借用したものだろう。昭和15年(1940)作製。

写真４　アザラシ毛皮服を着たサハリン・アイヌの女性
右側の女性がゴマフアザラシ毛皮服を着用している。なお、左側の女性は東北大学とサハリン州立博物館所蔵の挂甲の所有者であった。敷香支庁東多来加。半澤写真館発行のプリント。昭和初期(1925〜30年頃)撮影。

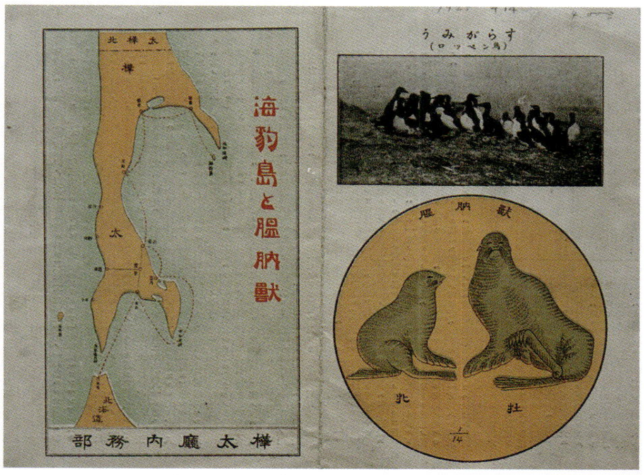

写真５　海豹島観光のパンフレット
オットセイの集団繁殖地は「日本最北端の奇観」として樺太屈指の観光資源となっており、観光船が就航していた。樺太庁内務部発行のパンフレット。大正14年頃(1925)。

写真６　樺太海獣興業(株)の乾燥室
樺太海獣については、ソ連に接収されたため資料はほとんど残されておらず、引揚げ時に持ち帰られた豊原工場の写真はたいへん貴重な記録である。終戦後ソ連に接収された後の乾燥室。中央のロシア人は工場長である。昭和20年(1945)11月撮影。

4―サハリンの先住民と海獣狩猟

サハリンでは、日本領時代でも先住民の間ではアザラシの利用が続けられた。昭和初期に多来加（タライカ）湖周辺で撮影されたウイルタの写真には、住居の周囲でアザラシ皮を干す様子が記録されている。またアザラシ毛皮服を着用した女性の写真も残されている。また日露戦争後に日本領となった海豹島では、条約に基づき陸上捕獲が続けれた。サハリン南沖の海馬島（モネロン島）では、サハリン・アイヌを猟夫にトドの捕獲事業が試みられた。

ここでも物資不足を補うため、昭和10年代後半にアザラシの猟獲が本格化した。そして太平洋戦争が始まると樺太海獣興業株式会社が設立され、海獣の猟獲と製品加工が一元化されていった。海豹島で捕獲されたオットセイは豊原（とよはら）の工場に運ばれ軍需用品に仕立てられた。アザラシはおもに民間事業者が捕獲した。その中心地は「ツンドラのまち」敷香（しすか）であった。猟獲は銃猟とともに網猟でも行われ、毛皮を利用するだけでなく脂肪は工業原料にされた。猟船にはサハリン・アイヌ、ウイルタ、ニブフの先住民が猟夫として乗り込み、腕の良さを見せつけた。戦時物資補給のために知恵と技術が利用されたのだった。

ところで、オホーツク海には５種のアザラシが分布するが、北海道の毛皮業者やハンターの間では、ウイルタ語を語源とする種と年齢、換毛状態に応じた呼称が用いられている（別表）。毛並みと大きさが価格を左右する毛皮産業にとっては、アザラシを年齢で細かく区分した言葉が便利なことから、業界用語として定着していったのだろう。

サハリン先住民の単語が日本語に取り入れられた稀な例のひとつである。

アザラシに関するウイルタ語起源の毛皮業界商用語

毛皮業界商用語	種類と年齢、換毛状態	語源
ギョクシャ	ゴマフアザラシ換毛後の１歳獣	geuksa
バオイ	ゴマフアザラシ成獣	baawui
コンコリ	ワモンアザラシ成獣	koŋgori
アラハ	クラカケアザラシ成獣	alaxa
アムスペ	アゴヒゲアザラシ１歳獣	amuspi
トンガリ	アゴヒゲアザラシ成獣	danŋgari

注：寺田弘　1997　「北洋の毛皮について」『第５回環オホーツク海文化のつどい報告書1997』、pp.97-114 から作成。ウイルタ語の表記は池上二良　1997　『ウイルタ語辞典』北海道大学図書刊行会 によった。

写真２～５　斜里町立知床博物館蔵／写真６　個人蔵

5 ―海獣猟業の終焉

現在、北海道沿岸のオホーツク海では鯨類を除き海獣猟業は消滅している。戦後の日本はラッコの生息地を失い、オットセイ猟は禁止され、トド猟は駆除個体の利用にとどまり猟業は成立しなかった。

最も長く続けられたのはアザラシ猟だった。この猟業は物資不足を補うため、戦後まもなく再開され、肉はソーセージに、脂肪は石けんに加工された。昭和24～25年頃の網走では「トッカリ景気」(「トッカリ」はアイヌ語でアザラシのこと) という言葉が生まれたほどだった。その後、昭和30年代の後半から40年代まではハンドバックやはきもの、民芸品などの製品の生産を目的にサハリン東方沖にまで出猟して行われた。猟夫にはサハリン先住民出身者もいて、流氷の海での卓越した行動力が発揮されたという。しかし、北欧からの輸入原皮の値下がりと、昭和52年 (1977) にソビエト連邦が200海里経済水域を実施したことで、日本企業によるオホーツク海のアザラシ猟業は消滅したのであった。

現在の日本では、ラッコやアザラシなどの海獣は愛すべき動物の代表となった。守るべきあるいは観る対象としての生き物である。しかし、この100年余りの歴史のなかでは、彼らは国境で外国勢力を呼び込み、国際問題を引き起こし、戦時では資源として利用された。そこにはアイヌやサハリン先住民も多くの関わりを持ち、戦後の北海道まで持ち越された。人間と海獣が濃密な関わりを持っていたのはそれほど古い過去ではない。

オホーツクの海獣をめぐっては、さまざまなドラマがあったことを記憶しておきたい。

【付記】本稿は、日本科学財団笹川科学研究助成を受けた「オホーツク海の近代捕鯨と海獣猟業の形成発達史の研究」の成果の一部である。

【参考文献】

石野敬之　1925 「千島に於ける毛皮産業」『講演録』110、pp. 1-38
犬飼哲夫　1941 「樺太オロツコの海豹猟」『北方文化研究報告』4　北海道大学北方文化研究室、pp. 15-33　思文閣出版　1987復刻
犬飼哲夫　1942 「吾が北方の海豹(1)(2)」『植物及動物』10-10　養賢堂、pp. 37-42　同書10-11、pp. 41-46
犬飼哲夫・森樊須　1956 「北海道アイヌのアザラシ及びオットセイ狩り」前掲『北方文化研究報告』11、pp. 35-47
宇仁義和　2000 「海獣狩猟と捕鯨」斜里町立知床博物館編『しれとこライブラリー2知床のほ乳類Ⅰ』北海道新聞社、pp. 208-225
宇仁義和　2000 「北海道近海の近代海獣猟業の統計と関連資料」『知床博物館研究報告』22　斜里町立知床博物館、pp. 81-92
大蔵省　1885 『開拓使事業報告第参編物産』北海道出版企画センター　1983復刻
菊地慶一　1973 『白いオホーツク・流氷の海の記録』創映出版
更科源蔵　1955 「斜里アイヌ」斜里町史編纂委員会編『斜里町史』斜里町、pp. 169-230
斜里町立知床博物館　1998 『第20回特別展図録・知床の海獣狩猟』斜里町立知床博物館
末永雅雄・伊東信雄　1979 『挂甲の系譜』雄山閣出版
H・J・スノー　1980 『千島列島黎明記』馬場脩・大久保義昭訳　講談社
戸川幸夫　1961 『知床半島・野性への旅Ⅰ』新潮社
内藤靖彦　1971 「アザラシ産業の紹介」『鯨研通信』238　鯨類研究所、pp. 49-52
中村正光ら　2000 「史料紹介・五十嵐億太郎海馬島関連資料」『留萌市海のふるさと館紀要』11　留萌市海のふるさと館、pp. 1-32
吉田主基　1977 「日本のアザラシ産業の紹介」『遠洋』27　水産庁遠洋水産研究所、pp. 1-8

I－8

歴史的にみた日本におけるガラス玉の製作と流通

井上洋一

1－はじめに

日本においてガラス玉の製作が開始されるのは弥生時代からである。しかし、それはあくまで原料ガラスを用いた加工処理であり、ガラスの原料を調合し、熔融し始めたのは、ようやく飛鳥・奈良時代に入ってからのことである。原料ガラスを用いたガラス玉の製作は青銅器の生産とも密接に絡み合い、弥生社会において重要な役割を演ずるようになる。

その初期においてガラス玉は単なる装身具という枠を越え、政治的・宗教的色彩の濃い文物として弥生社会に流通した。そして、この価値観がのちの社会にも大きな影響を及ぼすことになる。本稿では、こうした状況を鑑み、弥生時代にやや重点をおきながら、その製作と流通がどのように日本社会の中で展開をみせたのかを追ってみたい、と思う。

2－縄文時代のガラス玉

ガラス玉が本格的に日本列島に流入されるのは弥生時代に入ってからである。その中心は北九州である。しかし、それにさきがけるかのように東北地方には縄文時代晩期とされる例が確認されている。青森県西津軽郡木造町亀ケ岡遺跡では、1973年の発掘調査によって縄文時代晩期大洞A′式土器を主体とし、大洞A式土器を含む包含層からガラス小玉1点が発見されている。引き伸ばし技法によって製作されたと考えられるこのガラス小玉は、化学分析の結果、アルカリ石灰ガラスとされる。このガラス小玉をめぐっては、北方からの流入品、あるいは北部九州からの伝来品とする意見があり、解釈はさまざまである。この他、青森県八戸市是川中居遺跡や青森県東津軽郡槻木遺跡でもガラス小玉が表面採集されている。しかし、これらに関しては、その帰属時期に疑問が出されている。地域は異なるが、山口県下関市御堂遺跡から出土したガラス塊に関しても同様な疑問が出されている。さらに、D・ブレア氏は山口県下関市勝山長門一の宮神社出土の双形勾玉を縄文時代晩期の可能性があるとしているが、藤田等氏は古墳時代をさかのぼるとは考えられないとしている。近年、東北地方の日本海沿いには遠賀川系の壺が散見できるとともに青森県砂沢遺跡では弥生時代前期にさかのぼる水田遺構も検出されており、北部九州を中心とした弥生文化は従来考えられてきた以上に急速に北上したといえる。

一方、北海道におけるガラス製品（ガラス小玉）は、続縄文文化期になって見られるようになる。こうした点を考慮すると、東北地方における縄文時代晩期といわれるガラス玉に関しては、大陸から北海道を通じ北から流入したと考えるよりは、弥生文化の本格的定着に先行する一文物の流入と考えるのが妥当のようである。

3－弥生時代のガラス玉

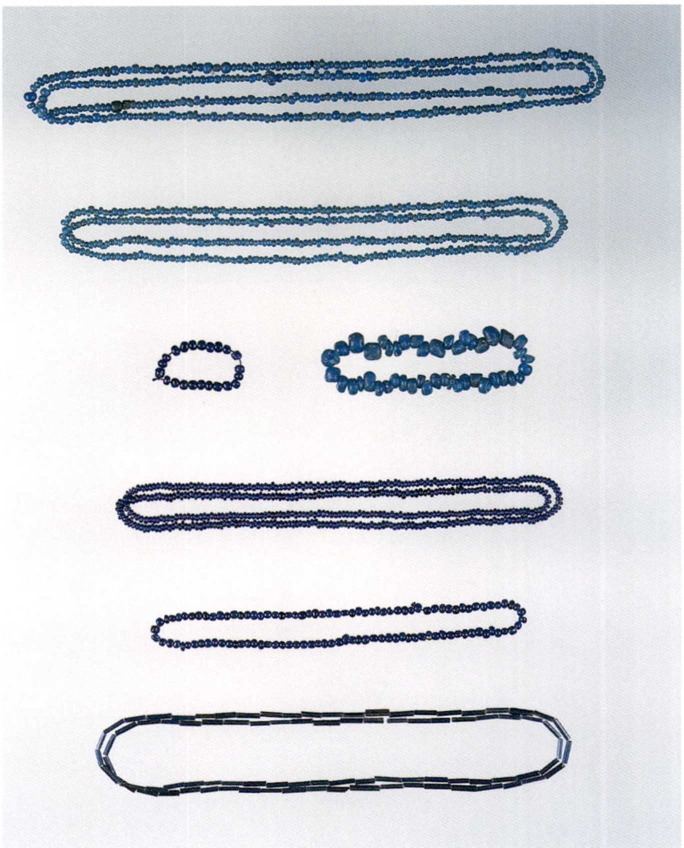

写真１　ガラス小玉・管玉(佐賀県二塚山遺跡出土／弥生時代中期)

【ガラス小玉】　弥生時代のガラス製品としていち早く出現するのはガラス小玉である。大型のものには丸玉、小型のものには粟玉の名称がある。ガラス小玉は前期末に北部九州（福岡・佐賀）および山口県西北部に出現し、その一部は岩手県でもみられる。その後、徐々に分布の範囲を広げ、後期には沖縄県から青森県にまで及んでいる。海上を経由したガラス小玉の流通が考えられる。時期的にみると中期後半から量的にも拡大する。この背景にはガラス小玉の大部分は完成されたかたちで朝鮮半島から流入した可能性が高い。しかし、北部九州で製作された可能性も考えなくてはならない。

ガラス小玉の製作には、大まかに引き伸ばし技法・巻き技法そして鋳造技法がある。引き伸ばし技法は、まずガラスを加熱し引き伸ばしてガラス管を製作し、それをひとつずつ切断し再び加熱処理などを施すものである。弥生時代のガラス小玉の大部分はこの方法によると考えられる。しかし、佐賀県二塚山遺跡などから出土したガラス小玉の中には明らかに巻き技法によるものが含まれている（写真１）。鋳造に関しては土製鋳型を用いる方法が考えられるが、ガラス小玉を製作するための土製鋳型の出現は古墳時代４世紀以降のことであり、弥生時代にはまだその存在は認められていない。ただし、韓国では１世紀段階でこの種の土製鋳型が発見されているという。

先にも述べたように、ガラス小玉は中期後半から後期前半にかけて急激に増加する。佐賀県惣座（そうざ）遺跡では楽浪（らくろう）系の銀製指輪３個とともに8000個を越すガラス小玉が発見されている。また、佐賀県二塚山遺跡22号土壙墓からは3500個を越すガラス小玉が、埋葬された壮年女性の頭、首、胸、両手首と考えられる位置から検出され、頭飾り、首飾り、胸飾り、腕飾りとして使用されたと考えられている。

こうしたガラス玉とは別に、トンボ玉と称される一群のガラス玉がある。西アジアを起源とするこの玉は、従来、日本では古墳時代以降の遺跡からの発見が多かったが、近年、弥生時代中期のトンボ玉が長崎県原ノ辻遺跡と山口県甲殿（こうどの）遺跡から発見された。いずれも玉本体は巻き技法によって製作されている。トンボ玉は中国では戦国時代に出現しているが、これまでのところ朝鮮半島では原三国以前のトンボ玉は発見されていない。おそらく、これらのトンボ玉は中国から流入したものであろう。

【ガラス勾玉（まがたま）】　ガラス勾玉は弥生時代中期後半に出現し、古墳時代から奈良時代に及んでいる。中期の段階のものは畿内以西に分布し、埋葬遺構からの発見が多い。しかし、岡山県では住居跡から発見されている。後期には北部九州にその分布の中心はあるものの、特に島

写真１　佐賀県教育委員会蔵

写真2　ガラス勾玉(福岡県平原遺跡出土／弥生時代後期)

根・鳥取・京都北部・福井といった日本海沿いの地域にも広がりをみせる。この地域に特異な墳丘墓が形成される過程と無関係ではあるまい。また、静岡からの出土例も注目される。

ガラス勾玉は、その多くが鋳造技法によって製作されたと考えられる。山口県下七見(しもななみ)遺跡から発見されたガラス勾玉の鋳型は中期前半にさかのぼると報告されているが、まだその製品は発見されていない。後期になると製作技法の多様化が進む。ガラス勾玉の鋳型には石製と土製があるが、土製鋳型の中には福岡県五反田遺跡例のように、一度に複数の勾玉の製作を可能にしたものもある。大阪府東奈良遺跡例のような小型の勾玉を花形に配した台付きの鋳型も大量生産を指向したものだろう。この他、福岡県大南遺跡やサキゾノ遺跡では捻(ねじ)り伸ばし技法で勾玉を製作した例もみられる。さらに、京都府大山８号墓例のように研ぎ出し技法による製作が考えられるものもある。

ガラス勾玉はその鋳型の発見から日本列島で製作されたことは確実である。その分布をみると福岡平野から筑紫野を経て佐賀平野にいたるルートに当っている。この地域は青銅器生産の中心地でもある。この青銅器鋳造技術の発達とあいまってこうしたガラス勾玉の生産が開始されたと考えられる。また、ガラス勾玉は首長あるいは司祭者的人物の墓から発見される場合が多いことから、これが銅鏡をはじめとする大陸系文物とともに政治的意義付けをもった文物として弥生社会の中で重要な意味を持つ存在となっていた様子がうかがえる。

【ガラス管玉】　ガラス管玉は中期中葉に出現し、その分布はガラス勾玉とかなり重複しているといえる。中国地方では住居跡からの発見もみられるが、大部分は埋葬遺構から検出されている。ガラス管玉は単に首飾りとして用いられたのではなく、福岡県立岩遺跡や佐賀県吉野ケ里遺跡例からはヘア・バンド式の王冠や髪飾りとして使用された可能性が指摘されている。吉野ケ里遺跡のガラス管玉に関しては、その素材が中国の戦国時代から漢代のガラスの分析結果と共通することから中国産であることが明らかになっている。しかし、その製作地は中国ではなく、朝鮮半島の南部で製作され、吉野ケ里遺跡に持ち込まれた可能性が指摘されている。ガラス管玉の製作法には巻き技法・鋳造技法・引き伸ばし技法があるが、その主体は巻き技法にある。ガラス管玉はガラス勾玉と組み合わされて、政治的・宗教的装身具の中心的存在となる。

以上みてきたように、弥生時代において原料ガラスを溶かして各種のガラス玉を製作することは可能であったが、原料ガラスそのものを作り出すまでにはいたっていない。弥生時代の遺跡から発見される主なガラスは、カリガラスと鉛バリウムガラスであり、その原料は中国産と分析されている。また、ソーダ石灰ガラスも弥生時代中期後半には見られるが、その流通が活発になるのは古墳時代になってからである。こうしたガラスのうち、弥生時代中期以降、多量に流通するのが鉛バリウムガラスであるが、その存在は、銅鏡や鉄器の流入ともあいまって中国との密接な関係を示唆するものとなっている。

4 ─ 古墳時代のガラス玉

古墳時代になるとガラス玉にはその色彩や形態にも多様化が認められるようになる。

写真2　国(文化庁)蔵(写真提供：福岡県前原市教育委員会)

まず目をひくのが、金層玉とも呼ばれる金箔入りガラス玉である。西方起源と考えられるこの玉の製作地はよくわからないが、これまでに奈良県鴨山古墳・新沢千塚126号墳・岩手県長沼3号墳から発見されている。また、新沢千塚126号墳からはこの他、雁木玉と呼ばれる黄色地に青の縞模様で二色を練り合わせたガラス玉もみられる。5世紀後半頃と考えられるこの古墳からは、金製の指輪・耳飾り・飾板・歩揺、青銅製の熨斗、そしてガラス製の碗・皿・玉が発見されている。これらの遺物のほとんどが舶載品であることなどから、この古墳の被葬者は朝鮮半島からの渡来人であるとする考えが有力である。このように古墳時代には朝鮮半島を媒介にガラス器など西方文物を含む大陸系文物の急速な流入が畿内を中心に認められるようになる。

古墳時代前期までのガラス小玉の色は青や青緑を基調としていたが、中期以降は黄や橙が加わり、色彩豊かなガラス小玉がみられるようになる。その好例が奈良県藤ノ木古墳から発見されたガラス小玉群であろう。被葬者の後頭部から腰にかけて簾状に連なるガラス小玉群は「玉鬘」と考えられている。その総数は1万個を越え、色調は橙・薄緑・濃藍・黄の四種に大別される。こうした色調のガラス小玉は、その後、古墳文化の広がりとともにほぼ全国的に流通する。また、藤ノ木古墳ではガラス玉は装身具だけでなく、玉纏太刀や金銅馬具などにも用いられ、その使用法にも多様化が見られるようになる。

さて、ガラス勾玉の製作にあたっては古墳時代に入っても基本的には弥生の技術が引き継がれているようである。4世紀頃と考えられる京都府芝ケ本遺跡で発見された石製と土製の鋳型や福岡県西新町遺跡から発見された土製鋳型などがそれをよく物語っている。一方、ガラス小玉の製作にあたっては新たな技術革新が見られる。土製鋳型の登場である。この鋳型は板状の粘土に半球体の窪みが規則的に並んだもので、それぞれの窪みの中心には玉の孔となる心棒を差し込むための小さな孔が設けられている。この半球体の部分に粉砕したガラスの粉を入れ加熱溶解し、ガラスの表面張力によって球体の小玉が製作されたと考えられる。この方法は、ガラス小玉の大量生産に結びついたと考えられる。こうした鋳型は東京都豊島馬場遺跡（3世紀末～4世紀前半）、福岡県西新町遺跡（3世紀末～4世紀前半）、奈良県布留遺跡（5世紀末～6世紀前半）、奈良県桜井谷遺跡（7世紀）、奈良県上之宮遺跡（7世紀）、奈良県飛鳥池遺跡（7世紀末）、奈良県大田中遺跡（8世紀）などから発見されている。出土した鋳型の分布を見る限り、奈良を中心にその生産が行われており、周辺の寺院に供給されたことを推測させる。ただし、古墳時代初頭の例として東京・福岡から発見されていることを考慮すると、古墳時代の早い段階から各地の拠点的集落ではこうした鋳型を用いたガラス小玉の生産が行われていた可能性が考えられる。

写真3　ガラスの製造に関係した遺物（原料・ルツボ・鋳型・ガラス／飛鳥池遺跡）

5－古墳時代以降のガラス玉とアイヌ玉

古墳時代以降のガラス玉の状況は、正倉院や古代寺院に残る遺品そして『造仏所作物帖』（天平6＝734年）の断簡から知ることができる。この断簡には原料から鉛ガラスを製造する方法が記さ

写真3　奈良国立文化財研究所蔵

れており、日本でガラスの原料を調合し、熔融した様子を知ることができる。正倉院のガラス玉や興福寺金堂鎮壇具（ちんだんぐ）中のガラス玉類はこの製法で作られたと考えられる高鉛ガラスで日本製とされる。『造仏所作物帖』は興福寺西金堂の造営に関する文書であるが、ガラス玉が寺院建立にあたり重要な役割を果たしていた状況がうかがえる。また、先にあげたガラス工房跡とみられる奈良県飛鳥池遺跡からは、ガラスの原料である長石・石英・方鉛鉱・金属鉛などが砲弾型の坩堝（るつぼ）とともに多量に発見されている。坩堝は100点前後出土しており、それらの内面には緑色や茶色の鉛ガラスが付着している。砲弾型の坩堝は、韓国扶余の扶蘇山廃寺からも出土していることから、百済から渡来した工人によってガラスの製法が伝えられた可能性が指摘されている。

その後、ガラス玉は仏教文化の中で寺院の鎮壇具ならびに幡（ばん）や天蓋（てんがい）等の垂飾として用いられるとともに仏像の宝冠・胸飾り・釧（くしろ）などの装飾品としての機能を負うこととなる。

日本におけるガラス玉の生産は、中世以降急速に衰えるといってよい。ガラス玉の持つ価値観の変質がもたらした現象だろう。しかし、こうした中にあって注目すべきはアイヌ玉の存在である。その集合体に「タマサイ」（写真４）や「シトキ」と呼ばれる首飾りがある。東京国立博物館に所蔵されるそれぞれのガラス玉の材質は、分析の結果、乳濁青系統のガラスはアルカリ珪酸塩ガラスが主体を占め、その他の色ガラスは総じて鉛珪酸塩ガラスとされた。そして乳濁青系統のガラス丸玉は日本製とされ、透明のガラス小玉は樺太やロシア製あるいは中国製の可能性が指摘されている。海外から北海道へのこうしたガラス玉の流入は、特に山丹交易によってもたらされた。ただし、アイヌ玉にみられる透明青玉の中には、鉛同位体比の測定結果から岐阜県神岡鉱山の鉛が使用された可能性があるものも含まれていると

写真４　タマサイと呼ばれる首飾り

写真５　アイヌ墓出土の渡来ガラス玉（大川遺跡）

写真４　東京国立博物館蔵／写真５　余市町教育委員会蔵

いう。また、先にあげた乳濁青系統のガラス丸玉については、19世紀になると江戸や大坂でトンボ玉などとともにアイヌ向けに製作されたといわれる。その背景には、16世紀末から蝦夷地交易の独占権を握った松前藩の存在、北前船の航行と東廻り航路の安定化がある。本州からはこうしたガラス玉とともに斧や刀剣・鉄製品・漆器などが北海道に渡り、北方からは、海産物をはじめ各種毛皮類がもたらされたのである。

近年、こうした北方交易の実態を示す良好な遺跡が発見された。北海道余市町大川遺跡である。この遺跡では、中世後半頃（14世紀あるいは15世紀前後）と考えられる608号墓壙から渡来銭・針・鎧の留め金具・刀装具などとともにトンボ玉71個、ガラス玉421個が発見された（写真５）。由水常雄氏は、このガラス玉について、トンボ玉を含むやや大型の玉を中世に、小型の玉を古墳時代からの伝世品と捉えている。また、トンボ玉については、西アジアからの渡来品と考えているようである。この他、中世末あるいは近世初頭と考えられる600号墓壙からは、渡来銭・金属製耳輪とともにガラス玉252個が発見されている。中・近世墓でこれだけまとまったガラス玉が発見されたことはかつてない。さらに、50号墓壙からは、耳輪として使用されていた青銅製の鈴が７世紀前後の土器とともに発見された。この鈴は中国北部の遊牧民が製作したと考えられる。その他、渤海ないしはその周辺に由来する黒色土器（９世紀前後）や中国青白磁・銅鏡・茶入れ・銭などが発見されている。大川遺跡は古代から近世にかけて幅広い地域との交易を物語る貴重な遺跡といえよう。

以上、日本におけるガラス玉の製作と流通の状況について、先学の研究成果を参考に歴史的にたどってきた。ガラス玉は弥生時代から現代にいたるまで日本各地で製作され、また諸外国から持ち込まれ、全国に流通した文物である。ガラス玉がこれほどまでに時間的・空間的に幅広く流通した背景には、ガラス玉に宿る呪力の思想の存在とその広がりを考えさせる。金属とも共通する熱による再生能力をもったガラス玉。美しく半透明に透けるガラス玉には政治的・宗教的色彩が深く溶け込んでいたにちがいない。そして、その価値観こそが玉の製作と流通を促してきたのである。

【参考文献】　本稿をまとめるにあたり、特に下記の文献を参考にさせていただきました。記して感謝申し上げます。また、各遺跡の発掘調査報告書および関連文献については、紙面の関係から割愛させていただきました。

馬淵久夫　1989　「本邦出土古代ガラスの原料産地と材質の変遷」文部省科学研究成果報告書

藤田等　1994　『弥生時代ガラスの研究』名著出版

宮宏明　1996　「北の海の文化交流の跡を探る――北海道余市町大川遺跡の発掘調査――」『月刊文化財』No. 390

谷一尚　1999　『ガラスの考古学』ものが語る歴史２　同成社

サントリー美術館　1999　『日本のガラス2000年――弥生から現代まで』

斎藤亜三子　2000　「アイヌ玉の化学組成と産地」日本文化財科学会第17回大会研究発表要旨

肥塚隆保　2001　「古代ガラスの材質と鉛同位体比」『国立歴史民俗博物館研究報告』第86集

I—9

低湿地遺跡から出土したアイヌのガラス玉

田口　尚

1—ガラス玉の出土と分析

多くの人々のガラスに対する認識は、腐食や劣化の少ない安定した材質と考えていることと思う。しかし、一見堅牢に思えるアイヌ文化期のガラス玉であっても、遺跡から発見される場合にはわずか数百年の間に風化・劣化し、本来の色調、光沢、透明感を失い、白色・褐色の粉状皮膜に覆われていることが多い。その劣化状況もガラスの材質や個々の埋蔵環境によって異なる。多くの出土ガラス玉は、墓の副葬品あるいは「もの送り場」跡などからバラバラとなった単体の玉として発見される。民具資料のような連を成したり、紐や金属素材などと複合した全体像などを推測できるものは極めて少ない。考古学では調査に遺漏のないように土壌の篩(ふるい)かけや水洗選別を実施し、微少なガラス玉や破片の検出に努力している。

最近では発掘調査法や遺物の保存技術の発達にともない、千歳市美々(びび)8遺跡低湿部や同ユカンボシC15遺跡のような河川や湖沼跡などの低湿地性遺跡の調査が実施できるようになった。このような低湿地性遺跡では、ガラス玉の腐食や劣化も少なく、多くの有機質遺物が真空パック状態で良好に残されており、当時の生活を具体的に蘇らせてくれる。また、分析機器や分析技術の進展によって、ガラス玉の材質や発色材料などの化学的分析と共に製作技術も検討されており、鉛同位体分析による産地や製作地推定も試みられている。

ここではアイヌ文化期の代表的な低湿地遺跡である美々8遺跡を紹介し、出土した各種形態のガラス玉を見ることにする。

2—アイヌ文化のタイムカプセル(美々8遺跡)

美々8遺跡の立地や概要について簡単にふれておく。

遺跡は太平洋に向かって流れる勇払(ゆうふつ)川と合流する美々川支流の美沢(みさわ)川左岸にあり、標高2.5mほどの低湿地部分から標高23mの台地上にかけて立地している。太平洋岸からは18kmほど内陸に位置しており、石狩低地帯南部という立地条件から、樽前(たるまえ)a火山灰(1739＝元文年4：Ta-a)、樽前b火山灰(1667＝寛文7年：Ta-b)、有珠(うす)b火山灰(1663＝寛文3年：Us-b)、白頭山—苫小牧火山灰(10世紀中頃：B-Tm)等の年代推定に有用な火山灰が明瞭に降灰している。層序は台地上から低湿地に連続するこれらの火山灰によって、上層から順に表土層、Ta-a層、OB層、Ta-b層、IB-1層、IB-2層、B-Tm層、IB-3層.IB-7層のように分層でき、擦文(さつもん)文化期(IB-2層下層からB-Tm層以下)からアイヌ文化期(IB-2層上層以上)までの遺構や遺物の変遷をうかがい知ることができる。

低湿部は度重なる樽前山の噴火による地盤の変化や火山灰の降灰による水位上昇で、集落(コタン)と共に水没したものと考えられている。17～18世紀にかけては、交通・交易の拠点及び漁撈・狩猟の基地的な性格を合わせ持ち、伝統的な「もの送り場」を含んだ集落遺跡である。

表土層からは18世紀頃に「ユウフツ越」あるいは「シコツ越」と呼ばれた日本海側と太平洋側を結ぶ交通の中継地点であったとされる文献記録を検証するように、文化年間(1804〜17年)に勇払場所惣支配人山田文右衛門によって整備された旧室蘭街道の一部が掘り出された。弘化3年(1846年)にこのルートを旅した松浦武四郎が描いた「ミミ憩所船乗場之図」を裏付ける3間×4間の建物跡、交易品である多量のサケや木炭などを運んだ荷車の轍(わだち)が残る道跡なども確認されている。OB層は1739〜1667年の72年間に時間幅をおさえることができ、低湿部のⅠB層・OB層にかけては類を見ないほど多量のアイヌの生活用具や道具類が出土している。現存するアイヌ民具のほとんどの種類にわたるものであり、自製および交易により入手したものである。中には交易品を二次加工して道具を製作した半自製品も見られる。本州方面との交易品である桶、樽、曲げ物、漆塗り容器、鉄鍋・山刀(タシロ)、小刀(マキリ)、煙管などの和産物ほか、わずかながらの陶磁器類も出土している。アイヌ自身の所有物となったものには、イトクパやシロシが刻まれている。

倒壊した家屋(チセ)や高床倉庫(プー)等の建材群や突き立ったままの柱列からは小規模な集落(コタン)の存在が推定できた。これらの傍らからは「舟送り」に関する千歳地域の聞き取り調査を裏付ける丸木舟の切断された舳先や艫(船尾)、「道具送り(イワクテ)」、「動物送り(オプニレ)」、「食用植物送り(ムルクタウシ)」などを統合したような灰集中や炭化物集中と呼称された「灰送り場(ウナラエウシ)」が検出された。アイヌ文化を特徴づけるイクパスイ(捧酒箆)やイナウ(木弊)なども見られ、度重なる火山灰降灰にもかかわらず、ほぼ同一地点で連綿と送り儀礼が実施されていた。これらは『蝦夷生計図説』(村上貞助　1823)のムルクタウシウンカモイの図に描かれたようなチセの傍らの「もの送り場」に酷似していた。

ガラス玉は、この「もの送り場」やその周辺に分布が集中しており、鉛ガラスとアルカリ石灰ガラスの2種類が見られる。この材質などから北方地域と本州方面との交易の両方が予想されている。

また、川岸を「コ」の字状に開削した「舟着場」周辺からは、マレク(鉤銛)やキテ(離頭銛)をはじめとする多量の漁猟具が出土し、線刻されたメカジキの魚体とアイウシ文を付した櫂の発見は、勇壮なメカジキ漁の存在を現在に伝え、当時の漁撈儀礼を知る手がかりとなった。土壌水洗やフローテーション法により食糧となったヒエやアワなどの栽培植物や大型動物や魚類などの動植物遺体も発見されており、当時の生活や環境を現在に蘇らせるアイヌ文化期のタイムカプセルのような遺跡である。

3―美々8遺跡出土のガラス玉

【遺構出土ガラス玉】　台地部表土層では浅い竪穴状の凹みに流れ込んだ状態で出土した。①〜⑨は径0.6cm×0.7cmの乳白色の小玉(丸玉)、⑩は径0.9cm×0.7cmの無色半透明の小玉(丸玉)である。年代はTa-a火山灰降下から大正期頃が推定されている。ガラス玉は財布様の袋に付けられていた可能性がある。⑪は径0.78cm×厚0.53cmの上下の孔口に軸巻付けの痕跡である微細な突起の見られる水色の小玉(平玉)である。

低湿部表土層の灰集中11からは、⑫の径0.43cm×厚さ0.31cmの深緑色の小玉(平玉)が出

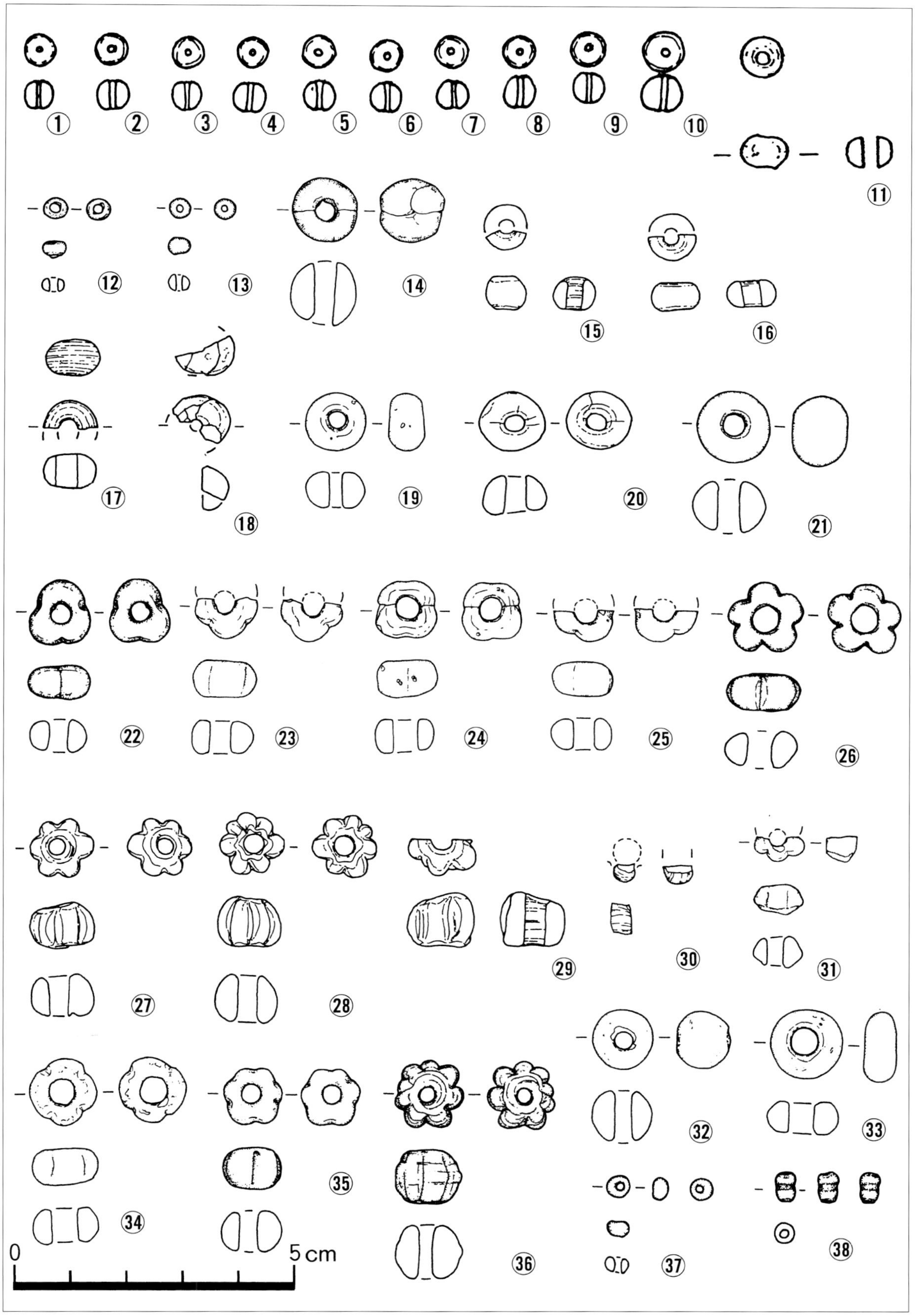

図1　千歳市美々8遺跡出土のガラス玉

土した。孔口には軸巻付け時の痕跡である微細な突起が残る。

OB 層の灰集中10からは、⑬の径0.4cm×厚0.32cmの無色半透明の小玉（平玉）、⑭の径1.22cm×1.23cmの風化し粉状の白色となった中玉（丸玉）、㉔の径1.13cm×厚0.7cmの扁平な花房玉の３点が検出された。この花房玉は浅い刻みによって４房となっており、孔口中央部で割れた２点を接合している。同一個体であるが、上部がやや透明な水色、下部が曇った青色に変色しており、埋蔵環境による発色の表面劣化が認められた顕著な例である。

IB-１層の炭化物集中22からは、㉞の径1.24cm×厚0.67cmの浅い筋引きによる４房の青緑色の花房玉が出土した。表面は褐色に風化している。

IB-１層の集石22からは、㉝の径1.31cm×厚0.59cmの中玉（平玉）が出土し、光沢のない深い青色の表面には白点状の傷が見られる。

【包含層出土のガラス玉】 OB 層の小玉（平玉）は２点とも破損している。⑮は径0.7cm×厚0.60cmの深緑色のものであり、３分の２ほどを欠損している。⑯は径0.80cm×厚0.50cmの水色半透明で２分の１を欠損している。

OB 層の中玉（平玉）の⑳は径1.10cm×厚0.70cmのウグイス色で半透明の平玉である。⑲は径1.16cm×0.65cmの光沢のない無色半透明である。㉑は径1.33cm×厚1.03cmの丸みを持った、表面に光沢のない濃い青紫のものである。

OB 層の蜜柑玉の㉖は径1.36cm×厚0.7cmの光沢のある青色半透明の扁平な花房玉である。深いＶ字状の刻みで５房を構成しており、孔口が径0.55cmと他のものより大きい。㉒は径1.20cm×厚0.62cmのわずかな光沢のある青緑色の浅い３房の花房玉である。㉙は深緑色の不規則な筋引きの半分に割れた花房玉であり、径1.13cm×1.0cmの６房と推定される。㉕は青色半透明の径1.12cm×厚さ0.62cmの３房ないし４房の花房玉が半分に割れたものである。㉓は表面が一部白色に風化して光沢のない青色の径1.12cm×厚0.62cmの花房であり、浅い４ないし５房のものが半分に割れたものである。㉛はやや光沢のある青色の径0.9cm×0.59cmの小振りの少し深い筋引きの花房玉であり、５房ないし６房のものが半分に割れたものである。側面観は不整な算盤玉状である。㉚は表面が風化し、光沢のない深緑色の花房玉の房部分である。㉘は無色透明な径1.10cm×0.9cmの深い筋引きによる不規則な７房の蜜柑玉である。㉗は少し濁った白色透明の径1.13cm×0.80cmの深い筋引きによる不規則な６房の蜜柑玉である。孔口周辺に軸巻取痕が見られる。

IB 層の蜜柑玉の㊱は無色半透明の径1.25cm×厚0.99cmの深い筋引きによる不規則な８房蜜柑玉である。側面や孔口周辺に渦巻き状の軸巻取痕が顕著に見られる。㉟は光沢のある青紫の径1.07cm×0.76cmの浅い筋引きの６房の花房玉である。孔口はやや楕円形に磨耗し白色化した部分がある。

IB 層の中玉の㉜は光沢のない無色半透明の径1.10cm×厚0.94cmの中玉（丸玉）である。周縁に白色の磨耗痕がめぐり、孔口には白点状の傷が見られる。⑰は緑色透明の径0.97cm×厚0.66cmの半分に割れた小玉（平玉）である。⑱は黄褐色の径1.05cm×厚0.72cmの破損した中玉（丸玉？）である。材質は判然としない。㊲㊳はクラムシェル調査によって得られたOB・IB 層のものである。㊳は表面の風化した中央部がわずかに括れる径0.39cm×厚さ0.55cmの細長い緑色の栗玉である。㊲はやや光沢のある青緑色の径0.40×厚0.28の栗玉である。

螢光Ｘ線分析による分析結果をまとめると、⑲㉑～㉖㉝～㉟の10点は融剤に相当量の Pb を含む K_2O-PbO-SiO_2系鉛ガラスである。着色剤として Fe、Cu を含んでいる。⑪㉗㉜の

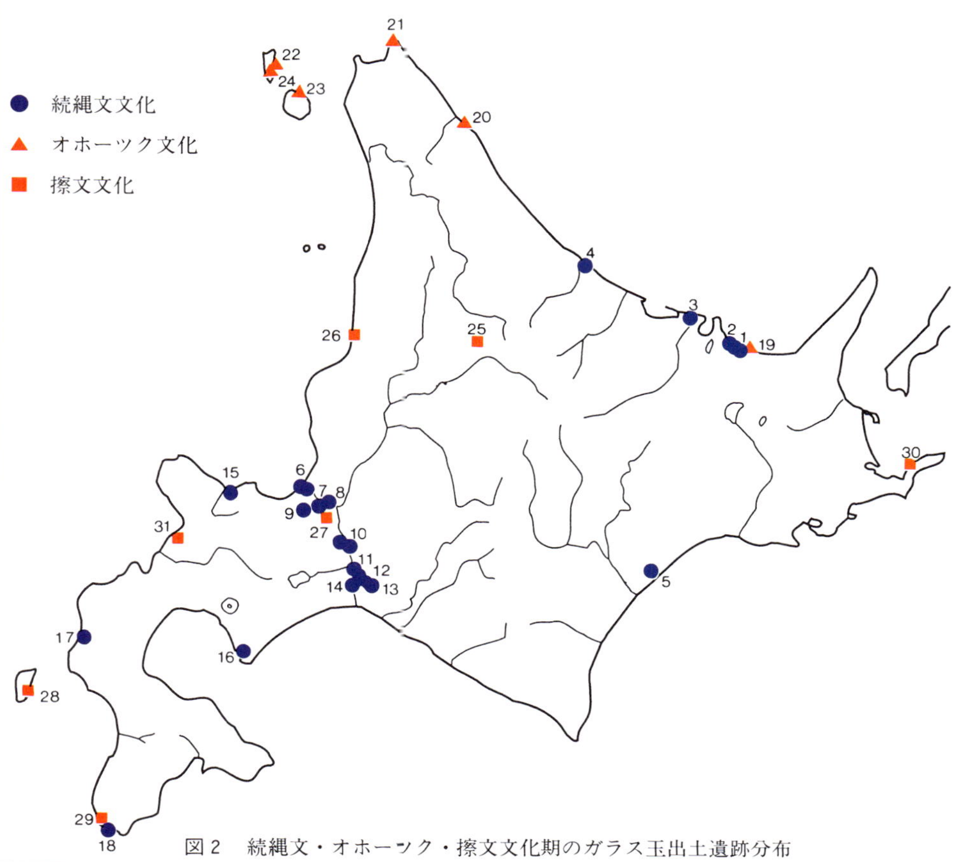

図2　続縄文・オホーツク・擦文文化期のガラス玉出土遺跡分布

3点は融剤に多量のK、Caが使用されているK_2O-CaO-SiO_2系カリ石灰ガラスである。着色剤としてFe、Cuを含み、Snは乳白剤として含まれている。

以上、美々8遺跡出土のガラス玉は、「もの送り場」やその周辺の包含層から出土したものばかりであり、連をなすものや大玉は見られない。色調については白色～無色透明のものが青緑系に比べて多く、各種の花房玉が他の遺跡に比べ多いようである。花房玉では筋や房の不明瞭な青緑系では鉛ガラスのものが多く、筋や房の明瞭な白～透明系の花房玉ではアルカリ石灰ガラスが多く見られる。丸玉や平玉のものは単独で出土したものばかりであることや周辺から環状針金製品が出土していることから、ニンカリ（耳飾り）につけられたガラス玉の可能性があろう。

4一アイヌ文化期のガラス玉

アイヌ文化においては、アイヌ玉やトンボ玉と呼ばれるガラス玉を用いた装飾品が良く知られている。それらの中では大小さまざまな色調のガラス玉に糸を通し一連に配列した「タマサイ」と呼ばれる玉飾り（胸飾り）や、同様の玉飾りの垂下した中央最下部に飾板をつけた「シトキ」と呼ばれるものが代表的である。タマサイには通常、垂下した中央最下部に親玉・頭玉（サパネタマ）と呼ばれる大玉がつけられる。タマサイにつけられる飾板自体をシトキと呼び、その材質には木製板に銀・銅・真鍮製の円板を象嵌したもの、古和鏡、刀鍔など各種の金属製品を用いたものなどがある。これらはイオマンテ（熊送り儀礼）などのさまざまな儀式や祭事の盛装の際に、あるいは護符として女性達を飾ってきたものである。しか

図３　アイヌ文化期のガラス玉出土遺跡分布

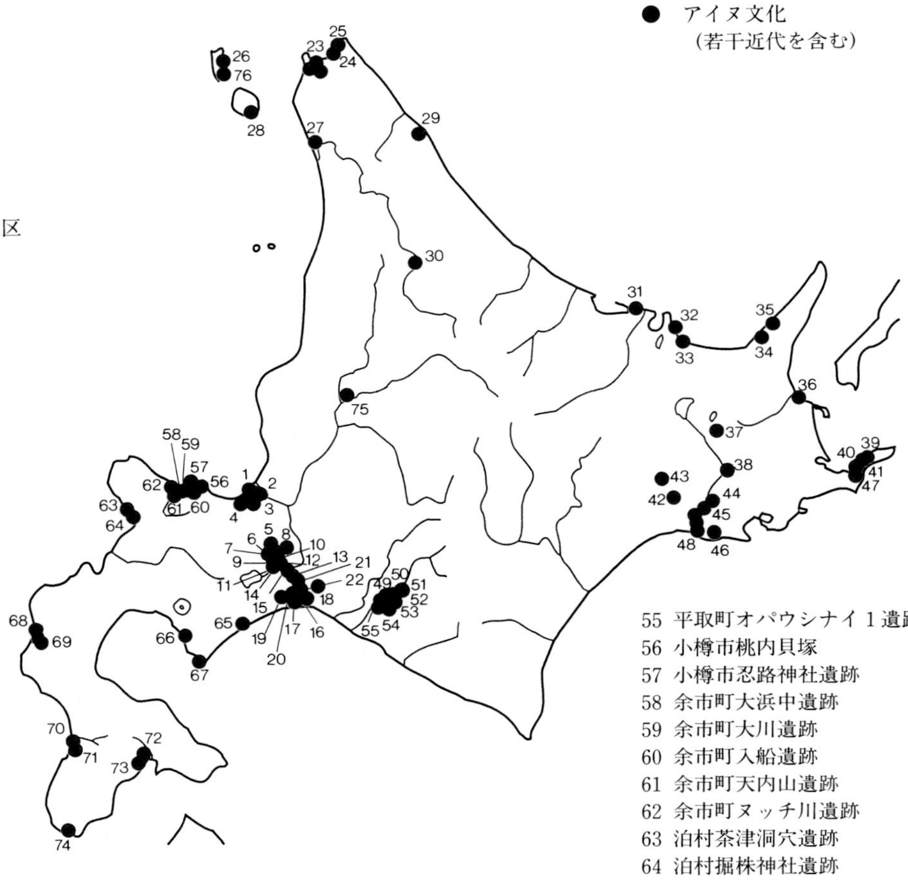

1 札幌市Ｋ501遺跡
2 札幌市Ｋ502遺跡
3 札幌市Ｎ156遺跡
4 札幌市発寒遺跡
5 恵庭市カリンバ２遺跡
6 千歳市ユカンボシＣ15遺跡
7 千歳市ウサクマイＣ遺跡　Ｂ地区
8 恵庭市カリンバ４遺跡
9 千歳市ウサクマイＤ遺跡
10 千歳市ウサクマイＮ遺跡
11 千歳市ウサクマイＥ遺跡
12 千歳市末広遺跡
13 千歳市美々８遺跡
14 千歳市ウサクマイ遺跡
15 千歳市ふ化場１遺跡　Ｄ地区
16 苫小牧市タプコプ遺跡
17 苫小牧市共和遺跡
18 苫小牧市静川22遺跡
19 苫小牧市高丘緑ケ丘遺跡
20 苫小牧市弁天貝塚
21 千歳市美々８遺跡低湿部
22 苫小牧市美沢植村遺跡
23 稚内市声問川右岸２遺跡
24 稚内市泊岸１遺跡
25 稚内市オンコロマナイ貝塚
26 礼文町香深井６遺跡
27 天塩町天塩川口遺跡
28 利尻町オタトマリ貝塚
29 枝幸町川尻チャシ
30 名寄市内淵１遺跡
31 常呂町ライトコロ川口遺跡
32 網走市北浜小学校隣接地
33 網走市モヨロ貝塚
34 斜里町クシュンコタン貝塚
35 斜里町オンネベツ川西側台地遺跡
36 標津町オンネチャシ跡・オンネ竪穴群遺跡
37 弟子屈町矢沢遺跡
38 標茶町パルマイ物送り場
39 根室市コタンケシ遺跡
40 根室市温根沼遺跡
41 根室市幌茂尻遺跡
42 阿寒町布伏内送り場　Ｂ地点
43 阿寒町下仁々志別竪穴群　Ｂ群
44 釧路町遠矢８遺跡
45 釧路町遠矢第２シャシ跡
46 釧路市桂恋フシココタンチャシ跡
47 根室市国泰寺跡
48 釧路市幣舞遺跡
49 平取町ピパウシ１遺跡
50 平取町ポロモイチャシ跡
51 平取町ユオイチャシ跡
52 平取町イルエカシ遺跡
53 平取町二風谷遺跡
54 平取町亜別遺跡
55 平取町オパウシナイ１遺跡
56 小樽市桃内貝塚
57 小樽市忍路神社遺跡
58 余市町大浜中遺跡
59 余市町大川遺跡
60 余市町入船遺跡
61 余市町天内山遺跡
62 余市町ヌッチ川遺跡
63 泊村茶津洞穴遺跡
64 泊村掘株神社遺跡
65 白老町白老仙台藩陣屋跡
66 伊達市有珠オヤコツ遺跡
67 室蘭市ポンナイ貝塚
68 瀬棚町南川２遺跡
69 瀬棚町瀬田内チャシ跡
70 上ノ国町夷王山墳墓群第１地区
71 上ノ国町勝山館跡
72 上磯町松前蒲戸切地陣屋跡
73 上磯町矢不来天満宮跡
74 福島町穏内館遺跡
75 深川市一已町コップ山麓
76 礼文町香深井５遺跡

し、考古学的に出土したガラス玉には、大玉はほとんど見られず、小玉と蜜柑玉の組み合わせか、古銭との組み合わせによるものが大多数を占める。シトキを想定させる和鏡とガラス玉の組み合わせが見られる場合においても同様に大玉類は見られない。

おそらく上記のようなタマサイの様式が広く一般化するのは、アイヌ自身が直接北方地域と往来することが禁じられ、本州の江戸や大坂で製作されたガラス玉が流通するようになった18世紀後半から19世紀初頭になってからのことであろう。ほかに、ガラス玉を１～数個単位で使用して装飾としたものがいくつかある。その代表例がニンカリと呼ばれる下部に１～数個のガラス小玉を使用した直径５～10㎝ほどの円環状の銀・真鍮・錫製の耳飾りである。これは明治政府によって禁令が発せられるまで男性も使用していた。ガラス玉付きのニンカリは墓の副葬品として稀に見られ、ⓐ耳につけていた状況で頭部附近から出土するもの、ⓑ

図１～３　筆者作成

耳にはつけずに、肩や頭部附近に２環が縛りとめられたように重なって出土するもの、ⓒ耳にはつけず、大腿骨の両側に置かれたものなどの３種ほどの埋葬様式が存在するようである。また、煙草入れの緒締めやマキリなどの根付けとして使用されたものやレクトウンペと呼ばれる首飾りにもガラス玉がつけられたものも伝世品にあるが、出土遺物からは推定できない。おそらく、数点単位で出土するガラス玉はニンカリにつけられたものが多いものと思われる。なお、サハリン地方では盆や木椀の口唇にガラス玉を嵌め込んだものも見られる。トンコリと呼ばれる古弦楽器が完成した時にも、魂を入れるためにガラス玉がふたつ収められたという。以上のようにアイヌにおけるガラス玉は日常生活や儀礼との深いかかわりを持っており、個々の財産的所有のステイタスシンボルでもあったようである。

5―北海道のガラス玉の概観

北海道出土のガラス玉は、続縄文時代から墓の副葬品として遺体周辺や土壙内部から検出されており、アイヌ文化期同様の淡い青色～青紫系の小玉（不整な平玉）が、19遺跡から検出されている。道南部や太平洋沿岸地域においては、東北北部の弥生文化の影響を受けて管玉とともにガラス玉が搬入されたと考えられる。続縄文時代後半以降から北大式期にかけては在地的土器群とともに北方的要素が強くなる。オホーツク文化のガラス玉は６遺跡ほどで確認されており、北方地域や東方地域との交易により入手したものと考えられる。擦文文化期におけるガラス玉の出土は、のちのアイヌ文化期の76遺跡に比べ、６遺跡程度と極端に少ない。擦文文化期ではガラス玉を意識するかのように土製玉の出土例が多いのが特徴である。ガラス玉の墓壙出土の確かなものは奥尻町青苗貝塚以外にほとんどない。その他は住居跡の中央部の床面近くや覆土出土のものであり、凹地を利用した廃屋墓やアイヌ文化期のもの送り場の可能性も否定できず、明確な出土例の増加を待つしかない。擦文文化の墓域を含め検討を要する。ちなみにガラスが日本で流通するのは北部九州を中心に紀元前２世紀頃からであり、７世紀に入って奈良県飛鳥池遺跡で国産鉛鉱石を使用したガラス製造がはじまったとされている。道内では擦文文化期において旭川市錦町５遺跡や松前町札前遺跡で鍛冶工房とかかわるアルカリ石灰系のガラス板（ガラス質鉄滓と異なる）が検出されており、12世紀頃の伊達市オヤコツ遺跡などでは混合アルカリガラスの流通も見られることから北方地域から鍛冶技術ともにガラス製作技術がもたらされた可能性もある。中世のガラス玉出土遺跡には、上ノ国町夷王山墳墓群内や恵庭市カリンバ２遺跡のアイヌ墓の例がある。ガラス玉およびガラス玉付きのニンカリが副葬されており、ガラス玉付きのニンカリやニンカリを副葬する葬送様式が中世にすでに確立していたことがわかる。一方、アイヌのガラス玉が文献によって見られるのは、17世紀になってからであり、イタリア人の神父デ・アンジェリスの「蝦夷国報告書」（1621＝元和７年）、オランダ人航海者フリースの記録（1643＝寛永20年）、幕府巡検とともに来遊した松宮観山（1710＝宝永７年）、平秩東作『東遊記』（1783＝天明３年）、古川古松軒『東遊雑記』（1788＝天明８年）などに青色ガラス玉の首飾りやニンカリの使用についての記載が見られる。

考古学的出土遺物や文献からも、現在、伝世民具として博物館などで見られるタマサイやガラス玉付きのニンカリの使用は中世以降、連綿とアイヌ文化の中で受け継がれてきたことが少しずつわかってきた。

中近世以降になると、突如としてガラス玉出土遺跡数が増加し、76遺跡を数える。16世紀以降には樺太を通り、山丹交易により大量にガラス玉が流入し、アイヌ社会にも広く受けいられるが、同時に本州にもアイヌを介してガラス玉がもたらされていた。逆に18世紀後半以降になると本州の大坂、江戸の生産地から大玉などを含む大量のガラス玉がアイヌ社会に流入する。19世紀以降になってから今日見られるような2～3連のタマサイやシトキが製作使用されるなったのではないだろうか。花房玉のうち、無色から白色透明のガラス玉については製作が17世紀まで（由水　1975）とされることや、ある程度伝世したとしてもTa-a火山灰や渡島（おしま）大島火山灰降下後の18世紀の後半以降には検出されなくなるようである。ガラス玉は発掘されたアイヌ文化期のすべての遺跡やアイヌ墓から出土が認められるわけではなく、地域集団の地位や財力をあらわしているものと思われる。交通や交易の拠点となるような遺跡立地において、特定の有力者の墓からの出土例と見ることができそうである。

【出土ガラス玉の取扱い】　ここで少しだけ出土ガラス玉の劣化と取扱いについて触れておく。最初に述べたようにガラス玉は一見安定した状態に見え、従来から保存処理もほとんど実施されていない遺物のひとつである。保存処理においては、風化・変色している粉体化した表層を取り除くことはせずに、柔らかな筆とアルコールでガラス表面を軽く洗浄して、表面観察可能な状態を維持することが大切である。ガラスの強化は、アセトンとトルエンにアクリル樹脂（パラロイドB72）５～７％溶液を塗布するか、減圧状態で微細な亀裂内部まで樹脂を含浸する必要がある。ガラス内部の気泡発生に注意しながら、破損やヒビには少し濃い同様の樹脂を使用する。

ガラスは金属同様に乾燥した環境に置き、調湿剤を入れたシール容器に不織布などで養生して保管することが望ましい。これまで一般的に使用されている脱脂綿やガーゼで包むことは湿気を吸着しすいので好ましくない。

今後は、アイヌ文化期のガラス玉の取上げ、保管にも注意し、表面観察はもとより、伝世民具資料との自然科学的分析方法を用いた比較を行い、地域や時代ごとの変遷を検討することが急務である。出土した資料を研究資料や文化財として活用したり、再検証の可能な状態に保存処理し、後生に残す努力をすることも、昨今の考古学的発掘調査の責務のひとつであると考える。

【参考文献】

谷元旦　1991　大塚和義監修『蝦夷風俗図式』『蝦夷器具図式』安達美術
越田賢一郎ほか　1982　千歳市「美沢川流域の遺跡群」Ⅴ『北埋調報』7　(財)北海道埋蔵文化財センター
田口尚ほか　1989　千歳市「美沢川流域の遺跡群」Ⅷ・美々８遺跡低湿部　同上62
田口尚ほか　1990　千歳市「美沢川流域の遺跡群」ＸⅣ・美々８遺跡低湿部　同上69
田口尚ほか　1992　千歳市「美沢川流域の遺跡群」ＸⅥ・美々８遺跡低湿部　同上83
田口尚ほか　1995　千歳市「美沢川流域の遺跡群」ＸⅧ・美々８遺跡低湿部　同上102
田口尚ほか　1996　千歳市「美沢川流域の遺跡群」ＸⅩ・美々８遺跡低湿部　同上114
田口尚ほか　1993　「北海道千歳市美々８遺跡（低湿部）」『日本考古学年報』日本考古学協会
杉山寿栄男　1991　『アイヌ玉』北海道出版企画センター　復刻新装版
由水常雄　1975　『ガラスの工芸』ブレーン出版
肥塚隆保　1995　「古代ガラスの材質」第９回「大学と科学」公開シンポジウム組織委員会編『古代に挑戦する自然学』クバプロ
咲山まどか・赤沼英男　1997　「美々８遺跡出土ガラス玉の螢光Ｘ線分析法による分析」『調査年報』10　(財)北海道埋蔵文化財センター

I―10

上ノ国町・勝山館跡発掘のアイヌ資料

松崎水穂

1―上ノ国の位置

上ノ国町は、北海道渡島(おしま)半島南西部日本海に面し、南は松前町、北は江差町に接している。のちに松前氏へと成長する蠣崎氏が15～6世紀にその日本海交易の拠点とした地であり、勝山館跡を始めとする中世後半の遺跡が点在し、「和人」社会が早くに形成された地と位置づけられている（図1）。

その勝山館跡とその直下から発掘されたアイヌ文化に帰属する資料を紹介し、その位置づけを図るとともに、そこにみられる中世後半～近世初頭の和人地におけるアイヌの存在について触れてみたい。

2―勝山館跡の発掘調査

【2－1】活発な交易

1979年（昭和54）以来、勝山館跡では史跡の整備事業にともなう発掘調査が続けられてきた。[1・2] 標高80～110m、長さ300mほどの丘陵を、最大100mの幅をもつ3段の平坦面に削平し、空壕(からぼり)や柵(さく)を巡らして防禦を固めるとともに中央に巾4m弱の通りを縦貫させ、その両側に100㎡前後の区画地割りを行って、整然と建物を配している。

調査によって出土した5万点ほどの陶磁器は、青磁・染付けなどの中国製品を含め、全て本州からの将来品であり、その背後にある活発な交易活動をうかがうことができる。呂宋壺・中国製茶入れ、茶臼、300点を超える天目茶碗などは、茶の湯の盛行を示し、鉄砲玉やキセルなどとともに、本州文化がストレートに移入された様相を示している（写真1）。また、純度の高い鋼・銑鉄塊や銅地金、鉄・銅滓、るつぼ、羽口(はぐち)などの鍛冶・銅鋳造加工関連品や1万点余の鉄製品が出土しており、当時の最先端技術（者）が館内に備わっていたことが知られる。その一部は北との交易に供されたとも考えられる。

写真1　天目茶碗(勝山館跡出土)

【2－2】和人の館跡から出土したアイヌ資料

本州文化をストレートに受容した、いかにも渡海者の築いた館を思わせる遺物群とともに、シカの角や骨、クジラの骨などを加工した骨角器（鏃(やじり)・銛頭(もりがしら)・中柄(なかえ)ほか）が500点余り出土している。これらは北海道最後の土器文化である擦文(さつもん)時代の遺跡から出土するものや、近世アイヌの遺跡出土品や伝世品と共通するもの、その系譜上に位置づけられるものなどである。中柄には少なくとも2

写真1　藤田登氏撮影

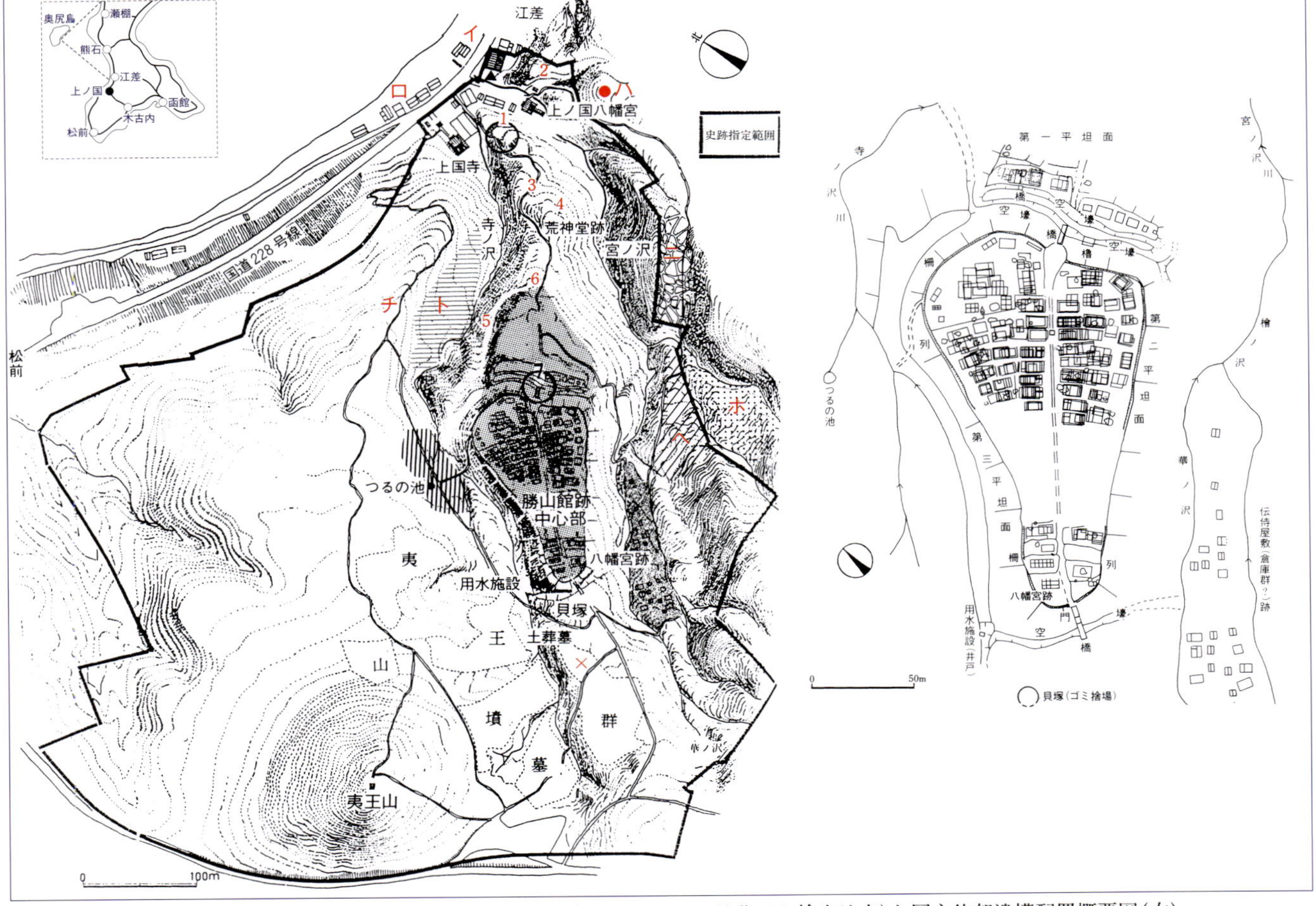

図1　勝山館跡位置図（▲：宮ノ沢川右岸地点　×：Ⅰ・98号墓ほか検出地点）と同主体部遺構配置概要図（右）

1・2　物見跡　　3　堀底状通路　　4　荒神堂跡
5　隠し道跡　　6　虎口推定地点　　7　二重空壕・木橋

イ・ロ　勝山館跡入口部分区画堀開口推定地点
ハ　伝［慶長元年］設置桧山番所跡擬定地①
ニ　竪穴建物跡検出地点
ホ　伝侍屋敷跡②
ヘ　桧ノ沢地内階段状削平地
ト　寺ノ沢地内階段状削平地
チ　推定西外構え尾根

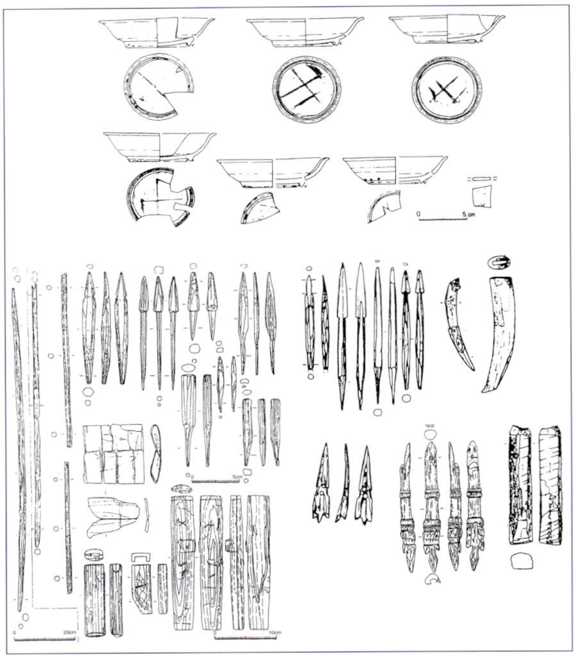

図2　勝山館跡出土アイヌ関連遺物
上：中国明白磁皿
下右：骨角製品（ほかに中柄が大量に出している）
下左：木製品

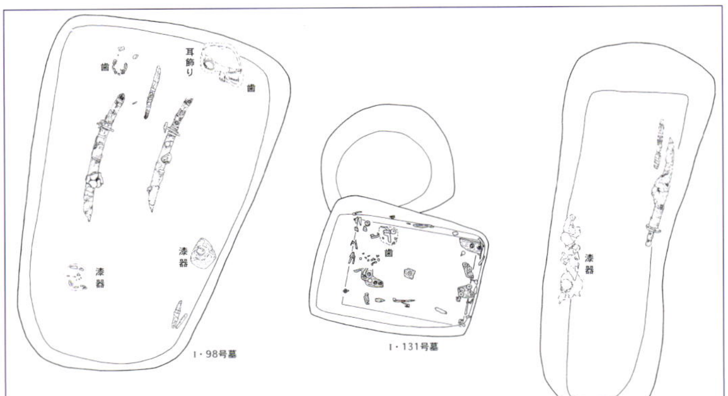

図3　アイヌ墓・和人墓の検出状況

図1～3　筆者作図

写真２　二体合葬のアイヌ墓

種があり、その一つは、松前城資料館蔵品中の毒矢を番(つが)える弓矢用の中柄に共通するものであった。(3)

これらはアイヌの狩猟・漁撈具であるが、武器となるものでもあり、刀狩りのように、アイヌから取り上げたものが棄てられたとも解してみたが、銛頭があり、加えて加工痕のある鹿角・骨や鯨骨、さらに未製品や切・残片、利器中の使用痕や補修痕なども見つかったことから、館の中で作製され、使用・補修・破棄されたと考えざるを得ないところである。鹿角製のマキリ（小刀）柄や彫刻が施された弭(ゆはず)（？）・シロシ（アイヌの所有印）のつけられた木製マキリ柄、高台の裏にシロシの刻まれた白磁皿や天目茶碗などの関連資料の出土も増加している（図２・写真１右）。

これら非和人社会的な遺物をアイヌのものとし、勝山館の中にはアイヌが恒常的に居住していたとするためには、アイヌの精神文化、信仰儀礼に関連する遺構の検出と遺物の出土が不可欠と考えてきた。土壙(どこう)の中に一括埋納された熱変した骨鏃や凹地に捨てられた銛頭等があったが、これをアイヌ固有の儀礼の場（物送り場）と特定することはできなかった。

【２－３】夷王山墳墓群のアイヌ墓

勝山館の背後を取り囲み６地区に600基余からなる夷王山墳墓群は、1952年（昭和27）から平成元年まで４次にわたり、30基余が発掘されてきた。2000年（平成12)、この墳墓群第Ⅰ地区の一画から３基４体を埋葬した伸展土葬墓と推される遺構が検出された。墓壙の形状は長軸を東西にする、東側一端が巾広の長台形・楔型などとされているものである（図３）。

98号墓は、全体が巾広で歯列や副葬品から２体の合葬墓であることがわかった（写真２）。頭の位置は東壁際とみられる。その南側の１体の頭部に残る耳飾りの一つにはコイルがまかれ、半透明赤褐色の玉が付く。上半身右側に太刀、下半身左側に漆器椀と刀子・釘が、北側の１体は上半身中央に太刀、左肩辺りに小刀と針、下半身両足間に漆器椀が副葬されている。なお、２体の頭～肩部周辺の覆土中から鉄身鋲留めの骨鏃１点が検出された。

116号墓は東西長軸２ｍ弱、巾60～40cmの長台形で、南側上半壁際に60cmほどの太刀と小刀、北側中央壁際に漆器椀３個が副葬されていた。太刀の身巾は3.2cm、茎(なかご)巾は2.2cmを測り、目釘穴が２個穿たれる。鞘の一部に漆皮膜が残り、樹皮状のものが巻きつけられている。

合葬墓の北４ｍ、一段低い平坦面で見つかった長軸東西１ｍ、小型の台形に近い土壙は、副葬品はないが、少量の骨があり（松田輝哉談)、子供のアイヌ墓かと推測している。

これらの墓壙の形状、埋葬の形態、副葬品、装身具などは、北海道内で一般的にみられる「近世アイヌ墓」に共通するものであり、この３基４体の伸展葬墓をアイヌ墓と想定して間違いはないと思われる。

【２－４】宮ノ沢川右岸地点のアイヌ資料

1999年、勝山館跡直下、館跡の出入り口に近接する宮ノ沢川右岸地点の発掘調査を行った。標高５～７ｍ、旧汀線まで20ｍほどである。Ko－d 火山灰(1640年降灰)の下層に位置し、出土品は唐津焼胎土目積皿を主とし、明末の染付けや志野の皿、少量の次段階の砂目積唐津製品や備前の擂鉢等が加わり、伊万里焼は含まれないことから、この地点の下限年代は慶長年間（前半カ）頃とできそうである。

◆宮ノ沢川右岸地点出土のアイヌ資料◆

写真3　太刀柄

写真4　イクパスイ

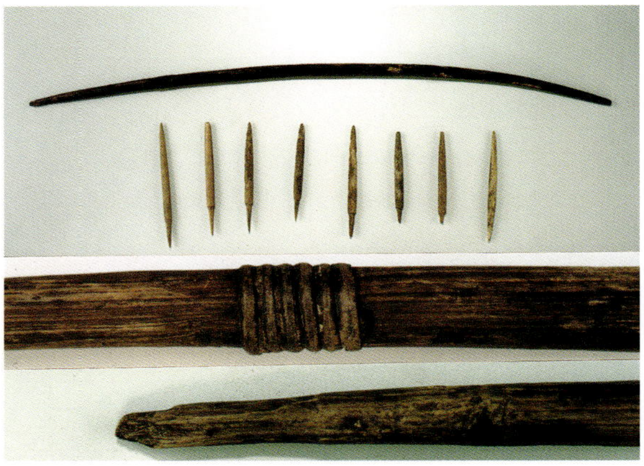

写真5　弓と中柄

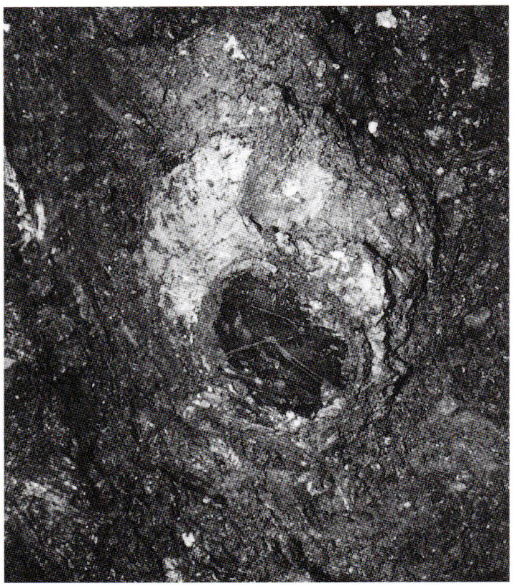

写真6　シロシ入漆器椀

写真2〜6　筆者撮影(但し写真4は左下1点以外松田輝哉氏撮影／写真1〜6　上ノ国町教育委員会蔵)

川辺りの水漬けに近い、30㎡ほどのこの発掘地点から大量の木製品が出土した。この中から鉾形代、羽子板などの加持祈禱具と一緒に４点のイクパスイ（捧酒箸・箆）、桜皮巻きの丸木弓、中柄、高台裏に刻印や朱漆書きの印のある漆器椀、桜皮巻きの太刀柄などが検出された（写真３）。４点のイクパスイのうち３点の表面両側には共通の刻みがある。さらにこのうちの２点の裏側にはシャチを表現するといわれる同じ印があり、他のひとつには三鱗状の印がつけられている（写真４）。表側の刻印が父方の祖系を示し、裏側の印が個人の所有印であるといわれる説に従うと、この４本のイクパスイから、祖系を同じくする２人と今１人の、計３人のアイヌの存在が浮かんでくる。４点のイクパスイは２×３ｍほどの小範囲内に近接しており、その中には漆器椀もみられ、この場での儀礼・儀式を想定できなくはない。

桜皮巻きの丸木弓は全長62㎝であり、アイヌの小弓に比しても短い。また、出土中柄は矢尻装着用のそれであり、両者の存在により弓矢が揃う形になっているが、実用品とは即断しかねるところである（写真５）。桜皮巻きと、つくりが丁寧であるところから儀礼用とも考えられるが、矢（柄）がともなっておらず、結論は保留せざるを得ない。アイヌが子供の時から遊びの中で弓矢や槍投げの稽古に励んだことが知られており、あるいはこうした子供の遊具かもしれない。

また、亼（イチヤマ）ないしは仝（イチヤマイチ）と刻印された漆器椀が出土した（写真６）。朱漆で×印が書かれたものもある。伝世アイヌ資料には、刻印のつけられた漆器が見られる。亼・仝のいずれも現在の上ノ国町内をはじめ、本州系の家印に通有の記号であるが、杉山寿栄男氏の集成した「アイヌのシロシ」の中に、時代は不明であるが、多数の本州系家印と同じ記号がみえる。[4]

いずれにしても、ここから出土した資料全体を見渡したとき、そこにアイヌの存在を想定することはそれほど無理ではないと思われる。

３―上ノ国・勝山館跡のアイヌ

勝山館跡第二・第三平坦面は客殿跡に象徴される勝山館の中心部分であり、蛎崎氏当主やその後の城代とそれに連なる一団の占有空間であったと考えられる。館後方の貝塚（ゴミ捨場）出土の陶磁器片と第二・第三平坦面出土陶磁器片の接合する例が複数あり、貝塚出土遺物が本来帰属し（使用され）ていたのは第二・第三平坦面であることがわかる。従って、貝塚から出土する多数の骨角器等の帰属も、同様であろう。そのことはとりもなおさず、それらを使用したアイヌが帰属した空間も、そこにあったことを示すものである。すなわち、当主蛎崎氏やそれに近い勝山館の中枢を担う一団にアイヌが属していたと考えられるのであり、特定の地区を限って隔離・隔絶された状態にはないといえよう。

彼らは、アイヌ自らの伝統を日常的に保持し、そのままに黄泉へ旅立っているようである。しかもその永眠の場所は勝山館を構成する一団の墓地（域）内であり、その墓は和人墓と隣り合ってつくられているのである。そしてそれはまた、勝山館廃絶直後に現在の上ノ国市街地に居を移した人々の中に、鉾形代や羽子板などの加持祈禱具を重用する和人と、狩猟に弓矢を用い、太刀を佩びイクパスイで神祀りすることを慣いとするアイヌの存在として引き継がれていたのであった。

4 —和人地のアイヌ

江戸時代前期の上ノ国にアイヌが居住していたことは、寛文９年（1669）のシャクシャインの戦いについて記す『津軽一統誌』にみえる。同書には、松前の東、知内（しりうち）・木古内（きこない）から亀田（現函館市内）までの間に、アイヌの集落やその長の名前が点々と記されている。膝下の松前についてはアンジェリスが、松前に生まれ育ったアイヌと他の地（から来た）のアイヌとの比較を述べている。また、北構保男氏によれば、寛永20年（1643）オランダ船が、アイヌを母にもち、和夷両語に通じるオリ（オエリ）と名乗る若い松前藩士あるいは船頭を通して、松前の情報を入手している[(5)]。

天正19年（1591）、豊臣秀吉による九戸攻めの時、毒矢を射させるべく九戸城内に引き入れられた２人のアイヌが、蒲生氏郷の前でイクパスイで所作する様子が記されている[(6・7)]。この城攻めに参戦した蠣崎（松前）氏が毒矢を射させるべく引き連れていったアイヌ勢の一部とも推されるが、南部町聖寿寺館跡出土の矢尻用の中柄や、下北半島の貝塚出土品からみると、東北地方北半の中・近世もまた道南と相似た状況と想定できるのではないだろうか。これについてはすでに文献史学の指摘するところでもある。

15世紀中頃、安藤氏一族の夷島渡海に前後して唐突といってよいほどに、道南部には館や館主が出現する。これらの地域では大規模な擦文時代の遺跡があまり知られず、その発掘調査も奥尻島青苗（あおなえ）や松前町札前（さつまえ）遺跡など数例に過ぎないこともあってか、東部・西部のアイヌの大勢力とその間の和人勢（地）、という地域割りが最初から成立しているような思い込みがあるように思われる。そのために、和人地から出土するアイヌに帰属すると考えられる資料は和人地に交易に来たアイヌの所産であるという結論が導き出されることが多くなるのではないだろうか。

和人地成立以前の道南には、擦文時代の終焉後、引き続き居住する人達がおり、その歴史が展開されていたことが見落されてきた感がある。これらの人達の一部が渡党の形成にかかわり、近世和人地内のアイヌとして記録に残されていると推される。海保嶺夫氏によれば、蠣崎〔松前）氏は渡党エゾの統一者であり、第５代慶広（初代松前藩主）は、エゾの長でもあり、その墓は固有の風習に従った可能性があるという[(8)]。少なくとも道南和人地に残るアイヌ語地名と思われるものは、コシャマインの戦い以前から存在していたはずであろう。和人地の中における異民族たるアイヌの混住ということが指摘されている。が、それはもともと夷島に居住していた人たちの中に、少数の「和人」が住み始めたというのが、その初期の様子だったのではないだろうか。

（1） 上ノ国町教育委員会　1980～2001　『史跡上之国勝山館跡Ⅰ～ⅩⅩⅡ　昭和54～平成12年度発掘調査整備事業概報』
（2） 松崎水穂　2001　「勝山館跡とその城下の謎――発掘調査20年の成果と課題」『北から見直す日本史』大和書房
（3） 前田正憲　1983　「骨角器」『史跡上之国勝山館跡Ⅳ』上ノ国町教育委員会
（4） 杉山寿栄男　1934　『北の工芸』北海道出版企画センター　1975復刻
（5） 近藤瓶城編　1902　「氏郷記」巻下『改定史籍集覧』第14冊　近藤活版所　臨川書店　1984復刻
（6） 北構保男　1983　『1643年アイヌ社会探訪記』雄山閣
（7） 金田一京助　1978　「アイヌの研究」『柳田国男の本棚17』大空社
（8） 海保嶺夫　1996　『エゾの歴史　北の人びとと日本』講談社

I—11

言語からみた北方の交易

中川　裕

1—キツネの方言差

チロンヌプcironnup[1]という単語は、近年では北海道観光用のパンフレットにも使われるので、専門家でなくてもそれがアイヌ語でキツネを表わす言葉であることを知っている人は少なくないだろう。一方、故手塚治虫氏の「シュマリ」という漫画のおかげで、スマリsumariがやはりアイヌ語でキツネを表わす言葉であることを知っている人もいるだろう。このふたつの語形の違いはひとことで言えば方言差であるが、その方言差の生じた理由を考えて行くと、アイヌ人と周辺民族との交易という問題につながっていく可能性があるのである。

服部四郎編『アイヌ語方言辞典』[2]によると、キツネに対してチロンヌプという語形が採録されているのは、幌別・沙流・帯広・美幌・旭川の各地となっている。また、知里真志保『アイヌ語分類辞典・動物篇』[3]では、「イブリ・ヒダカ・クシロ（シラヌカ）・トカチ」となっている。ただし同書では、「その他、日常語として用いなくとも、文芸語として用いる部落は方々にある。例えばチカブミ・クッチャロなど」と注記されている[4]。

一方、スマリの分布範囲は、『方言辞典』では名寄・宗谷・樺太となっており、名寄においてはスマリチロンヌプsumaricironnup、フレチロンヌプhurecironnupという語形も採録されている。八雲では「長万部以北ではsumariと言う」という情報も得られている。また『分類辞典』では、北海道で「テシオ・チカブミ」樺太で「全般」となっているが、知里は「この語は、昔はかなりひろい範囲に用いられたのではなかろうか？　地名がそれを思わせる」と注記しており、「イブリ国ヤマコシ郡」「ヒダカ国サル郡」「シリベシ国シマコマキ郡」「イシカリ国ウリウ郡」における、スマリを含むと思われる地名の例を挙げている[5]。さらに、田村すず子『アイヌ語沙流方言辞典』[6]では、スマリについて「おとなしい言葉、cironnup チロンヌプは悪口、ぶっつけて（＝直接的に）キツネという言葉[7]」と記述されており、この語形が同方言にもあることと、チロンヌプとの間に文体差があることが示されている。

これらの分布を見ると、スマリという語がかつては樺太・北海道全土にわたって広がっていたらしいこと、およびチロンヌプがおもに北海道太平洋沿岸を中心とした地域に分布する語で、旭川・

写真1　秦檍丸『蝦夷島奇観』（1800年）に描かれたキツネ用の罠

写真1　個人蔵（大塚和義氏撮影）

名寄などの道央部にも広がっているものの、その地位は太平洋岸ほど確立したものではなく、宗谷・樺太までには及んでいないことがうかがえる。

こうした分布に加え、スマリがそれ以上語源分解の不能な語（一次語）であるのに対して、チロンヌㇷ゚が派生的に構成された語（二次語）であることを考えあわせると、アイヌ語でキツネを表わす語形は古くはスマリであり、太平洋岸のどこかでチロンヌㇷ゚という新しい語形が発生して、そこを中心にスマリに置き換わって行ったということができそうである。

2―なぜチロンヌㇷ゚と呼ばれるか

この語形の新古関係は純粋に言語学的な観点から導き出したものであるが、これらの地域でスマリがチロンヌㇷ゚に置き換えられた理由を考えるには、当然のことながら言語外的な要素を考える必要が生じてくる。

『分類アイヌ語辞典』では、チロンヌㇷ゚という語について、次のように記述している。

> cironnup［<ci-我々が、ronnuどっさり殺す、-pもの；‘我々がどっさり殺すもの”えもの”けだもの’］【中略】注；──この語は、今一般にキツネをさすが、もとはもっと意味がひろく、村のうしろの野山でどっさり取れたケダモノ類、──キツネばかりでなく、エゾタヌキや、エゾテンや、エゾイタチや、ウサギや、カワウソや、シマリスなどもさし、またイルカをもさしたらしい。[(8)]

これは、エゾタヌキをレブンでモユㇰチロンヌㇷ゚moyuk-cironnup（<moyukタヌキ）、およびキタミでチロンヌㇷ゚、エゾテンをクッシャロでポンチロンヌㇷ゚pon-cironnup（<pon小さい）、エゾイタチをイブリ・ヒダカ・チカブミでウパㇱチロンヌㇷ゚upas-cironnup（<upas雪）などと呼んでいることに基づいて述べられたものである。このような用法でのチロンヌㇷ゚の分布も、キツネを指す場合よりはやや広いが、それでも宗谷・樺太までには及んでいない。

ここでチロンヌㇷ゚と対照するために、シカを表わすユㇰyukという語について見てみよう。『分類アイヌ語辞典』ではユㇰについて次のように記している。

> この語は、いま、もっぱらシカの意に用いられるが、もとはもっと意味がひろく、狩のえものの中でその肉が食料として重要であったクマ・シカ・エゾタヌキ等のどれをもさす名称であった。[(9)]

これは、シユㇰsi-yuk（<si大きな）が雄グマの成獣を、ホクユㇰhoku-yuk（<hoku夫）が雄グマを、モユㇰmo-yuk（<mo小さな）がエゾタヌキを指すことなどに基づいて述べられたものである。また同書では、樺太の説話中ではクマをユㇵyuh（<yuk）と呼ぶとも述べられている。[(10)]

このふたつの記述を考えあわせると、少なくとも北海道太平洋岸を中心とした方言では、陸獣のうちの比較的大型のものをユㇰで総称し、小型のものをチロンヌㇷ゚で総称していたと考えることができるが、知里の言うように、ユㇰが「その肉が食料として重要で」ある獣の総称だと考えるならば、チロンヌㇷ゚と呼ばれる獣たちの方にも、大きさ以外になにか名称を規定する要素が考えられそうである。

チロンヌㇷ゚の語根であるロンヌronnuは、ライケrayke「〜を殺す」という動詞の複数形である。それゆえ、知里はこれを「どっさり殺す」と訳したのだが、なぜこれらの小型獣がそのような語で呼ばれるのだろうか？　言い換えれば、「どっさり」捕られた目的はなに

写真２　毛皮の衣を着たアイヌ女性
（谷元旦　1799『蝦夷風俗図式』）

かということだが、これらの獣たちが食料として重要だったとは考え難い。むしろ、（イルカは別として）これらの獣に共通しているのは、その毛皮をおもに利用する毛皮獣であるということである。

もちろん、クマやシカの場合も、食料としてだけでなく毛皮獣としての要素も大きなものであった。そして、それら大型獣の毛皮も、チロンヌㇷ゚と呼ばれる小型獣の毛皮も、彼ら自身の衣料品として利用するためのというより、むしろ他民族との交易の商品としての重要性の方が、（少なくとも近世においては）高かったと思われる。

たとえば、『アイヌ民族誌』[(11)]には「獣皮衣、鳥皮衣および魚皮衣などは、現在では博物館などに少数保存されているだけであって、民間にはほとんど存在しない[(12)]」と記されており、また、アイヌ衣服研究の現在の第一人者である児玉マリも「北海道アイヌも古くから獣皮衣を着用していたことが分かるが、現存しているものは樺太アイヌのものがほとんどで、北海道アイヌのものはまだ実際に目にしたことはない[(13)]」と記している。このようなことから、アイヌ人の伝統的生活においては、獣皮衣そのものが早くから樹皮衣や木綿衣にとって代わられていたと思われる。そのことは、少なくとも北海道アイヌにおいては、皮なめしの専用具というものが全く伝わっていないことにも反映している。

陸獣の毛皮がおもに商品と考えられていたということは、アイヌ語の上にも反映されている。日高や千歳地方の散文説話にはチホキ cihoki という語がよく登場するが、これは ci-（再帰・自発）hok「買う」hi「もの」という語構成の語で、直訳すれば「買われるもの」すなわち「商品」である。この語は辞書によっては「交易の売り物、商品（薫製、熊の肉の干物、熊や鹿の皮を干したもの等）[(14)]」などと記述されている場合もあるが、「Merchandise. Skins and furs. 商品。皮と毛皮[(15)]」「毛皮類[(16)]」など、特に毛皮を指すと解釈されている場合が多い。

B・ピウスツキ『アイヌ言語民俗研究資料』第13話中には、Tékoro porónno čisóki újna an.[(17)] という文が出てくる。この文は「非常にたくさんチソキが（罠に）かかっていた」と訳すことができ、このチソキは文脈からいけば獣そのもの（後の文章で hójnu「テン」であることがはっきりする）と解釈されるが、ピウスツキはその註において、「čiooki【筆者註：čisoki の誤植】は čihoki『毛皮』の同義語。文字通りには『売り物』を意味する。毛皮は同地ではかなり以前から重要な商品であった[(18)]」と述べている。

このようにチホキ、チソキという語は北海道と樺太にまたがって、交易用の毛皮を指す語として分布しており、毛皮がアイヌ社会全体において古くから交易の商品として重要視されていたことを、如実に表わしている。したがって、食料としてクマ・シカほど重要なものではなかったと考えられるキツネなどの小型獣がロンヌされた理由は、交易用の毛皮をとるためだと考えてほぼ間違いないだろうし、それが小型の毛皮獣の総称としてチロンヌㇷ゚という

写真２　田中勢一郎氏蔵

語形が生まれた背景であると考えられる。

3—交易の変化とアイヌ語の変化

では、なぜその語形が北海道の太平洋岸を中心に広まったのであろうか。この問題に明確な回答を与えることは困難だが、関連づけられそうな事実をあげてみる。

チロンヌㇷ゚という語形が樺太には分布しておらず、北海道のみに広がる語形であるということからは、和人との関係で生じた語形であることが考えられるが、南鉄蔵『改定北海道総合経済史』[(19)]を参考に、対和人交易においてこれら小型獣の果たした役割を探ると、松前藩政下においてはあまり大きなウェートを占めていなかったらしいことがうかがえる。

たとえば、『津軽一統志』の寛文9年（1669）の条によると、西在西蝦夷地から本州方面に出荷された産物は「真羽・ねっぷ・こっぴ・あざらし・熊皮・鹿皮・鶴」となっており、東在東蝦夷地から本州方面に出荷された産物は「熊・鹿・真羽・らっこの皮・鶴」となっている[(20)]。このうち「ねっぷ」は「アザラシの雌」、「こっぴ」は「オットセイの類」ということで、真羽は鷲の尾羽であるというから、ワシタカ類・ツル・クマ・シカ・海獣がおもな商品であったことがわかる。

時代が下って、天明8年（1788）の『東遊記』の記録にも「松前エゾの産物数多限りなしと言へども取集て交易せる物は大概左の如し……羆・鹿・獺虎・膃肭臍・海豹・鷹・鵰・鷲・䳑・鯡子・鮭・鰒魚・熬海参・昆布・魚油[(21)]」となっており、小型毛皮獣が交易商品として特に重用視されている気配はない。

しかるに、幕府直轄時代に入るとこの点で大きな変動が見られる。それは、文化6年から9年（1809～12）にかけて、樺太・宗谷などのアイヌ人の山丹人に対する負債を幕府が肩代わりし、その代わり山丹人との交易をアイヌ人に代わって直接行うことになったということによる。当時アイヌ人から山丹人へ「輸出」されていた商品としては「本島の狐皮・獺皮・貂皮及び熊胆・鷲尾等の狩猟物が重要の地位を占めていた[(22)]」ということで、それらを幕府が道内のアイヌ人から直接買付けるようになったということによって、当時のアイヌ人の生活に大きな変化が及ぼされたとしても不思議はない。

『北海道総合経済史』に従えば、「(幕府は) これを契機として一挙に清国の樺太支配を排除しようとした（中略）従ってそれ以来は（中略）幕府も格段と山丹向け軽物の蒐集に主力を注ぐようになった[(23)]」ということであり、同書ではそれを具体的に示すものとして、安政から元治にかけての、東西蝦夷地における幕府のキツネ皮・カワウソ皮・テン皮の買付調書を紹介している。

この幕府の方針によって、それまでにも山丹人との交易に関係していた北蝦夷地・西蝦夷地ばかりでなく、山丹交易とは直接関わりのなかった東蝦夷地（北海道太平洋岸）の人々も、キツネなどの小型毛皮獣の大量捕獲に乗り出した可能性が十分に考えられるだろう。そしてそのことが、それらの獣に対するチロンヌㇷ゚「我々がどっさり殺すもの」という総称を、この地域に広めることにつながった可能性もあるのではなかろうか。

もっとも、チロンヌㇷ゚という語自体がそのことによって発生したということはなさそうである。文政7年（1792）に成立した当時最大のアイヌ語辞書である上原熊次郎の『もしほ草』にはすでに、「狐」の項に「チロンノプ▲シユマレ▲フーレップ[(24)]」とあり、また「銀鼠」という項に「シヤチリ」の他に「ウバシチロンノプ[(25)]」の語形も見られるからである。

しかし、本来固有語の名前を持っていたこれらの動物が、このような即物的といってもよい名称によって総称されるようになったことと、上記のようなそれを取り巻く社会的状況の変化の間になんらかの関連を推測することは、意味のないことではなかろうと思われる。

（1） 方言によってはチロンノㇷ゚ cironnop とも呼ばれるが、ここではチロンヌㇷ゚ cironnup で代表させる。
（2） 服部四郎編　1964 『アイヌ語方言辞典』岩波書店、p.186
（3） 知里真志保　1962 『分類アイヌ語辞典・動物編』『知里真志保著作集』別巻1　平凡社、p.143　頁数は平凡社版による
（4） 同上書、p.143
（5） 同上書、p.144
（6） 田村すず子　1996 『アイヌ語沙流方言辞典』草風館、p.683
（7） 同上書、p.683
（8） 知里前掲書、p.143
（9） 同上書、p.171
(10) 同上書、p.157
(11) アイヌ文化保存対策協議会編　1969 『アイヌ民族誌』第一法規
(12) 同上書、p.209
(13) 児玉マリ　2000 「アイヌの衣服」『白い国の詩』2000年12月号、p.6
(14) 田村前掲書、p.49
(15) Batchelor, John　1938　*An Ainu-English-Japanese Dictionary,* 4th ed., Iwanami, p.74.
(16) 萱野茂　1996 『萱野茂のアイヌ語辞典』三省堂、p.312
(17) Bronislav Pilsudski　1912　*Materials for the Study of the Ainu Language and Folklore,* Cracow, p.133
(18) 同上書、p.136
(19) 南鉄蔵　1976 『改定北海道総合経済史』国書刊行会
(20) 同上書、p.78
(21) 同上書、p.233
(22) 同上書、p.279
(23) 同上書、pp.395-396
(24) 金田一京助解説・成田修一撰　1972 『アイヌ語資料叢書　藻汐草』国書刊行会、51丁表
(25) 同上書、51丁裏

I-12

ナマコ交易とチャイナ・コネクション

秋道智彌

1 ― ナマコ交易の社会生態史

　航空機の発達した現代世界では、あらゆる産物や商品が地球上の東西南北を駆けめぐっている。水産物を例にとれば、世界で最大の水産物輸入国である日本には、成田漁港・関西漁港の異名をもつ空港がある。海運・陸運に依存した近代以前であっても、海の産物は産地の周辺部だけでなく遠隔地へと輸送された。なぜ、水産物を遠くへと運ぶ必要があったのか。その理由は、水産物にそれだけ経済的な価値があり、商品や貢納品としての魅力があったからに他ならない。

　ここでとりあげるナマコは、いうまでもなく中国を主要な消費市場とする国際商品である。現在はインドネシアからの輸入量がもっとも多いが、過去においても生産地域やその輸出量の比率がおなじであったわけではけっしてない。これにはいくつもの要因が関与しているが、決定的に重要と思われる点は輸入国である中国と生産地や輸出国との国際的な関係、つまりチャイナ・コネクションの歴史的変化といえるだろう。以下、ナマコの生態的な分布と生産から集荷、交易に関わる問題をアジア・オセアニア的な広がりのなかで検討してみたい。

2 ― ナマコ食の展開――北と南

　ナマコは世界的にみると、寒帯から熱帯にいたる広い海域に生息する底生動物である。ナ

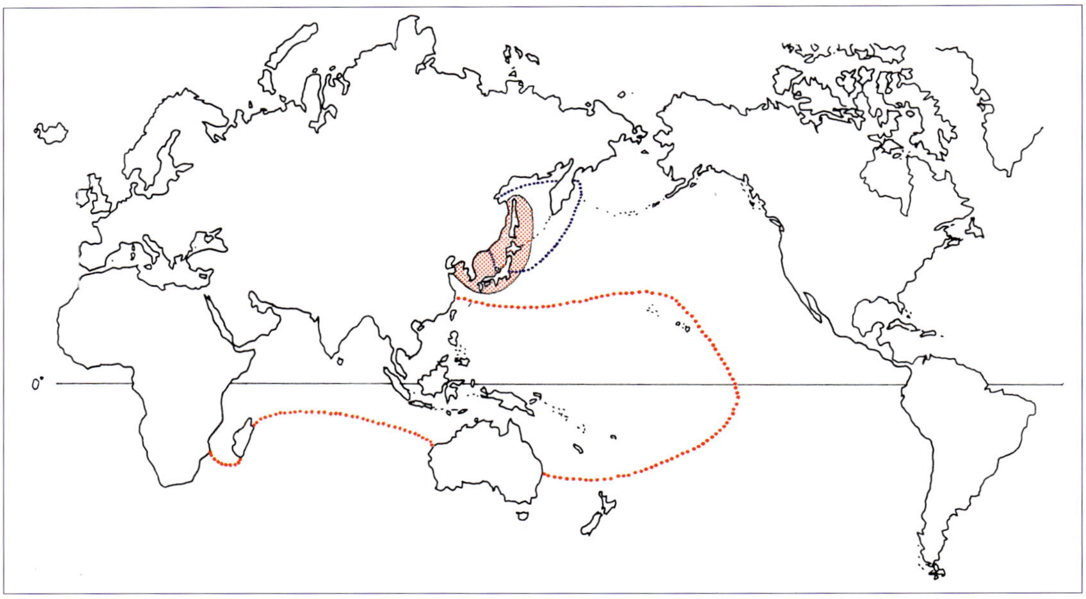

図1　北と南のナマコの分布例
Stichopus japonicus（マナマコ）：　　　*Cucumaria japonicus*（キンコ）：・・・　*Actinopyga mauritiana*（いわゆる鞋海参）：●●●

図1　大島　1974をもとに筆者作成

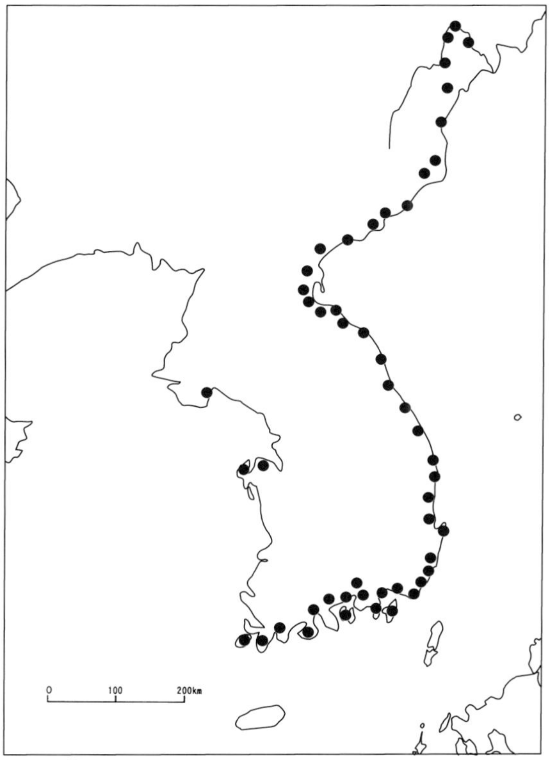

図2　『新増東国輿地勝覧』にみられる「海参」（ナマコ）を産地とする地域の分布（●印）

マコを食用とする文化も意外と広い範囲に分布する。鶴見良行氏が指摘するようにナマコ食はゼラチン嗜好の代表例である。ナマコ食をツングース系の狩猟民族が生み出した食文化であるとすれば、朝鮮半島から沿海州、樺太の北東アジア沿岸域にその起源地があることになる。古代日本では、平城京址出土の木簡や平安時代の『延喜式』に海鼠・熬海鼠・海鼠腸（このわた）の記述があり、ナマコは日常的な食物としてよりも贄（にえ）・調・神饌として宮中や神社に貢進される儀礼食的な意味をもっていたといえる。

東・東北アジア以外の東南アジアやオセアニア地域では、ナマコを生食したり、煮る・焼くなどして日常的に食用とする地域が広くある。パラオやサモアではコノワタも利用される。しかし、東南アジア・オセアニアでは、ナマコを献上品や交換財として使うことはなかった。

中国においてナマコは滋養・強壮・薬用の素材としてすでに隋唐時代から食用とされていたとおもわれる。明清時代以降には一般にも普及した。こうしたナマコの需要増加にともない、中国周辺のみならず遠隔地からの交易が展開することとなった。

ナマコの種類と分布域は、中～高緯度の北方海域と低緯度の南方海域とでは顕著に異なっており、そのちがいが中国向けの交易品にも反映した。まず日本の本州から朝鮮半島・遼東半島・沿海州・樺太・カムチャツカ半島にかけての海域では、種類は多くない。そのほとんどが表面に突起のある刺参であり、日本ではマナマコとフジコ（キンコ）が重要であった（図1）。李氏朝鮮の地誌『新増東国輿地勝覧』(1466) のなかで、「海参」を産するのは半島東部から黒龍江下流部とされており（図2）、このなかには、種類は不明であるが黒龍江河口部に産する紅旗参、朝鮮半島沿岸域の金海参、会稽海参、高麗参などを含み、いずれも刺参である。

いっぽう、奄美以南の琉球列島・東南アジア・オセアニアのサンゴ礁海域では、生息するナマコの種類数はたいへん多い。南方海域産のナマコはそのほとんどが体表面に突起のない無刺参（あるいは光参）である。ちなみに、北方産のナマコは黒、南方産のものは白と称された。たとえば明治初期の資料にある琉球列島産のものとしては、榕海参(カズマルイリコ)、縮緬海参(チリメンイリコ)、鞋海参(ゾウリゲタ・図1)、目羽屋海参(メバヤー)、黒海参(クロソーイリコ)、白鼠海参(シロジーサー)、志比宇海参(シビーイリコ)、左馬阿海参(サバアー)、美波加海参(ミハカー)、日赤海参(ヒアカー)、布比阿加海参(フヒアカ)、羽地海参（ハネジイリコ）の12種類が含まれる。このうち、日赤海参と上記に含まれないリーサン(漢語不明）の2種類がとくに重要であったという。

東南アジア・オセアニア産のナマコも琉球列島産のものと類似した種類構成からなっている。19世紀初頭と20世紀初頭における交易品となるナマコの種類を検討した赤嶺淳によると、マカッサルでは19～20世紀ともに12種類、20世紀のシンガポールと上海でそれぞれ11～13種類となっている。興味あることに、商品として集荷されたナマコの種類数はほぼ12～13種類であり、そのなかには白石参、烏参、石参(岩参)、禿参(脱参)、赤参、梅花参、大肉参(玉参)、花虫参などが含まれる。以上のように、北方産のナマコの種類数は少なく、南方産の

図2　『新増東国輿地勝覧』により筆者作成

写真１　採集されたナマコ
（ソロモン諸島・マライタ島）

写真２　ナマコとコノワタ。パラオではコノワタが生食される
（ミクロシア・パラオ諸島）

写真３　市場で売られているナマコのびんづめ　（ミクロシア・パラオ諸島）

写真４　ドラム罐を半分に切った容器でナマコを煮沸する
（ソロモン諸島・マライタ島）

写真５　湯がいたナマコを媒乾する。薪はマングローブ材を使用する
（ソロモン諸島・マライタ島）

写真６　媒乾したナマコをさらに天日干しする作業
（ソロモン諸島・マライタ島）

写真７　採集されたアゲムシ。パラオ語で ngimes と呼ばれる高級種
（ミクロネシア・パラオ諸島）

写真８　薬屋で売られているナマコ。左が刺参　（シンガポール）

写真９　アバディーンの水上海鮮レストラン。こうした場所でナマコ料理が振る舞われる　（香港）

ものの種類数は格段に多い点を確認できる。

種類数の少ない北方産ナマコを中国に輸出するさいには、等級別の選別が行われた。たとえば、幕藩体制下で長崎俵物会所に集荷されたナマコは、製品の大小・良否にしたがって番立（4.5寸から１寸以内までの10等級）と価格をきめる品質管理が幕府によって徹底的に行われた。しかし明治期にはこうした集荷体制が瓦解し、結果として品質のバラツキがあるままに「込み」で出荷するようになり、価格の低下は免れ得なかった。明治政府もこの点に危惧感を抱き、現場にたいする集荷体制の指導や自発的な対応を要請している。

種類数の多い南方産のナマコにも、大きさによる価格差があった。たとえば、インドネシアでは、種類ごとに大(besar)、中(tengah)、小(kecil) に、さらに最大級のもの (terbesar) と極小のもの (terkecil) が区別される。ガマ (gama) と呼ばれるナマコ (TG: tripang gama) の場合、TGTB(極大)、TGB(大)、TGT(中)、TGK(小)、TGTK (極小) の５等級に記号化して価格が決められた。こうして12種類のナマコがあれば、等級別に60の異なった価格のものが設定されることになる。しかし大きさよりもナマコの種類ごとの価格差があり、その比率は10倍から20倍ちかくもあった。高級種の最低価格が、低級種の最高価格を上まわることもあった。最近では、高級種とともに低級種のナマコが大衆料理のな

写真１〜９　筆者撮影

かで用いられるようになり、ナマコ交易の多様化を助長することになっているという。

明治10年代の資料では、日本からのナマコはおもに上海と香港に向けて輸出されたが、このうち、上海向けが多く香港向けの数量は上海向けの10分の１にしか過ぎなかった。北方産のナマコへの需要は、大きさに応じて中国国内での消費地が分かれていたことは注目に値する。大型のもの(北京)、中型のもの(中国全域)、小型のもの（江蘇・浙江・福建）とで消費地に差異があったわけである。これにたいして、南方産ナマコの輸出先はかつてはマニラ・マカッサルなどから広州やマカオに、のちに香港にその中心が移ったが、広西・浙江・福建などに消費の中心があったとおもわれる。なお琉球王国産のナマコはもっぱら福州へと輸送された。生産地と消費地が交易史のなかで一定の対応関係を育んできたことは興味ある。

３—ナマコとチャイナ・コネクション

ナマコ交易が中国向けに収斂した背景には、中国国内におけるナマコ需要が常にあった。17世紀から20世紀にかけての時代を通覧すると、中国のおかれていた国際関係はナマコ交易をどのように規定したのであろうか。その点で、17世紀以降、アジア世界に登場する西欧の国ぐにがナマコ交易に果たした役割を検討しておく必要があるだろう。

鶴見氏は、スペイン・オランダ・イギリスなどがアジア世界において植民地主義システムを導入したさいに、ナマコをそのシステムに組み込むことができなかった。つまり、コショウ、チョウジ、ナツメグなどの香料交易や、プランテーション経営における商品作物とおなじように、中国向けのナマコ交易を運営することができなかったとしている。

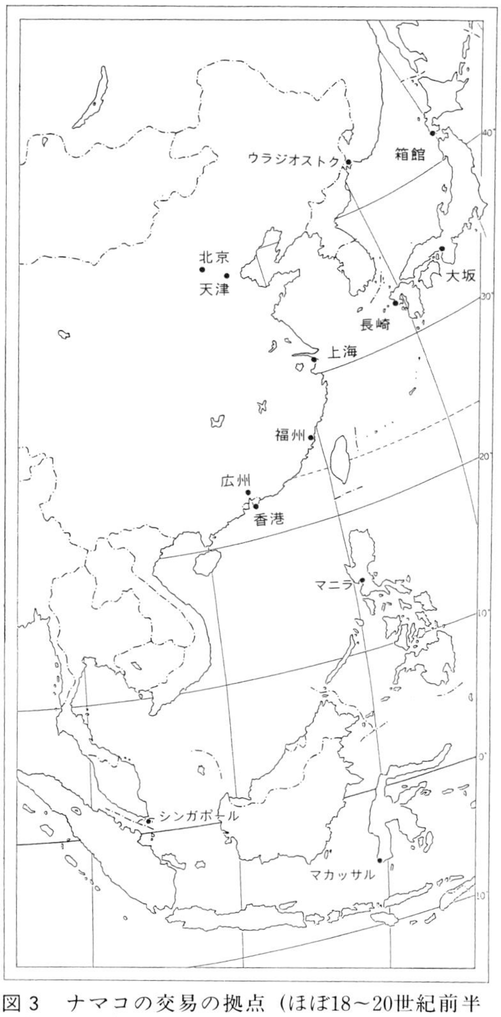

図３　ナマコの交易の拠点（ほぼ18～20世紀前半期に登場する主要な地名）

日本の幕藩体制下では、ナマコとともにアワビ、フカひれ、スルメイカ、コンブ、テングサなどの水産物が17世紀後半以降、俵物として国家統制のなかで取り引きされた。また生産現場でもナマコ漁の漁期は当初、冬季に規制されていたが、のちに周年型になり捕獲可能な大きさの制限もなく、もっぱら生産増が優先された。さらに初漁期に試験操業を実施し、その年の生産高を予測して長崎俵物役所に報告することが行われた。つまり幕藩体制下では、生産現場の各浦から長崎にいたる国内の集荷・交易機構は輸出を最優先し、けっして資源管理を配慮したものではなかった。李朝においても同様に、国家機構が生産から流通を掌握した上で交易を実施したものと考えてよい。

琉球王国時代、琉球王府は八重山諸島の住民からナマコを徴収するように指示を地元の役人を通じて与えていた。これらのナマコは、タイ

図３　筆者作成

マイのように薩摩藩を通じて国内に流通するのではなく、琉球から直接、中国の福州へ輸送された。その数量は1836年には最大となり、日本国内から長崎経由のナマコ輸出にも重大な影響をあたえ、福建省の商人が長崎奉行に琉球産ナマコの輸出を規制するように訴えている。

フィリピン南部のスル王国の場合も、18世紀中葉に進貢船を清朝に４度ほど派遣している。ナマコ交易という点で、琉球もスル諸島も華夷秩序における朝貢交易の性格をもっていたわけである。サンゴ礁地域におけるイスラムの小国家スルの国家財源はナマコであった。18世紀後半当時、西欧列強はスル諸島で鉄砲と阿片を売り、その見返りにナマコを獲得してそれを中国の広州や香港へと運んで利益を得ていた。鉄砲の導入はスル王国の支配者にとり海賊行為を強化し、フィリピン中部のビサヤ諸島住民を奴隷としてナマコ採集や強制労働に駆り立てる上で十分な意味をもっていた。ナマコ産業はこうした背景で成立した。インドネシア・スラウェシ島南部のマカッサン（Macassan）と呼ばれる人びとは17世紀以降、オーストラリアへナマコ遠征漁を行い、そこで現地のアボリジニらと協同でナマコ漁を行っていた。重要な点は、かれらのナマコ交易に西欧の植民地的な支配関係が介在したわけではなかったことである。

ナマコ交易においては、オセアニアにおける状況は西欧の関与があった点で東南アジアと顕著に異なる。18世紀以降、オーストラリア東部のグレートバリア・リーフやトレス海峡域では、英国船が中心的にナマコ採集にあたった。フィジーでも19世紀に諸島周辺で白檀採取や捕鯨業に従事したヨーロッパ商人にとって、ナマコは重要な輸出産品であった。ソロモン諸島やニューヘブリデス諸島でも、ナマコ採集は英国やフランスの植民地勢力を背景としたヨーロッパ商人が中心となり現地のメラネシア人を使役して集荷した。ポリネシアのタヒチでも、西欧主導のナマコ漁が行われ、カリフォルニア経由で中国に輸出された。

以上のように、アジア・太平洋における近世・近代におけるナマコ交易は、チャイナ・コネクションの面から見ると、(１)日本・李朝・スル王国・琉球王国との朝貢交易、(２)華人商人や漁民、交易民らのネットワークによる交易、(３)西欧列強の主導による植民地経営的な交易、の重層的な関係の上に成立していたのである。

【参考文献】

赤嶺淳　2000 「熱帯産ナマコ資源利用の多様化――フロンティア空間における特殊海産物利用の一事例」『国立民族学博物館研究報告』25巻１号、pp. 59-112

秋道智彌　1995 『海洋民族学』東京大学出版会

荒居英次　1975 『近世海産物貿易史の研究』吉川弘文館

朝鮮民主主義人民共和国科学院古典研究室（原本発行） 1976 『新増東国輿地勝覧』第１－４巻・索引　国書刊行会　佐藤今朝夫・発行

Macknight, C. C.　1972　Macassans and Aborigines, *Oceania* 2 (4), pp.283-321.

真栄平房昭　1999 「琉球王国における海産物貿易――サンゴ礁海域の資源と交易」秋道智彌編『海人の世界』同文館、pp. 219-236

溝口雄三・浜下武志・平石直昭・宮嶋博史編　1993 『アジアから考える２　地域システム』東京大学出版会

農商務省水産局編纂　1983 『日本水産製品誌』岩崎美術社　復刻版

小川国治　1973 『江戸幕府輸出海産物の研究――俵物の生産と集荷機構』吉川弘文館

大島廣　1974 『ナマコとウニ――民謡と酒のさかなの話』内田老鶴圃新社

太田貞太郎　1915 『輸出海産物貿易』水産書院

鶴見良行　1993 『ナマコの眼』ちくま学芸文庫

II

サハリン島・アムール川流域

樺太アイヌの大陸交易

佐々木史郎

1－モンゴル軍の樺太遠征と支配

アイヌの人々、特に樺太（現在のロシア連邦サハリン州）にいた人々は大陸側のアムール川下流域や沿海地方の諸民族と緊密な接触、交流の歴史を築いてきた。それがいつから始まったかは先史時代の彼方にかすんで、定かではないが、考古学的には少なくとも北海道や樺太の住民が大陸側の住民と後期旧石器時代からなんらかの交流を行っていたことは事実とされている。ただし、考古学的に証明できるのは、石器や土器などの残りやすいものの交流の痕跡だけで、それ以外になにがもたらされたのか、また如何に交流がなされたのかといった点については、わからないことが多い。

アイヌの祖先たちと大陸側の住民との交流に画期的な転機をもたらしたのは、13世紀後半から14世紀前半にかけて続いたモンゴル（元）のアムール支配と樺太への遠征であったことがしばしば指摘されている。それによって、樺太に関する記録が飛躍的に増加し、考古遺物だけでなく歴史文書からもアイヌと大陸との交流史を知ることができるようになるからである。モンゴル軍の樺太遠征は、樺太における「骨嵬」（Kugi）と「吉烈迷」（Gilemi）の対立に起因するという。樺太を南から北上する骨嵬に対し、アムール川河口から樺太にかけての地域を地盤としていた吉烈迷が、ヌルガン（現在のトゥィル村）に東征元帥府という拠点を築いてアムール川下流域を支配しようとしていた元朝に対して救援を求めたのが、モンゴル軍の樺太への遠征の直接の原因とされている。元朝とはモンゴルの5代目の大ハーンであったフビライが中国に築いた王朝である。

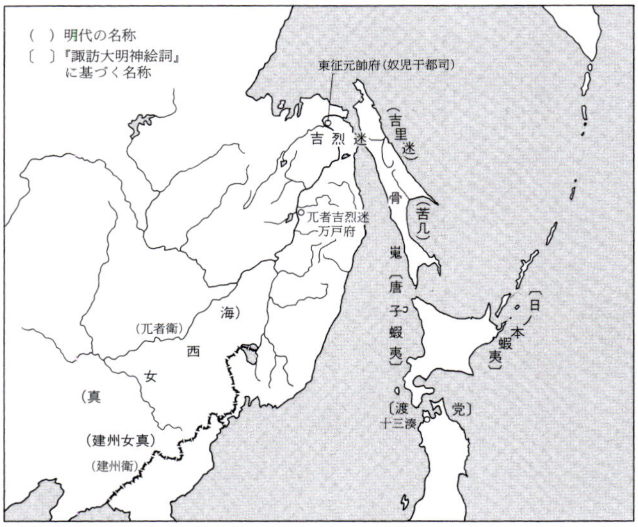

図1　13～15世紀の東北アジア情勢

写真1　東征元帥府が置かれていた地点の遠景（トゥィル村）

図　佐々木史郎　1994　「北海の交易――大陸の情勢と中世蝦夷の動向」『岩波講座日本通史』第10巻　岩波書店、p. 325より
写真1　大塚和義氏撮影

写真２　クロテン

写真３　青地蟒袍

このモンゴル軍の樺太遠征と骨嵬との戦闘、そしてそれをきっかけとした骨嵬の元王朝への朝貢は、樺太、アムール川下流域における経済構造と社会構造を大きく揺さぶったと考えられる。元王朝は武力で屈服させた骨嵬や吉烈迷（本格的な戦闘を行ったというよりも、武力を見せて威嚇したという方がより事実に近いかも知れない）を皆殺しにしたり、移住を強制したりはせずに、彼らに毛皮の朝貢を求めた。朝貢には必ず多大な恩賞がある。つまり、毛皮と恩賞とが交換されるわけで、それによりこの地域における物流が大きく変化したのである。また、朝貢を徹底させるために王朝が地元から首長を任命するが、それがその地域の政治勢力地図を塗り替えることになり、社会を大きく揺さぶることになる。

樺太やアムール川下流域は14世紀半ばまでは元朝に、15世紀初めには明朝に支配される。1435年以降この地域は再び歴史記録から姿を消すが、おそらく元明時代の朝貢体制の名残りである毛皮を主要な商品とした交易活動は維持されたと考えられている。のちにヌルハチによって統一される中国東北地方の女真諸族（ツングース系の言語を話す集団）は明朝との毛皮交易で経済力と軍事力を増強させていくが、その毛皮を供給していたのがこのアムール川下流域と樺太だったのではないかと想像される。

2 ─清王朝の支配と毛皮の貢納

アムール川下流域から樺太にかけての地域に展開した交易活動をかつてないほど活性化させたのは、このヌルハチが築いた清王朝であった。清は1652年に始まるロシアとのアムール川の領有権をめぐる局地的な小競（こぜ）り合いに勝利するごとに、その勢力範囲をアムールの下流へと広げた。そして1689年のネルチンスク条約によって正式にアムール川流域を版図とすると、早速翌年に兵力を河口近くまで送り込み、樺太のアイヌをも含む人々に朝貢を督促した。そして、その後1732年までたびたび樺太まで役人や兵を送り、樺太の南部を除く全域をその勢力圏におさめた。

清朝のアムール川下流域と樺太に対する統治政策は基本的には元や明の時代と同じく、毛皮の貢納を義務づけることにあった。清朝は毛皮の貢納を要求する住民をハラ（hala：父系の氏族）とガシャン（集落）に登録し、それぞれに長を任じて地域の治安を守らせるとと

写真２　筆者撮影（ハバロフスク郷土博物館蔵）／写真３　北海道開拓記念館蔵

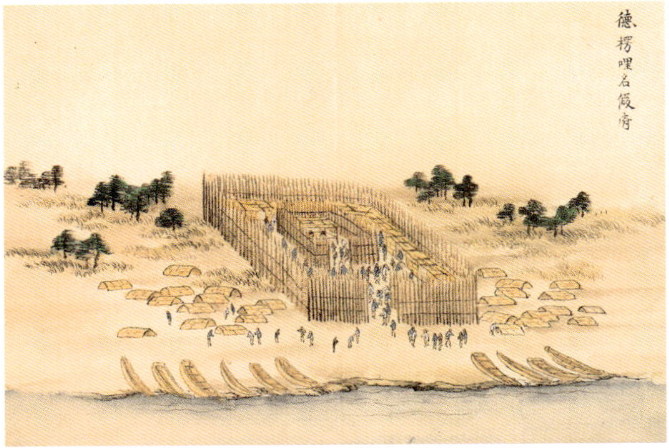

図２　間宮林蔵が訪れたデレン

写真４　デレン跡の現在

図３　交易の喧噪に包まれるデレン

もに、毎年毛皮をとりまとめて清朝の役所に配送することを義務づけた（1750年までに56のハラ、2398戸が毛皮貢納民として登録された）。毛皮貢納者には基本的に綿織物を中心とした恩賞を与えたが、ハラの長（ハラ・イ・ダ）やガシャンの長（ガシャン・ダ）には特別に役人の制服である絹の官服（蟒袍(マンパオ)・緞袍(ドンパオ)などと呼ばれた）を毎年支給した。また一種の懐柔策として、毛皮貢納民の中で特に多くの毛皮を払う者には満洲旗人（当時の中国社会では貴族に相当する）の養女をめとって姻戚関係を持つ権利も与えられた。さらには、毛皮貢納民には貢納の場所での役人や商人との間の商取引も許可されていた。このような清朝の政策がこの地方を政治的に安定させ、また交易の経済的な基盤となっていた。

清朝はアムール川下流域や樺太からの毛皮貢納を管轄する役所を、当初は牡丹江の中流にあった寧古塔に、1780年からは牡丹江と松花江の合流地点である三姓（現在の黒龍江省依蘭市）に設置して、基本的には貢納民がそこまで毛皮を持参するように規定した。しかし、アムール川の河口周辺や樺太などの遠隔地の貢納民に対しては、彼らの居住地に出張所を設け、毎年夏に役人をそこまで派遣して毛皮の収貢と恩賞の頒布を行った。清朝全盛期の乾隆時代（1736～95年）にはアムール川から樺太へ向かう交易路の分岐点であったキジ湖の出口に出張所が設けられていたことが知られている。しかしそこは住民とのトラブルのために1798年には使われなくなり、1808～09年の有名な間宮林蔵のアムール探検の頃にはそこより上流のデレンというところに設けられていた。出張所は毛皮貢納の儀式が行われるとともに、交易の場でもあったことから、毎年夏には市が立つことになった。そこにはアムール・樺太の各地域から人々が集まっていたようで、林蔵が訪れた時にも500～600人は滞在しており、交易の喧噪に包まれていたという。

このような清朝のアムール・樺太支配によって支えられた活発な交易活動に、当初は樺太のアイヌも積極的に関わっていた。1732年に樺太で６つのハラ、18のガシャン、148戸が毛皮貢納民として登録され、毛皮貢納が義務づけられたが、そのうち３つのハラは今日の樺太アイヌの祖先であった。すなわち東海岸のタライカとコタンケシ、西海岸のナヨロの有力者

図２・３　『東韃地方紀行』巻之中「徳楞哩名仮府」「羣夷騒擾」（国立公文書館内閣文庫蔵）／写真４　筆者撮影

写真5　青地竜丸文打敷

がハラ・イ・ダに任じられ（アイヌ社会には満洲のハラのような父系の親族組織はなく、ハラ・イ・ダとされたのは村の最有力者だった）、彼らは頻繁に村人や近隣の人々を率いてキジの清朝の出張所に出かけ、毛皮を貢納するとともに、そこに集まってくる地元民や満洲役人との交易を行った。

しかし、1780年代から、ロシアの北からの接近に危機感を抱いた江戸幕府が蝦夷地経営に乗り出したために、樺太の南部のアイヌたちの間に急速に日本の政治経済的な影響力が浸透していく。19世紀の初めには東海岸中部のタライカあたりまでが日本の経済圏に巻き込まれ、またその地方のハラ・イ・ダの家系が衰微してしまったことから、彼らは毛皮貢納に行かなくなり、西海岸のナヨロの有力者だけが断続的に清朝の出張所に出向くだけになってしまった。

しかし、それまで樺太も管轄することになっていた松前藩はそこのアイヌを積極的に保護、統治しようとはしなかった。それどころか、松前藩の特産品として本州で高く売れる中国製の絹織物（いわゆる「蝦夷錦（えぞにしき）」）の供出をアイヌたちに求めたために、彼らは大陸から交易のためにやって来る「サンタン人」（山丹・山靼・山旦などとも記される）たちから前借りをしてまで絹織物を買い求めなくてはならなくなった。サンタン人とは清朝が毛皮貢納用の出張所をおいたキジ村を中心とした地域にいた先住民で、その子孫の多くは現在「ウリチ」と呼ばれる民族とされている。サンタン人自身も毛皮貢納民であり、毎年出張所で毛皮を満洲の役人におさめる義務を負わされてはいた。しかし、彼らは恩賞として受け取ったり、交易で得た絹織物を自分たちで消費するだけでなく、貢納用、交易用の毛皮を得るための商品としていた。そして、おそらく樺太のアイヌを通じてであろうが、絹織物が日本で高く売れるという情報を聞きつけて、その売り込みと毛皮の仕入れのために積極的に樺太を訪れるようになっていた。当時日本では北回りの絹の布地が「蝦夷錦」などと呼ばれてもてはやされ、「山丹服」「十徳」といった服以外にも袱紗、打敷、長刀の袋などに使われた。

3 ― 幕府による樺太の直接統治

サンタン人の樺太での商活動は、日本での蝦夷錦に対する需要の高まりとアイヌに対する政治経済的な優位性という2つの要因に支えられていた。この2つがそろうのが18世紀の後半である。日本における蝦夷錦の需要の増大は当時の経済状態と文化動向によるものであり、サンタン人のアイヌに対する政治経済的優位性には樺太における国際関係が背景にある。18世紀後半までは清朝がアムール・樺太方面の支配に積極的であり、不測の事態に迅速に対処できたのに対して、日本側にはまだ樺太に対してそのような力がなかった。そのために、サンタン人たちが清朝という強力な後ろ盾を持っていたのに対して、アイヌの多くは清朝の支配から脱落したままで、日本からの政治的な後ろ盾がまだ十分ではなかった。1792年に幕府から樺太調査に派遣された最上徳内はそこを見抜き、樺太を含む蝦夷地支配の安定化のため

写真5　北海道開拓記念館蔵

写真６　日本製の鉄鍋

に、幕府の直接統治を提言したのである。

ロシアの南下に対して無策であった松前藩に蝦夷地統治能力がないとみた幕府は1807年に樺太を含む蝦夷地を最終的にすべて直轄地とする（1799年には千島列島を含む東蝦夷地が直轄化されていた）。さらに、窮乏化によってアイヌの人心が離れること防ぐために、サンタン人たちへの負債を幕府の費用で解消することを決め、1809年から12年までの間にすべて返済することに成功する。つまり、1809年に樺太に来たサンタン人らに向こう３年間でアイヌの負債をすべて返済する旨を通達し、債権を持つものに樺太への来航を求め、彼らが来ると債務者と対面させて債務額を決定し、それをカワウソの毛皮で支払った。その毛皮は、一部は債務者であるアイヌたちに供出させたが、大部分は幕府の費用で樺太・北海道から調達した。その時、幕府側の責任者として活躍したのが間宮林蔵とともに1808年に樺太探検を行った松田伝十郎であった。

彼はアイヌの負債を解消させただけでなく、樺太におけるサンタン人たちの商活動の規制も行った。すなわち、樺太においてサンタン人と取引できるのは基本的には幕府の認可を受けた商人だけにして、一般のアイヌは取引を禁じられた。そして、交易場所は南端の白主（しらぬし）に設けられた交易所だけに限定され、取引は幕府の役人の厳重な監視下に行われることになった。すなわち、白主とナヨロの中間ぐらいにあるトンナイというところに夏になると見張りが立てられ、サンタン人の船の来航を白主に知らせる。知らせが届くと、白主から役人が派遣されて、船を臨検し、商品をすべて封印して、白主に直航させる。

白主ではサンタン商品をすべて封印したまま倉庫に保管し、白主とナヨロの有力者（乙名）を召集し、彼らが集まったところで、幕府の役人とサンタン側の有力者、白主とナヨロの乙名たちの立ち会いのもとに商品の封が切られ、会所の商人との取引が始まる。商品の価格の査定は樺太産クロテンの毛皮で行い、実際の代価はそれに見合った量のクロテン、キツネ、カワウソ、アナグマなどの毛皮や鉄鍋、ヤスリなどの鉄製品で支払われる。そのために松田伝十郎は各商品のクロテンとの交換比率を定めた。

19世紀前半の段階では幕府の影響力は西海岸ではナヨロ以北には及んでいなかったため（東海岸ではタライカ湾まで及んでいた）、そこではサンタン人は比較的自由に商売ができたはずだが、その後、彼らは商売のために樺太に来るときには白主に直航するようになった。規制を受けながらも、幕府との直接取引には大きな魅力があったからだろう。それは日本側が、彼らがもたらす商品に気前よく高価な毛皮を支払ったためである。松田伝十郎が定めたこの交易規則は、その後1822年に樺太が松前藩領に復帰した後も、さらには1855年に再び幕府の直轄領とされても維持された。サンタン人側も1868年に日本がサンタン人との公式の取引を停止するまで、白主に来航して交易を続けた。少ない年で１～２隻、多い年で10隻以上の船が来航し、平均５～６隻というペースは変わらなかった。

その間にアイヌは松田伝十郎の努力でサンタン人に対する負債からは解放されたものの、樺太における交易活動の主役には戻れなかった。伝十郎の交易規則では前借り方式による取引と、白主以外での樺太でのサンタン人の交易活動を禁じていたが、当時の幕府や松前藩が

写真６　筆者撮影（ブラワ村博物館蔵）

写真7　クイサリ、ドゥワンなどアイヌ系のウリチが住む村ブラワ

写真8　お祖母さんがアイヌ出身だったと話すウリチの女性（左側の女性／ドゥジ村にて）

監視できたのは宗谷海峡に面したごく限られた地域だけで、それ以外には監視が行き届いていなかった。しかし、サンタン人が白主での日本との直接取引を主にしてしまったことと、アイヌ側に物質的に日本側との交易、交流に依存する体質が定着したこと、さらには松前藩の支配で漁業労働者とされるアイヌが樺太でも増えてきたことなどが関係して、アイヌとサンタン商人との商取引は衰退したと考えられる。少なくとも、アイヌ側には大陸交易に対する積極性が見られなくなった。

樺太で主導権を握ったサンタン人も、19世紀末までには新たに進出してきた中国商人やロシア商人に圧倒されていく。しかし、樺太アイヌとサンタン人との交流は、連綿と続いた。それは樺太アイヌの間に残されていたサンタン人との関係を物語る伝承や、サンタン人の子孫がいる現在のウリチの間に残るアイヌとの交流の伝承がよく物語っている。ウリチの中にはクイサリ、ドゥワンといったアイヌに由来する氏族がある（彼らは集団で樺太から大陸に移住したアイヌの子孫である）が、彼ら以外にもその祖先にアイヌの血が入っている人もいる。というのは、交易相手や狩の獲物を求めて樺太に出かけて、アイヌの娘を妻として連れて帰るというケースがしばしばあったからである。

大陸の先住民と樺太のアイヌとの交流が完全に断ち切られるのは、日本の敗戦で樺太アイヌの多くが北海道に移住してしまった1945年以降である。

写真7・8　筆者撮影

II－2

サハリンの先住民──過ぎ去りし文化の伝統芸術

タチヤナ・P・ローン

1 ─多様な文化伝統を反映

サハリン先住諸民族の伝統文化は、各国の研究者に関心をもたれ、多くの国々の博物館にはその文化的遺産が収集されている。本稿では、ロシアのサハリン州郷土博物館の収蔵資料によって、サハリン先住民の伝統芸術をいくつか紹介する。

サハリン州郷土博物館には、ニヴフ、ウイルタ、アイヌ、ウリチ、エヴェンキ、ナナイの民族資料が収蔵されており、その多くは19世紀に製作されて、20世紀前半にさまざまな収集家を通して入ってきた。サハリン先住民の民族学資料は、はるか昔に消え去った時代の多様な物質的精神的文化伝統を反映しており、かつてアジア大陸の東縁と島嶼世界に生じた複雑な民族的歴史的過程を物語っている。これらの人々は、植物や野生の動物、そして精霊の世界と調和して生活していた。彼らは、家屋から日常生活用具にいたるまで、生活の材料を自然から得ており、漁撈、海や山での毛皮獣や鳥類の狩猟、植物の採集といった生業は、他の民族と交換する多種多様な品物と手作り品の材料をもたらした。

サハリン先住民は生活の中で基本となる決まり──分業と若い世代への労働経験の伝授──に従って生活していた。女性は衣服、履物類を縫い、白樺容器を作り、男性は木や海獣の皮で日常用・儀礼用の道具を製作した。彼らはそれらの品々を各種の文様や彫刻で飾り、そのデザイン性を完璧なまでに高め、さらに、他文化から持ち込まれる新しいアイデアを自文化に取り入れてその物質文化に反映させることもした。

2 ─ 衣服と飾り物

19世紀、またはそれ以前に製作された衣服類は、伝統的な裁縫の技法と装飾を守って仕上げられているので、特に興味深い。ニヴフとアイヌの博物館資料には、魚皮製の上着と履き物がある。衣類に魚皮を用いる伝統は非常に古くからこの地方に知られていた。ニヴフとウイルタの基本的な衣服は、幅広の左裾をもつ長上着で、皮の継ぎ目と魚の鰭(ひれ)の部分に配置されるアップリケで飾られた。サハリン先住民のもつたくさんの装飾が施された華やかな魚皮衣は、アムール川の川魚の皮を利用してナナイやウリチの熟練した女性たちが作ったもので、晴れ着として入手された。サハリンのニ

写真1　サハリン州郷土博物館(日本領有時代の樺太庁博物館の建物)

写真２　手作りの民族衣裳を着たウイルタ女性
（サハリン／ポロナイスク＝旧敷香／1992年）

ヴフとウイルタが縫っていたサケ皮の普段着は、普通は装飾が施されなかった。サハリンアイヌも女性と子供の晴れ着に魚皮を用いていた。しかしサハリン州郷土博物館収蔵のアイヌの魚皮製長上着の裁ち方と文様の様式は、近隣諸民族のこの種のものとは異なっている。

中国北部と満州、次いで日本とロシアとの交易関係が発達するにつれて、この種の在地の材料は、複雑な加工工程を必要としない、異郷の綿、絹、毛織り物によって駆逐された。女性は、普段着を綿布でほとんど文様を入れずに縫い、襟・袖口・裾だけに悪霊を退散させるという呪術的意義を持つ黒布と細い縁飾りをつけた。男女の衣服は寸法、色彩と文様に違いがあった。晴れ着にはより鮮やかな色を選んだ。長上着の襟、袖、裾周りを暗い色の布のアップリケで飾り、その上に色糸で三つ葉文様のつくアムール渦巻き文と螺旋文を刺繍した。女性の長上着の裾には、金属製垂げ飾りも縫いつけられ、動くたびに音がした。布製の冬用の長上着と帽子には、刺し子縫いが施されたが、それは東アジアの遊牧民と同じ手法であった。

アムールの螺旋帯文の解釈にはL・I・シュレンク、B・ラウファー、L・Ya・シュテルンベルグ、V・ミッレル、浜田、小野、坪井その他の学者が取り組んだ。著名な考古学者A・P・オクラドニコフの見解では、螺旋帯文は非常に古いことを考古学資料によって証明できるという。S・V・イワノフの見解では、ニヴフとウイルタの文様では、対になった魚と鳥の図案化された表現が支配的であり、S字形螺旋で表現されるという。鹿と蛇の形象は対称的曲線文あるいは対になった渦巻となっている。アムール川流域のナナイとウリチでは、これと同じモチーフがたとえば、雄鳥・鷲・龍という、より写実的な形態をもつ。

トナカイ飼養エヴェンキの強い影響をその文化に見いだせるサハリンのウイルタは、衣服と装飾の独自性に特徴があった。19世紀のウイルタ女性の衣裳には儀礼用前掛け「ネルゥ」が登場し、これはアップリケ、色糸による刺繍、トナカイの顎下の白い毛、各種の細紐そして鞣し革、金属製垂げ飾りで飾られた。

博物館の古い資料のひとつは、ニヴフの狩猟用靴類で、1899年と1904年にブロニスラフ・ピウスツキによって収集された。靴はサケ・アザラシ・トナカイの皮と布で作られた。ニヴフにはいくつかの形式の冬用夏用の靴がある。毛皮の厚い丈夫な部分は靴の先端の下部に使われ、それほど硬くない部分で脛の部分を縫った。夏の靴は布製で脛部分を縫い、上端には各種の色布で細い帯状のアップリケを飾った（写真３）。

写真３　ニヴフの狩猟用靴

博物館には多種多様なウイルタの伝統的靴も保管されている。ウイルタはトナカイの脚の毛皮で、冬の靴を縫った。脛部の上端は明るい色と暗い色の毛皮を交互に縫い合わせた。トナカイの鞣し革製の女性用夏靴の先端と脛部には、三つ葉文様のついた対称的渦巻き文様を色糸で刺繍した。

写真４　ニヴフの木彫容器

写真５　ニヴフの儀礼用柄杓

３一木製品・骨製品

博物館収蔵資料には、日常用・儀礼用の木製品がある。木の加工は男性の仕事である。木で住居、倉庫、橇、舟、各種の形式や大きさをもったスプーン、柄杓（ひしゃく）、容器、卓等が作られ、彫刻で飾られた（写真４）。ニヴフはシラカンバ・ハンノキ・カエデ・ハコヤナギで品物を拵え、道具には大きさ形がいろいろな特別の斧、ナイフ、錐（きり）を使った。文様は、用具の形態を強調し、目立つところを飾るように彫刻した。ニヴフは大きくてはっきりとした曲線の輪郭を好んで彫刻したが、ウイルタはそれにくらべて優雅で細やかな規模で渦巻きと帯を彫刻した。品物の製作地と腕前のよい人物の名前を知るには、品物をじっと見つめるだけで十分だった。

博物館には、1930年代にトゥィミ川と北サハリン西海岸のニヴフのもとで収集された儀礼用柄杓類が展示されている（写真５）。柄杓は熊送り儀礼――先祖と山の霊の崇拝に捧げるニヴフの中心的祭儀――のときに用いられた。それは一木作りで、文様と熊の彫像で飾られた長柄のつくものである。大型の柄杓は儀礼で殺害される熊を檻で飼うためのものであった。小型の柄杓は煮た熊肉片を参列者に振るまうためのものであった。柄杓の装飾表現は独特の絵文字であり、この動物が狩りで捕らえられ、買い求められ、あるいはタイガで捕獲された仔細を物語っている。柄杓の柄の３頭の熊の彫像は狩りの時３頭の仔熊が同時に捕らえられたことを語っている。狩りの時の狩人の行為と動物のしぐさが柄杓に彫刻されることで、客はその狩りの全ての興味深い場面を知るのである。

ニヴフは特別な儀礼用容器を独特の文様で飾ったが、その容器で女性は、煮てすりつぶした魚皮とアザラシの脂肪と野イチゴ類でできた祭儀の煮こごり料理「モス」を用意する（写真６）。一木を刳り抜いて作った槽は、狩猟・漁撈シーズンの始まる前、海と山の霊へ供物を捧げる儀礼を行うため、それに祭りの時血縁の者に儀式の食物を振る舞うためのものであった。海の神霊に供物を捧げる皿は、容器の形が水の象徴と結びつくアザラシ・魚・鳥などの形を思わせるように仕上げられ、柄はこれらの生き物の頭と尻尾の形に作られた。

サハリン先住民は白樺容器を用い、それに食べ物、水、その他細々したものを入れていた。大小の籠、蓋付き箱、編み袋といったさまざまな形と大きさの白樺容器が製作された（写真７）。白樺容器の上縁は細長いヤナギの根が縫いつけられている。これは「鳥の足跡」「魚の脊椎」と詩的な呼び方をした線、十字、ジグザグの形をした装飾になっていた。白樺容器の表面は、型押し、切り取り、彫刻などのさまざまな手法で文様が施された。装飾にはアップリケも用いられた。樺皮で衣服と靴用の伝統的文様の型紙がたくさん切って作られた。ウイルタはエヴェンキのように、方形と円形のかたい樺皮容器を作り、後にトナカイ皮をそれに貼った。秋と春のトナカイ移牧のときはそれをトナカイの背に振り分けて積み、持ち物を入

写真6　儀礼には欠かせない煮こごり料理「モス」を取り分けるニヴフ女性
（北サハリン／ルプロワ）

写真7　白樺容器

れて運んだ。小卓、子供用の木製・樺皮製揺籃、ナイフの柄、鞘、舟、狩猟用の鉄砲と聖なる動物である熊の亡骸（なきがら）を入れておく小屋も彫刻で飾られた。サハリン先住民の独特の文化は、木の加工とその装飾技法の豊かさと多様性にある。

4 ―異郷起源の品物

17～19 世紀の満州と日本との交易は、サハリン先住民の伝統文化と生活様式、社会経済構造に大きい影響を与えた。大シルクロードの延長としての古くからの交易路は、最大の水路アムール川とサハリン地方を通り、実際、あらゆる在地の民族をその軌道に引き入れてきた。満州からアムール川流域の毛皮買い取り所に搬入される絹織物その他の織物、銀象嵌の槍先、金属器（鍋、ボタン、銭貨、青銅製飾り物）、食料等は、次第に島嶼の諸民族の生活になくてはならないものとなり、家族の富と裕福さの、一種独特の尺度となっていった。これらの貴重な品物は相続され、新婦への結納金あるいは血縁の者になされた不当な仕打ちに対する慰謝料として支払われた。

多くの品物は交易の対象となっていった。ウリチとアムールのニヴフが多くの品物をサハリンに持って行き、サハリンのニヴフ、ウイルタ、アイヌに売っていた。その証拠は、文献のみならず、博物館収蔵資料自体にも見いだされる。サハリン州郷土博物館には、1960年と1966年にサハリン州オハ郡のルプロワとトゥィミ郡のチル・ウンヴドといったニヴフの村から収集された冬の帽子が保管されている。それらはキツネの毛皮の上に高価な中国製の絹が縫いつけられ、クロテンとカワウソの毛皮で縁取られている。ニヴフ語の呼び名は、「チャルブ・ハク」つまり「絹の帽子」である。そのうちのひとつの帽子の絹には龍文がつく（写真8）。補修の際に、上層の絹の下からより古い中国の絹が見つかり、それはオレンジ色の大きな花文様の錦である。この資料は、新婦の被（かぶ）り物として1900年に、アムール川下流のニヴフの出身であった女性エズグゥクが縫ったものであった。

ニヴフとウイルタの女性は、衣服の装飾として古くから女真の泰和年間（1201～08年）の銭貨を好んで用いていたが、何例かをサハリンにおいて筆者は発見している。例が少ないのでこのような銭貨が女性の衣裳にどのように配置されていたか、今のところ必ずしもはっきりとはしていない。その後女性の長上着の裾に、窪み穴、貫通孔、渦巻き、座葉をもつ円形・三角形・楕円形など多様な形態の金属製垂げ飾りが縫いつけられるようになった。当初、これらは交易所で入手されたが、のちには自ら製作するニヴフもいた。それゆえ、どの女性も、娘に残す長上着につけるための自身の垂げ飾りを所有していた。扁平な透かし文をもつ大形の銅・青銅製の中国製垂げ飾りも被り物を飾り、これを帽子の端部に縫いつけて、端部を背中に垂らすこともした。

19世紀中頃のサハリン先住民の生活は、中国東北部、日本、あるいはロシアで製作された金属製品なしには想像できなかった。彼らは鍋、針、猟具の金属製飾り金具その他の品々を好んで用いていた。サハリン南端の日本の白主(しらぬし)会所を通してサハリン島先住民の日本商品との交易が実現していた。サハリンアイヌは、儀礼や儀式を行うとき日本製の漆器を用い、男性は高価な刀を所有していた。19世紀中頃以来、ニヴフ、エヴェンキそしてウイルタはロシアの綿織物、絹織物、既製服、日用品、宗教儀礼具を用いたが、それらはニコラエフスク・ナ・アムーレとサハリン島のロシア人集落で購入したものであった。

写真8　中国製錦と毛皮で作られたニヴフの帽子

ロシア文化の著しい影響は、サハリン先住民の物質的精神的文化に見いだされる。20世紀はサハリン先住民をひどく変えてしまった。彼らの独自の伝統的文化は消滅し、材料の加工技術と、衣服、履き物、木製品、樺皮製品その他の品物の製作技術は、もはや後戻りできないほど失われてしまっている。儀礼や祭りをよく知る人々はいない。しかし、サハリン島先住民の新しい世代に支えられ、受け継がれている伝統もある。

サハリンの現代の民族の熟練した作り手達は木彫と衣服・履き物類の製作の中に古くからの祖先の伝統をとどめようと努めている。さらに芸術の新たな方向が、樺皮の型取り文様製作の伝統から生まれた。紙でシルエット状の構図を切って作るというものである。この種の芸術の草分けとなったのは、1970年代のエヴェンキのセミョン・ナディンであり、彼は飛び跳ねるように走るトナカイの構図や、動物と人間の動きある構図、プーシキンのお話やエヴェンキの伝説のモチーフによる図を紙で切って作った。サハリン先住民の創作は世代から世代へと伝えられており、独自の工芸芸術は形を変えて生き続けている。　(訳：枡本　哲)

写真1～8　大塚和義氏撮影(写真3～5・7・8　サハリン州郷土博物館蔵)

II—３

鉄鍋と山丹交易

越田賢一郎

１—はじめに

間宮林蔵は、文化５年（1808）から文化６年に、サハリン（樺太）島から間宮海峡を渡って大陸に上陸し、アムール川（黒龍江）をさかのぼってデレンを訪れ、清国の役人と出会った。江戸時代に北方地域で行われていた山丹交易と貂皮交易の舞台を踏査したわけで、この時の記録が『北蝦夷図説』と『東韃地方紀行』である。この中に３種類の鍋の図が描かれている。日本の鍋、山丹釜（鍋）と内耳土鍋である。これらの鍋を通して、18から19世紀頃の、樺太と黒龍江下流域における鉄鍋の流通状況について考えてみたい。

２—『北蝦夷図説』にみる本州産の鍋

間宮林蔵の『北蝦夷図説』（安政２年＝1855刊）巻之二・器械部には、樺太アイヌについて「銕釜ハ大抵本邦の渡すところの物を用ふといへども奥地に至りて山丹製の物を用ふ。大小種々ありといへども大抵其状図のごとし」とあり、２形態の山丹釜（鍋）の絵が載っている（図１）。樺太に本州産の鍋と、山丹製の鍋が流入していたことがわかる。

同書巻之三・交易には、「此島の夷ハ我シラヌシに来て諸物を交易し、又山丹夷ヲロツコ・スメレンクルの夷と交易して生産をなす。（中略）其交易するところの物、我わたすところのものは、獣皮米木綿煙草斧針鍋の類を以てすれば、島夷ハ山丹より来たるところの錦玉煙管其の他鷲羽トナリ（獣皮を以て製し縄にかへ用る者）の類を持来り交易す」と、本州産の鍋が、交易によって樺太アイヌの手に渡っていることが記載されている。

本州産の鍋は、さらに黒龍江下流域の山丹人、樺太北部のヲロツコやスメレンクル（ニブフ）の手にも渡っていた。彼らが直接白主に来て交易する場合と、樺太アイヌとの交易により得たものがあった。同書巻之四・スメレンクル夷の部（下）に「平生用ふるところの器械漆器斧鍋其他銕物の類は多く本邦の物を用ひ、其他の諸雑器悉く満州のうつはを用ふ」とある。山丹人については、板倉源次郎『北海随筆』（元文４年＝1739）、松平平角他『蝦夷樺太島之記』（寛政３年＝1791）などに、交易の際鉄鍋を好むとの記載がある。また、松田伝十郎は文化８年（1811）に山丹交易に介入し、鉄鍋の大きさによる貂皮との交換枚数を定めた（『北夷談』）。山丹人は、この鉄鍋を自ら使用したのであろうが、最上得内『蝦夷草紙』（寛政３年＝1791）には、山丹人が満州との交易で日本からの船釘・鉄鍋などを渡している、との記事がある。清の役人が鍋を望んだかどうか明らかでないが、林蔵が描

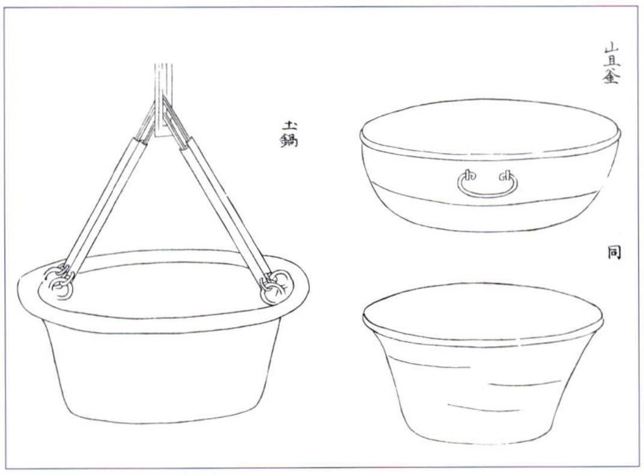

図１　『北蝦夷図説』の山且釜（鍋）と土鍋

いたデレンでの諸夷相互の交易に鉄類が使用された可能性は強い。このように18世紀から19世紀前半には、鍋を含めた鉄製品が、本州から樺太・黒龍江下流域まで運ばれていた。

3 ―中国産鉄鍋の流入

山丹人が中国から鉄鍋を手に入れていたことは、『休明光記』巻之三「カラフト島見分として中村子市郎・高橋次太夫相越事」に、「皮は満州の人へ渡し、木めん、多葉粉、鍋、雑穀其外品々に交易するよし」との記載からわかる。これが山丹鍋であろう。

中国の文献では、明代に国境周辺に移住した女真が鉄鍋の支給を求めたが拒否した、との記事が『大明実録』に散見する。明代には封関政策が取られ、中国から満州方面への鉄の流出が制限されていた。また清代の楊賓『柳邊紀略』には、窩稽の貂皮についての記述の中で、「康熙初、易一鉄鍋必随鍋大小、布貂内満乃巳。今且以一貂易両鍋矣」とあり、鉄鍋は清初は値段が高かったが次第に貂皮が高くなって相対価値が下がったことがわかる。ただ、黒龍江下流域から樺太にかけて流入していた鉄鍋はさほど量は多くなく、18世紀から19世紀初頭に本州からの鉄類が流入していることは、それを補う意味があったと考えられる。

4 ―内耳土鍋

『北蝦夷図説』巻之二・器械部に、土鍋についての記載がある（図1）。土鍋については多くの議論があるが、ここでは樺太アイヌの手によって内耳土鍋が作られていたことを指摘するにとどめたい。考古学的な調査によっても、サハリン南部から、北海道、千島、カムチャツカにかけて内耳土鍋が出土している。本州からの鉄鍋と中国からの鉄鍋が不足しがちな地域に生じた現象ととらえておきたい。

5 ―アムール川下流域に残る鍋

1997年夏、『北方先住民における交易』の調査のため、大塚和義氏・小杉康氏とアムール川下流域の村々を訪ねた。ハバロフスク、ソフィースク、マリンスコエ、ブラワ、ボゴロツコエ、ニコラエフスク・ナ・アムーレを巡り、博物館や地元の人々の家で、いくつかの鉄鍋を見ることができた。

（1）本州から持ち込まれた鍋：吊耳鉄鍋（図２－１～３／写真１）

本州産と考えられる、口縁上端部に耳が付いた吊耳鉄鍋がある。直径21センチの小型から、46センチの中型のものまである。いずれも底に３本の足があり、その中心付近に丸い湯口の

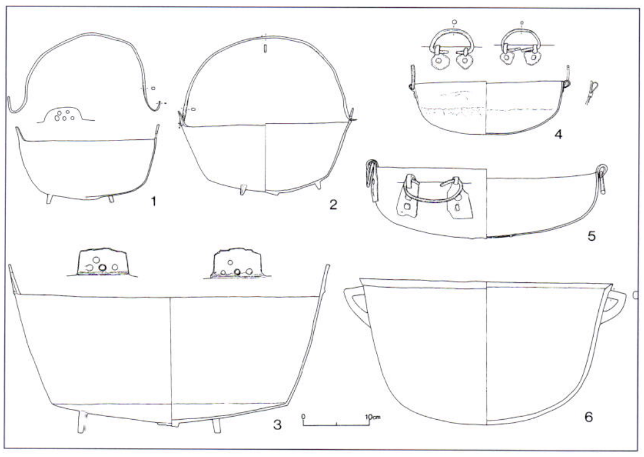

図２　本州の鍋（１～３）　山丹鍋（４・５）
ロシア外耳鍋（６）

写真１　ブラワの吊耳鉄鍋

写真２　ハバロフスクの吊手鉄鍋

跡が残る。底部と胴部の屈曲は鋭く、口縁部と胴部の境はみられない。吊耳部には一つから数個の穴があり、鉉が付いているものがある。この形態のものはブラワに多く、ボゴロツコエ、ニコラエフスク・ナ・アムーレにもある。大塚と小杉の両氏は、サハリン北部のオハで中型の吊耳鉄鍋を調査している。

（2）山丹鍋：吊手鉄鍋（図２－４／写真２）

ハバロフスク州郷土博物館に口縁部外側に吊手が取り付けられた吊手鉄鍋がある。林蔵が描いた山丹鍋の形態である。鋳造ではなく、打ち出し（鍛造）で整形した浅い鍋の本体に、箪笥の引き手のような吊手が鋲で打ち付けられている。なお同型の鍋は、翌1998年の調査で、考古博物館に３個体あることが確認されている（図２－５）。直径20～30センチほどの小型で、腐食し底に穴のあくものが多い。

（3）口縁部外側に一対の耳が付くもの：外耳鉄鍋

ソフィースクに、ボール状の形態で、口縁部外側に鉤型の耳が一対付いた鍋がある。耳は径１センチほどの鉄棒で、鋳造された本体に溶接されている。同形の鍋はマリンスコエ（図２－６・写真３）とボゴロツコエにあり、直径20センチほどの小型と40センチほどの中型のものがある。ハバロフスク郷土博物館やサンクト・ペテルブルグのロシア民族学博物館では、ロシアの民俗資料として紹介されている。

（4）４つの半円形の耳が鐔状に取り付けられたもの：４耳鉄鍋

半球状の形態で口縁部に段を持つ。鋳造された本体に、半円形の耳を４個溶接したものである。直径45センチほどの中型から60センチを超す大型のものがある。図３－１（写真４）はブラワの復元されたウリチの家のかまどに掛けてあった大型の鉄鍋である。４耳の付くあたりまでかまどに埋め込まれていた。同形で小型のものがボゴロツコエにある。この形態の鍋は、モンゴル、ロシアのボルガウラル地方、カザフスタン、キルギスタン、ウズベキスタンなどにある。「外耳」と口縁部形態が同じであり、これもロシア産とみなすことができよう。ちなみに、ウリチの家のものは、ロシア人からの寄贈となっている。

写真３　マリンスコエの外耳鉄鍋

写真４　ウリチの家の４耳鉄鍋（ブラワ）

（5）耳の無いもの：無耳鉄鍋（図３－２）

半球状の形態で、口縁部に段があるものと、屈曲が無くそのまま口縁となる２形態がある。底に丸形湯口跡が見られるものがある。いずれも60センチを超す大型のもので、かまどに掛けて使用したものと考えられる。

ブラワ村博物館所蔵品とハバロフスク州郷土博物館のナナイの展示で、かまどに掛けて置いている鍋がある。中国製かロシア製のものであろう。林蔵の描いた吊り手のない山丹鍋はかまどにかけられており、これにあたるのかもしれない。

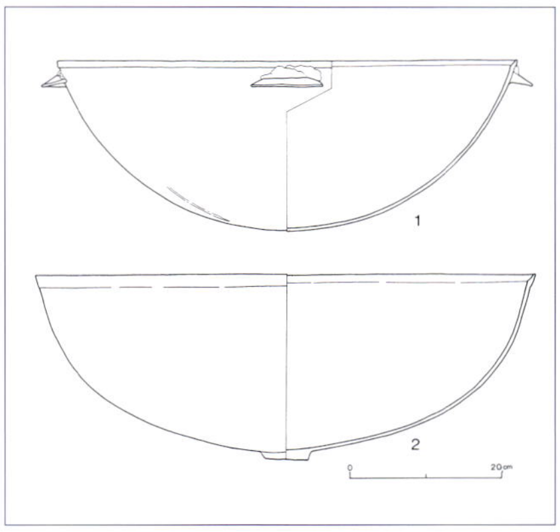

図３　４耳鉄鍋と無耳鉄鍋

（6）鍋の使用法と流入時期

鍋は、吊耳鉄鍋・吊手鉄鍋・外耳鉄鍋のように吊り下げることを意識したものと、４耳鉄鍋や無耳鉄鍋のように、かまどにはめこんで用いるものに区分できる。

18・19世紀頃のアムール川下流域には、日本、中国、ロシアの鍋が流入していることが明らかになった。赤沼英男氏による成分分析によっても、この３つのグループに分けることができそうである。これらの鉄鍋の流入時期については、大変大まかではあるが、日本の鍋は山丹交易が終焉を迎える19世紀中ごろまで、中国の鍋はロシアの進出によって中国商人が排除されていく19世紀末から20世紀の初頭まで、ロシア製のものはロシアがアムール川下流域に進出する19世紀中ごろから20世紀と想定される。

写真５
象嵌のある鉾

６ー鉄類流入の理由――今後の課題

黒龍江下流域から樺太にかけての地域に流入した鉄鍋は、実用品として、また一部はさらに周辺との交易に使用されたと考えられる。これに加え、再加工品の原料として使用されたことがわかる。『北蝦夷図説』巻之二には、樺太アイヌのこととして、「一、夏月中不猟の時ハ冬月に至て獣油盡ること あり。其時ハ斧小刀其他何によらず古釘破鍋の類を持て犬を引きつれ奥地異俗の夷地に入りて獣油を交易し」としている。また巻之四・スメレンクル夷の部（上）には、「一、此夷も鍛冶をなす事南方夷に異なることなし。此夷域に至りては鐵物ますます無数なければ地鐵となすべきは少なし。故に破鍋など貯置きて地鐵となす。其鐵元よりづく鐵なれば練磨の事大に辛苦なり。且其鐵練磨し終えて刀とすべきの間、漸々減却して僅に十分の一を得ると云」と記されている。

現在、アムール川下流域に残っている民具をみると、鏡・帯金具などの倣製鋳造技術、銀・銅などの象嵌技術（写真５）の存在が想定できる。鉄鍛冶技術も金属加工技術の一部であったのだろう。その実態がどのようなものであったか、アイヌの金属加工技術を考えるうえでも興味深い。金属製品の流通についての研究と合わせて、今後検討していく必要があろう。

【参考文献】

大塚和義　1995　『アイヌ――海浜と水辺の民』新宿書房

海保嶺夫　1973　「近世樺太における鉄器と土器」『北海道地方史研究』90

越田賢一郎　1984　「北海道の鉄鍋について」『物質文化』42　物質文化研究会

佐々木史郎　1996　『北方から来た交易民――絹と毛皮とサンタン人――』ＮＨＫブックス772

写真１～５　大塚和義氏撮影(写真５　ニコラエフスク・ナ・アムーレ市博物館蔵)／図１～３　筆者作図

II－4

アムール川下流域に伝わる鋳造鉄器の組成

赤沼英男

1－鉄鍋の生産と流通

12世紀以降、東北地方北部および北海道では鉄鍋の出土が顕著となる。鉄鍋の普及とともに煮沸方法は、「かまど」に「長胴甕（ちょうどうかめ）」と呼ばれる土器を乗せて火を焚くという方法から、「囲炉裏」のうえで煮炊きするという方法へと変化し、煮炊具の主役である土器は次第に減少する。本書越田論文にみるように、中世以降列島内の日常生活に定着する鉄鍋は、遅くとも18～19世紀にはサハリン（樺太）、アムール川（黒龍江）下流域にもたらされ、中国、ロシアで製作されたと推定される鉄鍋とともに使用された可能性の高いことが指摘されている。

鉄鍋をはじめとする鋳造鉄器は、銑鉄を溶かし、鋳型に流し込んで製作されるため、サハリン、アムール川下流域で使用された3型式の鉄鍋については、製品搬入の他に、当該地域で入手した銑鉄を素材として独自に作り出された、あるいは使用不能となった鉄鍋をはじめとする鋳造鉄器を再溶解して製作された可能性があり、鉄鍋の型式だけで供給地域を特定することは危険である。

鉄鍋の生産と流通の実態を解き明かすうえでの有益な情報を得る方法に、金属考古学的調査がある。資料から微小試料片を摘出してその組成を調べ、他の資料との比較を進めることにより、資料の分類が可能となる。以下では、型式学的に日本製、ロシア製、および中国製に分類されたアムール川下流域に伝わる5点の鉄鍋の金属考古学的調査結果に、これまでに行われてきた列島内、とりわけ中・近世の東北地方北部・北海道の遺跡から出土した鉄鍋ならびに銑鉄塊の調査結果を加味することによって導き出された鉄鍋の分類結果について述べる。

2－日本列島北部地域出土鉄鍋の組成

西日本では当初鉄鍋A（図1a）が使用されていたが、次第に鉄鍋B（図1b）に置き換わる。一方、東日本ではまず鉄鍋C（図1c）が用いられ、14世紀になって鉄鍋Bが利用されるようになることが、列島内から出土する鉄鍋の型式学的研究によって明らかにされている。最近の鋳造遺構および文献資料の調査結果によると、中・近世の鋳造工房では、流通する

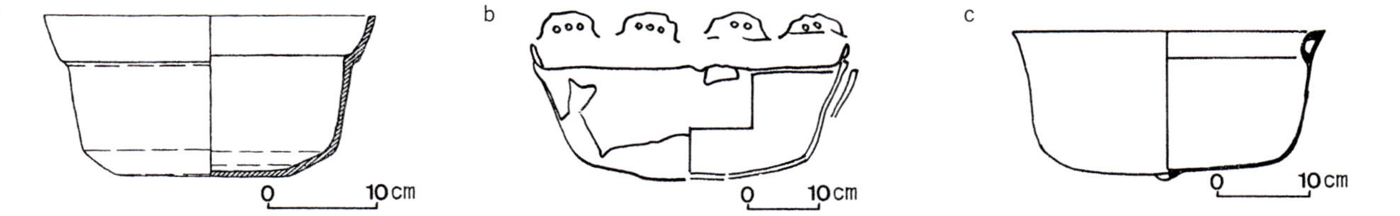

鉄鍋A　大分県三光村深水邸埋納遺跡出土　鉄鍋B　北海道平取町二風谷遺跡出土　鉄鍋C　岩手県平泉町柳之御所遺跡出土

図1　列島内出土鉄鍋の三型式

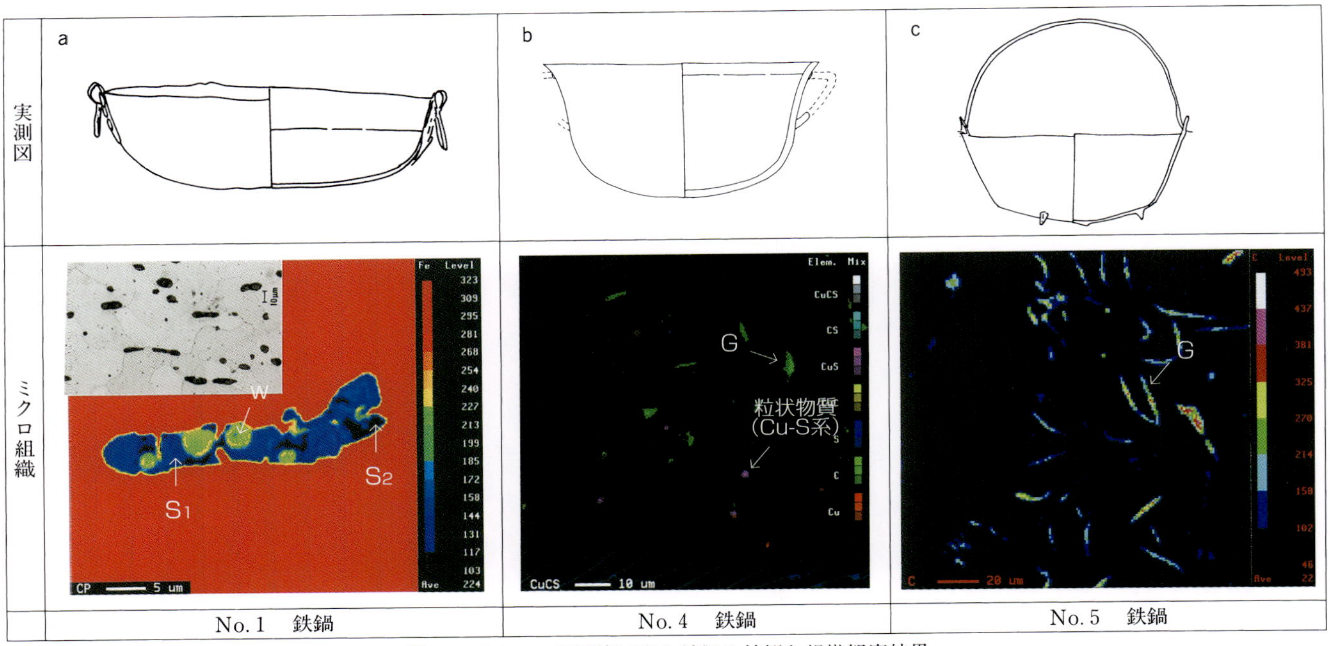

図2　アムール川下流域出土鉄鍋の外観と組織観察結果

No.は表1に対応。実測図は越田賢一郎氏による。ミクロ組織はEPMAによる含有される元素濃度分布のカラーマップ。W：ウスタイト、S_1・S_2：ガラス質けい酸塩、G：片状黒鉛。No.1にはナイタールによるミクロエッチング組織を付加。

表　鉄鍋の組成

No.	資料名	採取地(出土地)	化学組成(mass %)						ミクロ組織
			T.Fe	Cu	Mn	Ni	Co	P	
1	鍋	ハバロフスク州郷土博物館	94.28	0.006	0.012	0.076	0.025	0.137	(≦0.1)
2	鍋	ハバロフスク州郷土博物館	61.24	0.012	0.009	0.059	0.015	0.317	no
3	鍋	マリンスコエ	54.47	0.019	0.241	0.013	0.007	0.311	G
4	鍋	ソフィースク	51.75	0.162	0.606	0.069	0.018	0.126	G
5	鍋	ブラワ村博物館	65.46	0.044	0.013	0.016	0.016	0.102	G
6	鍋片	キウス5A遺跡	93.30	0.217	0.324	0.042	0.018	0.226	G
7	吊耳鍋	ポロモイチャシ跡	83.53	0.011	0.002	0.010	0.020	0.150	L,G
8	吊耳鍋	二風谷遺跡	90.75	0.004	0.003	0.010	0.007	0.052	L
9	はまぐり形銑鉄	上ノ国勝山館跡	84.75	0.044	0.004	0.012	0.011	0.185	G
10	銑鉄塊	鹿野遺跡	66.7	0.081	0.004	0.015	0.011	0.087	L

注：化学成分分析はICP-AES法による。一は分析せず、noは見いだせず、Gは片状黒鉛、Lはレーブルライト、括弧内の数字はミクロ組織から推定される炭素量。

「銑鉄」を入手し、それを素材として鋳造が行われていた可能性の高いことが指摘されている。銑鉄の流通と鉄鍋の分布状況を考え合わせると、当初、東西それぞれの地域で使用されていた型式の異なる鉄鍋は、それぞれ別の地域で製作されていたが、鉄鍋の普及とともに技術融合が進み、新しい型式の鉄鍋が列島内各地で製作され、それらが広域的に流通するようになったとする見方をとれる。大分県三光村深水邸埋納遺跡(図1a)、北海道平取町二風谷遺跡(図1b、表—No.8)、および岩手県平泉町柳之御所遺跡出土の鉄鍋(図1c)はいずれもレーデブライトと呼ばれる組織からなる。一方、北海道平取町ポロモイチャシ跡出土鉄鍋(表—No.7)には片状黒鉛が析出しており、溶鉄が鋳型に流し込まれた後、図1a～1cの鉄鍋に比べゆっくり冷却された可能性がある。

図3は東北地方北部・北海道の中・近世の遺構から検出された鉄鍋に含有される微量元素のうち、銅(Cu)、ニッケル(Ni)、コバルト(Co)三成分の組成比をプロットしたものである。銅、ニッケル、コバルトは鉄よりも錆にくい金属なので、一度メタル中に取り込まれた後は、そのほとんどがメタル中にとどまる。従って、銑鉄生産、または鋳造操作の過程で合金添加

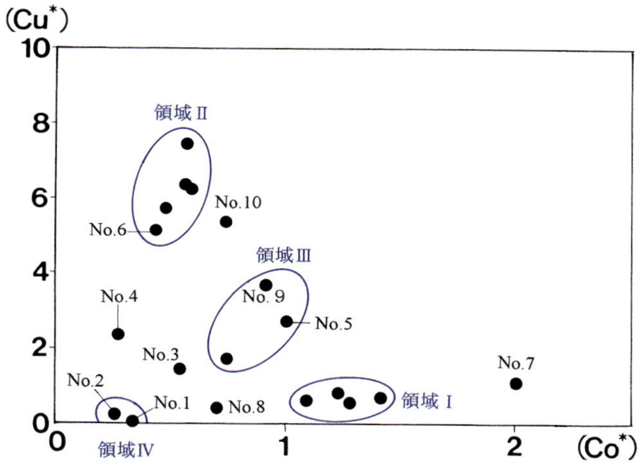

図3　アムール川下流域および列島内北部地域出土鉄鍋の銅、ニッケル、コバルト三成分比
No.は表1に対応。Co*：コバルト(Co)をニッケル(Ni)で規格化した値、Cu*：銅(Cu)をニッケル(Ni)で規格化した値。

処理が行われていなかったとすれば、その組成比は製鉄原料の組成比に近似すると推定される。図の中で領域Ⅰの資料は北海道千歳市ウサクマイN遺跡のアイヌ文化期にともなう遺構、領域IIの資料は北海道千歳市キウス5A遺跡の17〜18世紀に比定される遺構から出土した鉄鍋片である。キウス5A遺跡出土鉄鍋片にはその全てに、領域Ⅰの鉄鍋の20倍以上ものマンガン(Mn)が含有されている。領域Ⅰと領域IIに分布する鉄鍋の鋳造に使用された銑鉄の組成には、明瞭な差異がみられる。キウス5A遺跡に近接する位置には、18〜19世紀に比定され、鋳造工房跡であることが確認されている岩手県水沢市鹿野遺跡出土銑鉄塊(表—No.10)が分布する。

北海道千歳市ユカンボシC15遺跡からは、北海道檜山郡上ノ国勝山館跡から出土した、はまぐり形銑鉄(表—No.9)に近い組成比をとる鉄鍋片が見いだされている。以下ではこれら2点を領域IIIに属する資料として扱うことにする。北海道平取町ポロモイチャシ跡と二風谷遺跡出土の鉄鍋は、領域Ⅰ〜IIIとは離れた位置にプロットされ、上述およびこれまでの研究結果に基づけば、以下の3点を指摘できる——①中世〜近世には流通する銑鉄を素材として鋳造鉄器が製作されていた、②銑鉄の供給地域が複数存在した可能性が高い、③時代の経過とともに銑鉄の供給地域や鋳造鉄器の製作技術が変わった可能性がある。

3—アムール川下流域出土鉄鍋の組成

既述の通りアムール川下流域には型式学的に、中国製、ロシア製、および日本製に分類可能な鉄鍋の伝世が指摘されている。図2には大塚・小杉・越田の各氏によって1997年に確認された鉄鍋の実測図と、摘出された試料片の組織観察結果を示した。図2aの中国製と推定される鉄鍋(No.1ハバロフスク州郷土博物館所蔵資料)から摘出した試料片は、表面に固着する土砂も含め約0.2gで、中心部には健全なメタルが残存していた。摘出した試料片を2分し、大きい方を組織観察した結果、メタル部分には鋼を製造する過程で分離されずに残った異物（非金属介在物）がいたるところにみられ、エレクトロン・プローブ・マイクロアナライザー（EPMA）によって、灰色の粒状化合物W(ウスタイト：化学理論組成FeO)、やや暗灰色のFeO-P_2O_5-SiO_2系ガラス質けい酸塩(S_1)、暗灰色のFeO-Al_2O_3-P_2O_5-SiO_2系ガラス質けい酸塩(S_2)の3相からなることがわかった。メタルの酸(硝酸2.5mlと塩酸97.5ml溶液）による腐食組織は、そのほとんどがフェライト(αFe)からなり、炭素量0.1%以下の鋼と推定される。No.1鉄鍋は亜共析鋼（炭素量0.8%未満の鋼）を加熱・鍛打し、製作されたものである。

ハバロフスク州郷土博物館に所蔵されている図2aとほぼ同じ型式のNo.2鉄鍋から摘出した試料片は銹化が進んでおり、銹化前の地金の炭素量を推定できる領域を見いだすことはできなかった。しかし、銹化した部分にはところどころに図2aとほぼ同じ組成の非金属介在物が残存しており、鋼製の鍋であることは確実である。

図・写真　筆者作図・撮影(図2の実測図は越田賢一郎氏作図)

No.3マリンスコエ、No.4ソフィースク鉄鍋はともにロシア製、No.5ブラワ村博物館所蔵鉄鍋は日本製と推定されている。3点の鉄鍋から摘出した試料片には片状黒鉛(G)が析出しており、溶銑を徐冷して製作した鋳造の鍋である(表1・図2)。EPMAによる含有元素濃度分布のカラーマップによって、No.3～No.5鉄鍋にはいずれにも鉄(Fe)、リン(P)が高濃度に分布する領域(リン化鉄と推定される)が認められ、No.4鉄鍋には硫化銅と推定される微細な粒状物質の点在も確認された。No.3・No.5鉄鍋からは0.1%を上回るリン(P)が、No.4鉄鍋からは0.162%の銅(Cu)が検出されており、組織観察結果は化学成分分析結果とよく整合する。

アムール川下流域に伝わるNo.1～No.5の鉄鍋に含有される銅、ニッケル、コバルト三成分比を図3にプロットしたところ、No.1・No.2鉄鍋は左下領域Ⅳに、No.5鉄鍋は領域Ⅲに、No.3・No.4鉄鍋は領域Ⅲと領域Ⅳの間に分布する。No.3・No.4鉄鍋には、No.1・No.2・No.5鉄鍋の20倍近く、またはそれを上回るマンガン(Mn)が含有されているという点でも、No.1・No.2・No.5鉄鍋とは組成が異なる。型式学的に中国製、ロシア製、および日本製に分類された5点の鉄鍋は、組成のうえからも3つに分けることができ、日本製と判定されたNo.5鉄鍋は、上ノ国勝山館跡出土銑鉄塊やユカンボシC15遺跡出土鉄鍋片に近い組成比をとることが確かめられた。なお、図3において、No.1・No.2鉄鍋(領域Ⅳ)、No.7ポロモイチャシ跡・No.8二風谷遺跡出土鉄鍋、および領域Ⅰの4点の鉄鍋は、ほぼ同一の直線上に分布し、製作に使用された地金の製鉄原料に含まれる銅とコバルトの比はほぼ同じであったとみることができる。鉄鍋の製作に使用された原料銑鉄の流通を解明するうえで重要な情報であり、この点についてはデータの蓄積を図りながら検討を進めることとしたい。

4—アムール川下流域における鉄鍋の普及

摘出した微小試料片の金属考古学的調査の結果、アムール川下流域に伝わる鉄鍋は3つのグループに分けられた。型式学的研究結果と整合する調査結果が得られたわけである。調査した鉄鍋のアムール川下流域における入手方法が問題となるが、当該地域における鉄鍋の製作、流通、および使用状況に関する資料が乏しい現状において、この点についての言及は難しい。鉄鍋の製作と使用に関する研究がはやくから進められてきた列島内においてさえも、検出された鉄鍋と同型式の鋳型を出土する鋳造遺構の比較・検討が不十分なため、普及の実態は未解明のままである。型式のうえからも、鋳造の素材として使用された銑鉄の組成のうえからも、3つに分類可能な鉄鍋が混在するという事実をふまえると、製作技法や製作地域の変化を重ねながら、日常生活の中に定着していったものと思われる。

アムール川下流域における鉄鍋の普及状況解明には、その背景にある水産・鉱物資源、中国またはロシアで製作された繊維製品、ガラス製品などの獲得を目的とした日本列島北部地域、その後方にある日本列島各地と北方大陸との間に行われた交易に目を向ける必要がある。北方大陸から列島内、列島内から北方大陸へと展開される物質文化交流の一つに鉄鍋を位置づけ、それが普及することによって生じる食生活、さらには生活様式の変化に着目しながら研究を積み重ねることによって、鉄鍋の使用の変遷が一層みえてくるにちがいない。

【参考文献】

五十川伸矢　1997　「鉄釜の生産と供給」『鋳物の技術史』社団法人鋳造工学会
越田賢一郎　1996　「北日本における鉄鍋」『季刊考古学』57　雄山閣出版

II－5

アムール川下流域の漆器

小杉　康

1－「発見」された日本製漆器

アムール川下流域に日本製の漆器類が存在することが、1990年に現地での民族学調査を実施していた大塚和義氏によって確認された。確認場所はハバロフスク州のウリチ地区、ブラワの美術工芸学校であった。ブラワは、清朝の「満州仮府」がおかれたデレンやキジの近傍、すなわちサンタン交易においてマーケットが盛んに開かれた地域の中心に近い所に位置している。現在、ウリチ地区でのウリチの人口は約2500人、ウリチの人口が最も集中しているブラワでは約1000人、この村の約半数にあたる。

これまでになされてきた日本側でのサンタン交易に関する研究の多くは、「蝦夷錦（えぞにしき）」や「蝦夷玉（えぞたま）」の名で呼ばれた大陸側から日本へともたらされた文物に強い関心を寄せたものだった。交易である以上、当然日本側から大陸へ向けて搬出されたものもあるはずであるが、例えば「我國より輸出されたものは貂皮・狐皮・獺皮並に鍋・鑢・鐇等の鐵物に限られて居、……山丹自ら使用するか、若くは奥地の土人に供給するために毛皮の補いとして交易される……」（高倉 1939：178）と述べられるように、常識的な理解にとどまっていた。これに対して最近の研究では、特にそのような点にも強い関心が示され、〈交易〉としての実体がいかなるものであったのかが明らかにされつつある。

以上のような問題関心の推移や、予備的な調査の成果を踏まえて、日本側からもたらされた品々が何だったのかを具体的に確かめ、文献史料に現れてこない、あるいは現れづらい内容を明らかにすることを目的とし、1997年８月に現地での調査を実施した。ここに紹介する漆器類は、このような経緯で確認され、記録・資料化されたものである。

2－トゥィル資料とブラワ資料

アムール川下流域、ハバロフスク市を起点としてそれよりも下流で調査を実施した地点は、ソフィースク、マリンスコエ、ブラワ、ボゴロツコエ、トゥィル、ニコラエフスク・ナ・アムーレの６カ所に限られるが、その内の２カ所で日本製の漆器類を確認できた。ブラワで31点、ニコラエフスク・ナ・アムーレで６点の計37点である。器種別の内訳は「椀」が20点（ブラワ17点、ニコラエフスク・ナ・アムーレ３点）、「天目台」が10点（ブラワ）、「盃」が７点（ブラワ４点、ニコラエフスク・ナ・アムーレ３点）となる。これらの漆器類は全て、形態や文様、さまざまな塗りの技術などから一応日本（和人）製品であると判断されるものである。

ニコラエフスク・ナ・アムーレ市博物館に所蔵されている６点の内の５点は、トゥィルにおいて道路脇に電柱が敷設される際に発見（発掘）されたものであり、それが博物館に持ち込まれたとのことである。５点の内４点は、破損資料であり遺存状態も悪い（椀１点・盃３

点）。全体の形状が復原できる椀１点は、口径13cm・器高５cmの「一文字腰」のもので、外面を黒漆、内面を赤漆で仕上げている。金蒔絵で「花角に打板」の文様を３単位描いている。採集地が不明な１点の漆器椀は、口径12.1cm・器高6.6cmで、胎が厚い作りのものである。外面を黒漆、内面を赤漆で仕上げ、底面外側には漆（赤）書きで「近江」と記してある。

写真１　ドゥワン氏伝世品（椀と天目台）と櫃状容器

ブラワで確認した漆器31点は、現在（調査時点）ブラワ村博物館に所蔵されている12点と、ドゥワン氏の伝世品である19点とである。1990年に大塚氏がブラワの美術工芸学校で確認した２点の漆器椀は、博物館所蔵の12点の中に含まれている。所蔵品12点の器種別の内訳は「椀」が10点、「天目台」２点である。伝世品19点は「椀」7点、「天目台」８点、「盃」４点である。伝世品の19点は磁器の盃１点と共に、ウリチの伝統的な櫃状の容器に一括して収められていた（写真１）。1997年の調査では、所蔵品については実測図を作成し、写真記録をすませた。しかし伝世品については、調査も大詰めの段階になって思いもかけずに確認できたものであり、写真と寸法の記録をすませただけである。

３—ドゥワン氏伝世漆器類

ここでは一括性の高いブラワ資料を中心に、その紹介並びに若干の考察を加える。ブラワ村博物館所蔵の10点の漆器類のほとんどは、本来ドゥワン氏伝世品と一括のものとして保管されていた可能性が高いことが、聞き取りによって確認された。但し、19点のドゥワン資料を一括して収納していた櫃状容器の容量は、所蔵品10点の漆器類をも含めて全て一緒にそこに収納していたとするのには、やや小さすぎる。よって、所蔵品の全てがドゥワン氏によって保管（伝世）されていたとしても、その収納状況は1997年の調査で確認できた一括資料と共に同一の櫃状容器に納められていたものではないであろう。このような点を考慮して、ここでは所蔵品である漆器類とドゥワン氏伝世漆器類とを一応区分して取り扱うことにする。

ドゥワン氏伝世漆器類を収納していた櫃状容器には、そのほかに磁器製の盃１点と、紐で一連になった小形の木偶３点が納められていた。ここでは所蔵品、伝世品の両資料群に対して、漆器椀・漆器盃・磁器盃の口径と器高とについてその規模を比較するとグラフ①～③のようになる（図）。漆器椀は、器高に対して口径が大きく全体的に大形品であるＡ型椀と、口径に対する器高の割合が大きくやや小振りであるＢ型椀とに分かれる。全てＡ型である所蔵品の漆器椀では、器高において若干のバラツキが目立つ。これに対してドゥワン氏伝世の漆器椀では、Ａ型椀の集中の度合が極めて高い、すなわち斉一的な規模であり、また斉一的な形態でもあるといえよう。Ｂ型椀は２点のみであるが、その集中は明らかにＡ型のそれとは異なり、有意な差異として表れている。漆器盃は器高が約3.0～3.5cmに集中する。口径が10cm以下の一群（Ａ型）と10cmを超える一群（Ｂ型）とに分かれる。Ｂ型盃の高台は0.5cm前後であるのに対して、Ａ型盃では１cmとなり、両者の形態的な差異は明瞭である。

両資料群毎に容器類の器種・形態、及び数量を整理すると次のようになる。

伝世品：A型漆椀（5点）、B型漆椀（2点）、天目台（8点）、A型漆盃（1点）、B型漆盃（3点）、磁器盃（1点）

所蔵品：A型漆椀（8点）、B型漆椀（0点）、天目台（2点）、A型漆盃（0点）、B型漆盃（0点）

使用痕跡というよりも、意図的に再加工したものであるが、所蔵品の中に漆器椀の底部外面に線刻を施した事例3点が確認された（写真2）。ドゥワン氏伝世品にも同様のものがあると思われるが、資料の性格上、現時点においては表面に付着した汚れを除去することができないので、その確かな存否を確認することはできなかった。これらはアイヌの所有印として知られる「イトㇰパ」に類似するものであり、例えば北海道アイヌにおいても外来品として和人から入手した漆器椀の底部外面に「イトㇰパ」を刻み付けている事例が存在する。底部外面に線刻を有する漆器椀は、北海道、そしてサハリンを経由して当地にもたらされた際に、すでにそのような線刻が施されていたのか、あるいはこの地においてはじめて線刻されたのか、この点が問題となる。

明瞭な付着物としては、タール状のものが観察された。これらは全てドゥワン氏伝世品である。所蔵品の漆器類には、ここで取り上げるような明瞭な付着物は見られなかった。博物館への収蔵に際して、クリーニングされてしまった可能性も考慮されるが、むしろ器種の違いが作用しているのではないかと想定される。付着物の見られた資料は、器種としてはB型椀の2点中の1点と、B型盃の全点とである。漆器椀でも漆器盃でも共に、A型とB型との間には形態上の有意な差異が認められるが、この差異が使用時における用い方の違いとして、有効に機能していたと考えられる。

以上のような日本（和人）製の漆器類がアムール川下流域で確認されたことによって、サ

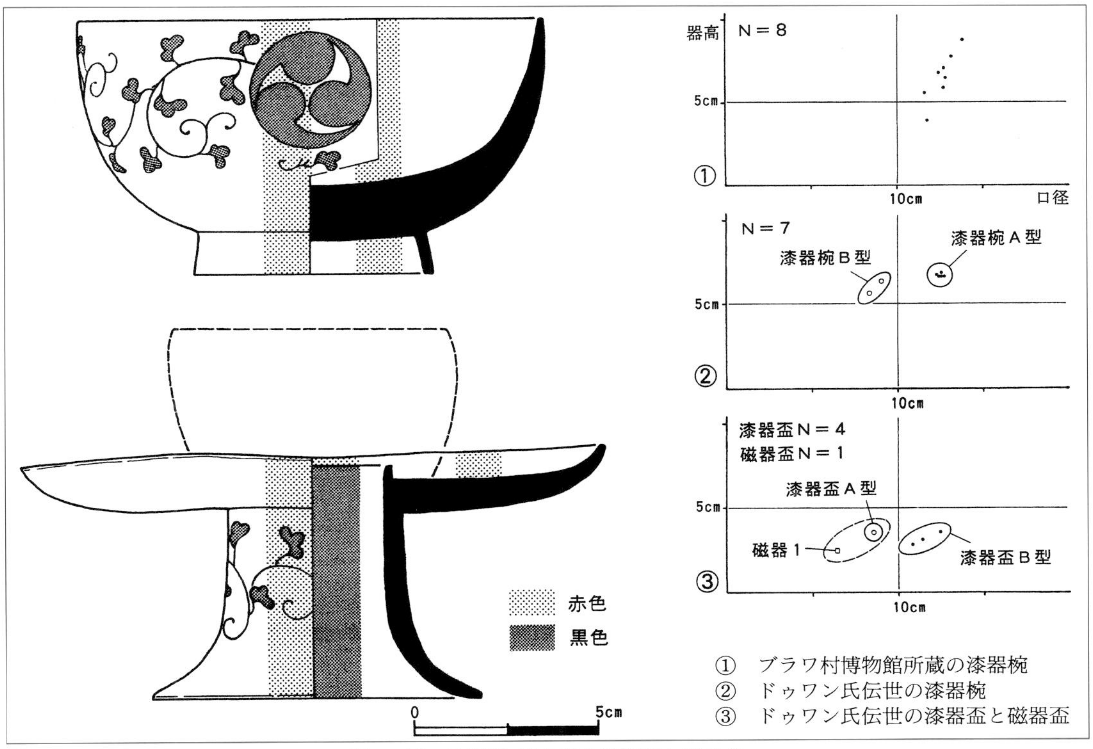

図　ブラワ村博物館所蔵の漆器椀と天目台

ンタン交易に関するイメージには大幅な修正が必要となる。例えば「これまで和人側の記録においては、高級な毛皮であるクロテンなど、アイヌ側から山丹人に渡る産品だけが記録されていたが、漆椀を実見したことによって、山丹交易の真相にせまり得たおもいがした」(大塚 1991；34) と述べられることもある。確かに和人側の記録には、サンタン交易に送り出された品目として漆器類の記述がほとんどない。それなのに実際には毛皮類ばかりではなく漆器類も搬出されたのであり、それが「山丹交易の真相」である、という評価である。さらに、従来のような狩猟・漁撈・採集を生業とする「原始的」なサンタン人像を痛烈に批判し、「木綿の衣類を着用し、陶器や漆器あるいは金属器の食器を使って、粟や米などの穀物類を常食し、アラキと呼ばれる酒を飲み、中国渡りの絹やガラス玉、あるいは毛皮類を持って、隣人たちと船団を組み、樺太や松花江へ交易の旅に出かける」(佐々木 1996；53) サンタン人の姿も提示され始めた。これらの見解は「文明人による偏見にゆがめられた民族誌」に対する異議申し立てであり、民族誌的な状況を歴史的文脈で読み解く歴史的修正主義の研究実践の成果ともいえよう。

写真２　漆器椀の外観(上)と底部の「イトゥパ」

３―歴史的・民族誌的な状況：「混住」

しかしアムール川下流域での、あるいは少なくともブラワにおける漆器類の存在を評価するには、より深い歴史的・民族誌的な状況を考慮する必要がある。

1997年の現地調査では、伝世品を所有しているドゥワン氏から、それらの漆器類が「熊送り儀礼」の際にのみ使われたものであることを教えられた。また、アムール川下流域にはアイヌに由来するハラ（父系の氏族）出身者が居住していることが伝承等で伝えられている。ブラワでもウリチのクイサリ氏族とドゥワン氏族が樺太アイヌに系譜を引くといわれている。そうであるならば、ブラワに存在した漆器類は、サンタン交易のレールにのってきたものと解釈するよりも、アイヌ系のハラの由来に関わるものと理解した方が妥当であり、それらが日常の什器として用いられていたとは到底考えられない。間宮林蔵が『東韃地方紀行』でも記録しているような、いくつかの民族の「混住」という状況こそが、当地にこれらの漆器類をもたらした最大の要因であると考えられる。

サンタン交易のレールにのって交易品として供給された漆器類という単線的な理解は、その産地を推定したり化学成分を調べるために、時には文化財科学でのルーチン・ワークとなった産地同定や材質分析へと調査者を誘惑し、ためらいもなく破壊分析の採用へといたらせる危険性をはらんでいる。少なくともここにその一端を提示したような、フィールドでの観察と記録に立脚した基本的な議論がまずは必要であろう。新たに確認された資料に対して、調査者や研究者が過剰な反応を示しそこに殺到するような事態は、かろうじて今日まで維持されてきた民族文化や価値観までをたやすく破壊しかねない危険なものである。過去の事実を当地の人たちと分かち合える、礼節をもった態度でフィールドに向かいたい。

【参考文献】

大塚和義　1991　「アムール川流域における伝統文化の現在」『民族芸術』VOL. 7　講談社

佐々木史郎　1996　『北方から来た交易民』NHK ブックス772

高倉新一郎　1939　「近世に於ける樺太を中心とした日満交易」『北方文化研究報告』第１輯

写真１・２　筆者撮影／図　筆者作図

II—6

アムール川下流域の漆器の調査

小林幸雄

1—漆器の元素組成調査

大陸—サハリン—北海道地域では、先史時代からの各時期において、文化接触が繰り返されており、近世後半期になると、山丹交易と呼ばれる北の交易ルートの動脈として機能していた。さまざまな交易品が行き交う中で、漆器についても、この地域を盛んに流通していたと推定されるが、その実態の多くは不明のままであった。ところが、つい最近になって、大塚和義氏によって、アムール川下流域において出土漆器や伝世漆器の存在を確認したとの報告がなされた。これらの漆器がいつ、どのような経緯のもとに、生産地から流通したのかについては、その時期における文化交流の全体像に関わる重要な事柄である。

今回、同氏から、アムール川下流域における出土漆器及び伝世漆器に由来する漆器片15点の提供を受け、そのうちの一部について調査することができた。本稿では、これらの漆器片について、塗膜断面部を顕微鏡観察し、あわせて元素組成を調査することで、材質や技法上の特徴などを検討した。

2—方法

大塚和義氏からの提供試料15点は、いずれもアムール川下流域の出土漆器及び伝世漆器に由来するものである。内訳は、下表に示すように、トゥィル遺跡の出土漆器（2点）、ドゥワ

試料一覧と結果（層厚の単位：μm）

	遺跡/所蔵者	試料(漆器片)の外観	器種	色/文様	下地	透明漆	赤色漆	顔料	備考
1	トゥィル	赤色			炭粉	0-20	50、50	朱、朱	
2	トゥィル	黒色系	漆椀	金彩					
3	ドゥワン(2)	黒色系	高台	唐草文					
		赤色			100-170		15-20	朱	
4	ドゥワン(3)	梨地							
5	ドゥワン(5)	赤色			＞70		20-35	ベンガラ	
6	ドゥワン(13)	(未着)							
7	ドゥワン(14)	黒色系				8層 ＞600			縦横の亀裂
8	ドゥワン(15)	黒色系		唐草文					
9	ドゥワン	赤色	盃	富士山					
10	ブラワ(1)	赤色	高台						
11	ブラワ(11)	梨地		梨地	＞100	25-35(上) 20-30(下)		錫	梨地粉 (薄板厚＝2-10)
12	ブラワ(12)	赤色	高台		200-230		40-45	朱	
13	ブラワ	赤地黒彩		三ツ巴・唐草文					
14	ブラワ	赤色		赤、黒、金					
15	——	灰白色	乾漆壺						

写真１　ドゥワン氏所蔵漆器（左より：No.３・No.５・No.７）

ン氏所蔵の伝世漆器（７点）、ブラワ村の伝世漆器（５点）、不詳（１点）であり、このうちの６点について今回の検討対象とした。供試試料は、エポキシ樹脂に包埋した後、塗膜の断面部分を耐水サンドペーパーによって鏡面研磨仕上げし、さらに薄片化したプレパラートを光学顕微鏡下で観察した。同時に、断面試料を炭素蒸着した後に、走査電子顕微鏡（JEOL 社製 JSM-5200）にエネルギー分散形Ｘ線分析装置（JEOL 社製 JED-2100）を付設した装置により観察と分析をおこなった。

３ー結果と考察

漆器片の観察結果については、塗膜断面の木地側から表面側に向かって、木地をａ層、下地をｂ層、そして表面の上塗り層をｃ層とし、さらに各層の中で塗り重ねがある場合には下層から上層に向かってｃ１・ｃ２・ｃ３……として表わした。

(1)トゥィル遺跡出土漆器

No.１(赤色漆器片）　塗膜の断面は、木地（木胎）が埋土環境中に失われており、下地層（ｂ）と赤色漆層（ｃ１・ｃ２・ｃ３）から構成される。塗膜全体の層厚は約100μm を示す。

ｂ：透過光下では黒色を呈する層で、層厚５～20μm と厚さのムラがみられる。層の上面は起伏に富む。

ｃ１：黄褐色を呈する透明漆層である。層厚は０～20μm と全体に不均一であるが、上面では緩やかな起伏を示す。

ｃ２～ｃ３：赤色漆層は２層であり、上下ともに約50μm の層厚を示す。Ｘ線分析では、いずれも水銀（Hg）が検出され、朱（HgS）を彩色材料とした朱漆が用いられている。下層（ｃ２）では下面でやや緩やかな起伏を示すが、上面では極めて平滑である。上層（ｃ３）では、上面および下面ともに極めて平滑である。漆と朱顔料との混合割合については、相対的に下層（ｃ２）で顔料成分が多く、上層（ｃ３）ではやや漆分が多い。

(２)ドゥワン氏所蔵漆器

No.３(赤色漆器片）　塗膜の断面は、木地が埋土環境中に失われており、下地層（ｂ１・ｂ２）と赤色漆層（ｃ）から構成される。

ｂ１：木地直上にあり、黄褐色層が約10～20μm で広がる。

ｂ２：次いで、植物質を混じえた下地層が100　～170μm 広がる。

ｃ１：表面の赤色漆層は朱漆層の１層のみで構成され、層厚は約15～20μm を示す。

No.５(赤色漆器片）　塗膜断面は、木地が埋土環境中に失われており、下地層（ｂ）と漆層（ｃ）から構成される。

写真１　大塚和義氏撮影

No. 1　トゥィル遺跡出土漆器（200倍）

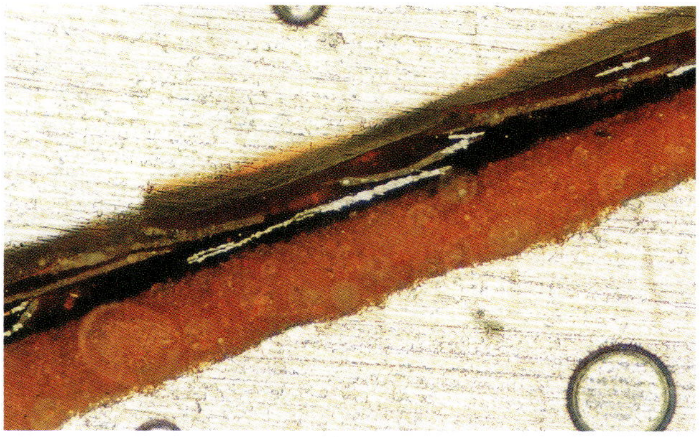

No. 11　ブラワ村所蔵漆器（100倍）

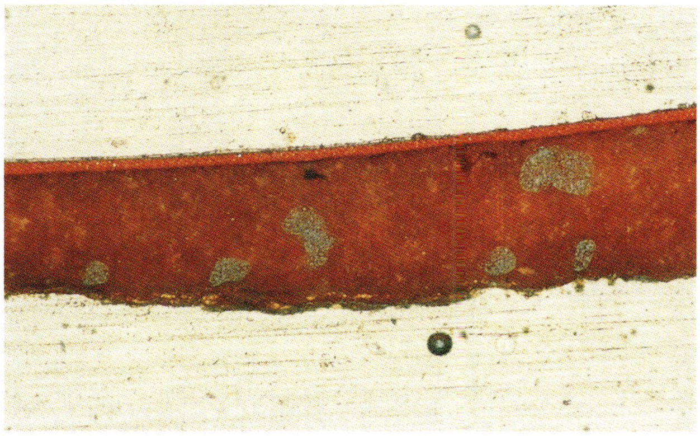

No. 3　ドゥワン氏所蔵漆器（150倍）

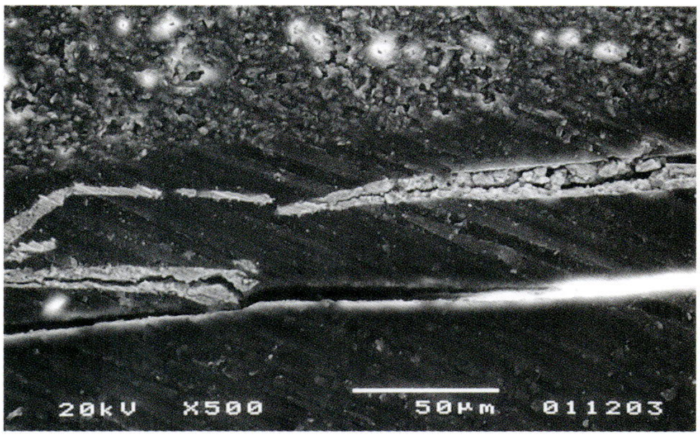

同上　電子顕微鏡像（300倍）

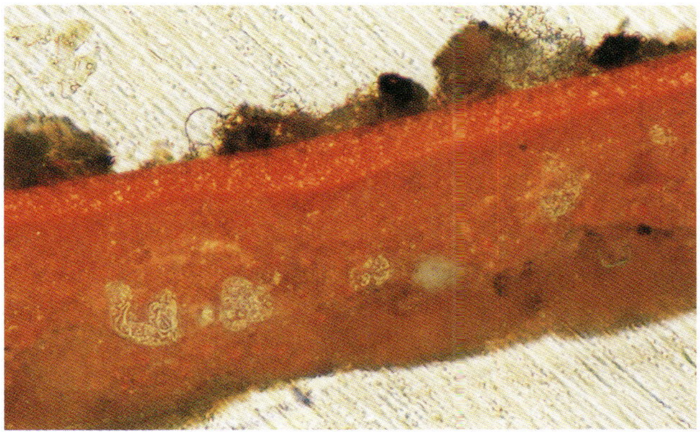

No. 5　ドゥワン氏所蔵漆器（300倍）

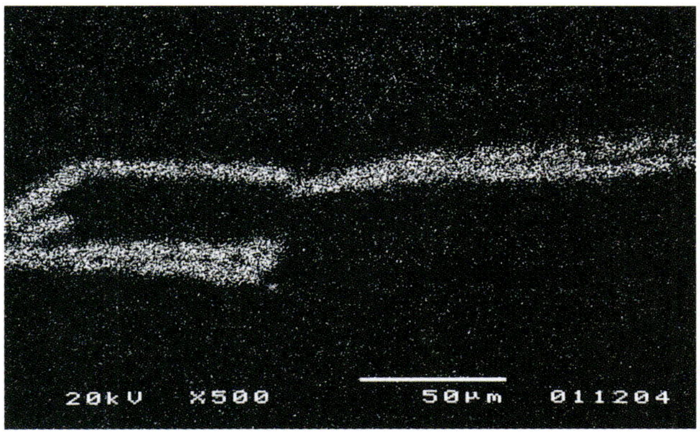

同上　錫（Sn）X 線像（300倍）

No. 7　ドゥワン氏所蔵漆器（100倍）

No. 12　ブラワ村所蔵漆器（100倍）

写真２　漆膜断面の顕微鏡観察

写真２　筆者撮影

b：木地直上の層は確認されない。植物質を混じえた下地層は、現状で70μmをやや越える層厚を示す。下地層の上面は、緩やかな起伏を示す。

c：この赤色漆層には、鉄（Fe）のみが検出され、酸化第二鉄（Fe_2O_3）を主成分とするベンガラを彩色材料としたベンガラ漆が用いられている。層厚は20～35μmを示す。

No.7（黒色系漆器片） 塗膜の断面は、漆層（c1～c8）で構成される。

c1～c8：黄褐色を呈する透明漆が繰り返して塗り重ねられている。各層の厚さは不均一であり、かつ層と層との境界が不鮮明であるために、塗り重ね回数は明瞭ではないが、顕微鏡下でc1～c8までの合計8層を数える。全体の層厚は600μmを越える。漆層の層向に対して垂直方向の亀裂が各漆層を縦断するように深く入っている。あわせて、層向と平行するレンズ状の空隙もみられ、塗重ね途上の剥離によると推定される。

（3）ブラワ村漆器

No.11（梨地漆器片） 塗膜の断面には木地部分は残らず、下地層（b）と、錫粉を含む層（c1・c2）から構成される。

b：黄褐色で、現状では100μm以上の層厚を示す。

c1：層厚20～30μmの黒褐色透明漆層には、梨地粉として錫製の薄板が含まれる。錫製の薄板の厚さは約2～10μmを示し、観察部位による厚薄の差は大きい。錫製の薄板の断面をみると、塗りの層向とほぼ平行して並んでおり、錫箔状に槌（つち）出ししたものを用いたことが推定される。薄板は、黒褐色透明漆層の上面から中ほどに沈み込むように位置している。このことから、黒褐色透明漆の塗布作業後のまだ漆が乾ききらない状態のうちに錫箔状の梨地粉を模様部分にあわせて蒔き散らす作業が行われたと推定する。下面では細かな起伏に富み、上面では緩やかな起伏を示す。

c2：褐色系透明漆で、層厚25～35μmを示す。梨地粉を軽く押さえ込むように上塗りされている。この層の透明感は強い。

No.12（赤色漆器片） 塗膜の断面には木地部分は残らず、下地層（b）と漆層（c）から構成される。

b：黄褐色の下地層は、現状では200～230μmの層厚を示す。

c：赤色漆層の層厚は40～45μm。元素分析の結果から、朱漆が用いられている。

アムール川下流域から採集された漆器片について、主に顕微鏡組織を検討した結果を紹介した。

必要な調査を全て網羅するところまでいたらず、とくに日本の漆工技法との比較、あるいは中国における漆工技法との比較という点では不充分なままである。しかし、各試料にみられる漆工技法上の特質の一端については明らかにできており、梨地漆器の技法にみられるように日本の漆工技法と比較することで、生産地や時期を特定できる可能性も推定される。今後、北海道およびサハリンにおける出土漆器・伝世漆器との比較検討を進めることで、アムール川流域の漆器に関わる技法が明らかにできる可能性がある。

II－7

ウリチの帯・クイウマリ――存在の確認とその意味

大塚和義

1－クイの帯との出あい

アムール川下流域の村ブラワを、筆者が初めて訪問したのは1990年３月である。ゴルバチョフによるグラスノスチに始まるペレストロイカの波が広がり、やっと外国人受け入れを始めたばかりのソビエトであった。

この村の小さな美術工芸学校の一室に展示された古い生活用具のなかに、中国清朝の錦（にしき）類の断片や金属製品などに混じって、明らかに日本製とみてよい梨地のものと鶴亀が描かれた漆椀をみつけて以来、筆者のアムール川流域行きが続いている。この梨地漆の椀底部には、アイヌの特徴的なシロシと呼ぶ所有印が鋭い刃物によって刻まれていた。19世紀初めに始まるいわゆる山丹交易とよばれる官営交易において、日本側の記録にはみいだすことができないので、正規の物品リストには含まれないが日本側から山丹人に渡された品物であったのか、あるいはアイヌ自身が彼の地に頻繁に往来していた山丹交易以前に、彼らとともにあった漆器がブラワに残されたものであったのか、この漆椀存在の背景には、さまざまな状況が考えられる。和人側の記録には、高級な毛皮であるクロテンなど、アイヌから山丹人に渡る産品だけが記されていたが、漆椀を実見したことによって、山丹地方との交易にふかく関与してきたアイヌの真相に一歩せまり得たおもいがしたものであった（大塚 1991）。

この最初のブラワ滞在で、アムール川流域の先住民ウリチが美しい色あいの帯をもっていること、その機織具が存在することを知った。当時、その華やかな色合いの帯を、ある老女が「クイの帯（アイヌの帯）」という意味であると話してくれた。この経験を踏まえて、筆者はアムール川流域の先住民の村々をまわり、博物館や資料館に収蔵されている帯類を調査した。その結果、伝統的な衣服に織帯を使うのは主にウリチであること、ナナイもわずかに用いるが、聞いてみるとウリチから入手していたことを確認した。ナナイは細く切った布を組んで帯を作る技術をもっているが、機織具を用いて帯を織ることはしない。

歴史的に山丹人として日本側の記録に登場するのは、このウリチを中心とするアムール川下流域の先住民と考えられている。彼らは、交易活動に長（た）けており半径1000㎞以上の行動範囲をもっていた。彼らは、ニヴフやアイヌなど周辺諸民族の生産する毛皮や海産物といった自然経済産物と、高度な技術をもって生産される中国の絹や木綿の織物、ガラス製ビーズや金属製の装飾品などを相互に流通させる仲介交易者として利益をあげていた人たちであった。

ウリチの人たちには、帯を織る複数の技法が存在していた形跡は認められるが、現在実際にその技術を確認できるのは、次章で柳元悦氏が紹介している手法だけである。ロシアの民族学者スモリヤークの著書には「帯づくり」と題して不鮮明な写真が４枚掲載されている（Смоляк 1984；148-149）。そこには、ウリチの帯織り光景が２枚とニヴフのものが２枚示

写真１　中国製の錦衣に幅広のクイマウリを締めるウリチの正装（ブラワ／2000・8）

写真２　クイウマリの部分拡大

されているが、説明はまったくない。写真を詳しくみると、いずれも数本の縦糸しか張られていないので、帯織り光景の実写ではなく、写真撮影のためのポーズであることがわかる。ニヴフの織り手はアーチ型の開口保持具をもっており、ウリチのそれとは形態が異なる構造である。古いウリチの村カルチョームで採集したというアーチ型の開口保持具を１個見つけることはできたが、もはやその機織具の全体像を知る人はいない。また、いずれも60代のウリチ女性から、母親が２台のベッドの脚の間にたくさんの糸を張って帯を織っていたという聞き取りを得たが、この実態も不明である。

２―クイウマリの意味するもの

ここで筆者が注目したいのは、ブラワの年老いた女性たちが所持している古い一群の帯であり、柳氏が第３類に分類しているものである。これらは、茶系の濃淡の色合いに仕上げられた比較的に幅の広い帯で、「クイウマリ」とよばれる。「クイ」は中国において明の時代、あるいはそれ以前にも使われていた、樺太（サハリン）アイヌを指す古い名称「苦夷」であり、「ウマリ」はウリチ語で「帯」、すなわち「クイウマリ」は、まさしく「樺太アイヌの帯」の意味である。1990年に筆者が聞いた「アイヌの帯」という言葉が、ウリチ語の「クイウマリ」だったのであろうが、当時はロシア語の通訳を介しての会話であったので、この茶色い帯の存在を知ることはできなかった。そして、通訳が言った「アイヌの帯」は、現在用いられている華やかな多色の織帯全体を示す言葉で、樺太アイヌと関係の強いものであろうと勝手に解釈していたのであった。

ウリチは、現在アムール川下流域にウリチ地区を形成しており、ブラワ、ボゴロツコエを中心にして約2500名が居住している[(1)]。とりわけウリチ人口の最も多いブラワには約1000名のウリチが生活している。その中に、先祖はアイヌであるという氏族の伝承をもつクイサリとドゥワンの２集団が存在する。クイ（苦兀）を頭に冠するクイサリ氏族に属する者が約400名、ドゥワン氏族約300名である。

なぜ、アイヌを先祖に持つという人たちがアムール川下流域に住んでいるのであろうか。その要因のひとつとして、アイヌといわゆる山丹人との緊密な交易を基礎にした接触・交流関係が築かれており、さらに山丹人が借財のかたにアイヌの子女を連れて行ったことだけでなく、必然的な婚姻関係の成立が考えられるのではないだろうか。さらなる要因としては、

写真１・２　筆者撮影

文化5年（1808）に幕府が樺太アイヌの大陸への往来を制約したことがあげられるだろう。ことに樺太アイヌの半数以上が居住するアニワ湾を中心にその周辺の東西両岸を含む地域では、幕府および松前藩の規制は、かなり厳しいものであったことが、記録からもうかがわれる。松田伝十郎と間宮林蔵は、樺太アイヌの全体的調査を行った。間宮林蔵は、さらに満洲仮府の置かれていた大陸のデレンまで出向いて調査を行い、樺太アイヌと中国との関係を詳さに実見した。その結果、樺太アイヌが中国に朝貢してクロテンの毛皮を納め、中国製品を入手するなどの毛皮交易の展開をこのまま続けるならば、樺太アイヌはいずれ中国に取り込まれることを予感させるに充分な状況を確認した。同時に、幕府には、北方から渡来する中国製の高級な絹織物、特に「蝦夷錦」と俗称される龍文のついた錦などを入手できる交易を直接経営して利益を独占する目的があった。そして樺太の南端に位置する白主に山丹人との官営交易所を設けた。幕府は江戸の越中島に蝦夷産物会所を設けて、蝦夷地からと蝦夷地を経由して入ってくる北方の産物を独占的に取り仕切ったのである。

そこで、いま一度、樺太アイヌに対する大陸往来の規制によってなにが引き起こされたかを考えておきたい。交易の規制によって多くの樺太アイヌがアムール川下流域のブラワとその付近に集中して残留をよぎなくされ、とくにウリチとの太い絆をもっていたゆえに、そこに定着したことであろう。そして、いわゆる山丹交易はその後も慶応年間まで続けられていたので、当然、アムール川下流域に残ったアイヌもそうした交易の支援者として活動する余地はあったと考えられ、現地に存在する意義もあったであろう。こういう背景のもとに、樺太アイヌの帯は、残留したアイヌにとって自分たちの出自とアイデンティティを持続させるための大きな役目を担ったのではないだろうか。

一筋の帯といえども、「織り」技術によるものであり、この技術は、ウリチより北の地域の先住民には存在しない[2]。このことが本稿で述べたい重要な点であり、筆者は、ウリチの帯織りは、「織り」という技術に価値を見いだしていた樺太アイヌからの技術移転とみたい。樺太アイヌの本来の正装であり、一番上に羽織った着物はイラクサやツルウメモドキの繊維で織った「白い衣」を意味するテタㇻペであった。そうした衣服は、ウリチの生活領域においてはもはや防寒の用をなさなかったという理由ばかりではなく、製作の技術を伝える者はいなかったであろう。そこで、比較的軽便にできる帯というものが、織りという技術にこだわる樺太アイヌのシンボルとして前面に出て、残されたのではないかとおもわれる。

繰り返しになるが、クイウマリとよばれる茶色を基調とする幅の広い帯を、現在でも古老たちは最も重要な帯として位置づけていることは、クイの帯が伝わった経路を示唆しているとも考えられる。そこまで言及することはできないとしても、クイウマリという言葉が、彼らの中に深く根を下ろしているということは、樺太アイヌとの人的・物的往来がきわめて歴史的に古くから頻繁・強力であった状況を物語る有力な証拠のひとつになるであろう。

（1） 2000年8月現在、ブラワ村長ナージャ・ロスヴグによる。
（2） スモリヤークによる写真説明では、「ニヴフ、1958年バイダ村」となっている。バイダはニコラエフスク・ナ・アムーレ市の上流約20㎞にある。現在ではアムール川下流域のニヴフに帯を織る技術の伝統はない。筆者の調査では、サハリンのニヴフに帯織り技術の伝統が存在したという痕跡はない。写真の帯織り技術は、南に隣接するウリチからの借用であるとも考えられる。

【参考文献】

大塚和義　1991　「アムール川流域における伝統文化の現在」『民族芸術』VOL.7　講談社

Смоляк А. В. 1984 *Традиционное хозяйство и Материальная культура Народов Нижиего Амура и Сахалинна*, Наука.（アムール川下流域とサハリンの諸民族の伝統的生産と物質文化）

II－8

ウリチの帯織り技術

柳　元悦

1－はじめに

帯織り技術の観察および帯資料の観察は、1999年８月、ロシア・ハバロフスク州ウリチ地区ブラワ村博物館およびブラワ村居住の伝統工芸技術伝承者宅において行った。ウリチ民族出身の帯織り技術保持者ブラワ村在住のユリア・イワノヴナ・チージクの存在、および機織具のあらましは、1998年の調査（大塚）によって確認された。

今回実見した帯織り技術は、同ユリア・イワノヴナ・チージクによるものである。彼女は帯織り技術を祖母から習得したという。およそ10年前に他界した祖母は、帯織りをはじめ、魚皮衣の製作など、伝統工芸技術に卓越した人物であったという。帯の製作はブラワ村博物館において行われた。機織技術をまとめると以下のようである。

2－機織具

当該帯織りに用いられた機織具は、織り手側から、布保持具、緯打具、緯入具、綜絖、開口保持具、経糸保持具の順に配置される（図１）。いずれも、自前の木製で、どれにも刃物で削った痕が見られる。布保持具は、長さ約20cmの丸棒で織り手の腰に、同様の古い帯を利用して固定される。緯打具は、レンズ状断面を持つ両刃直刀形で長さ約40cm、幅４cmである。緯入具は、長さ20cmほどの網針同様のものが使われる。網針は、現在でも同地で、漁網を編むのに多用されている。

綜絖は、綜絖棒と綜絖糸からなり、綜絖棒は、長さ約15cmの若干先細りとなる扁平な木片であり、綜絖糸は量産紡績糸で、必要量にさらに余分をもって巻かれている。開口保持具は、同じ太さの２本の木製丸棒で、いずれも長さ約13cm、両端部分に設けた溝を利用して固定用の紐で平行に結ばれる。この開口保持具は、綾棒をかねている。経糸保持具は、長さ17cmの木製丸棒で、棒中央部分の片面を浅く削りさげて、経糸あるいは布が棒中央からずれて移動しないように工夫している。棒両端に設けた切れ込みを利用して紐を結び、柱などに結わえて経糸を保持する。

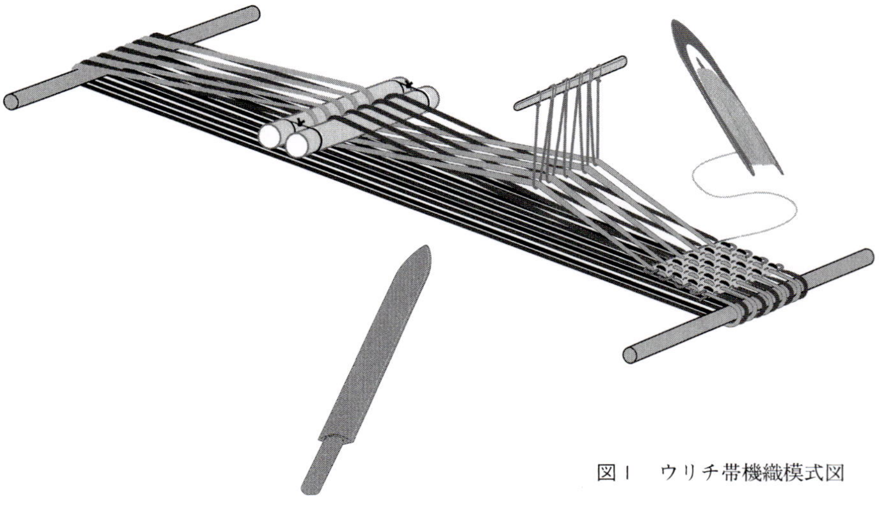

図１　ウリチ帯機織模式図

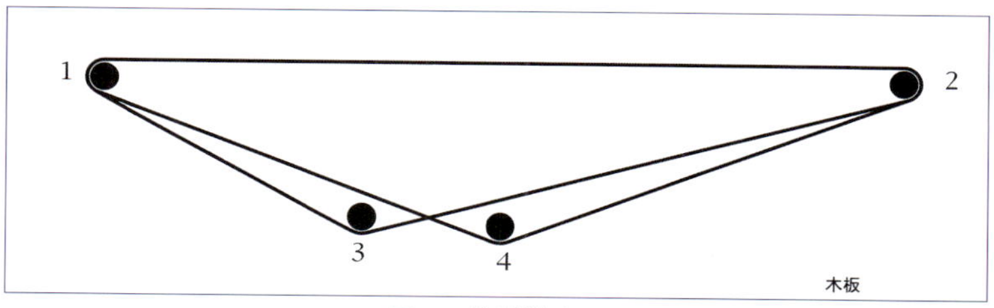

図２　整経模式図

写真１　経糸に綜絖をしつらえる

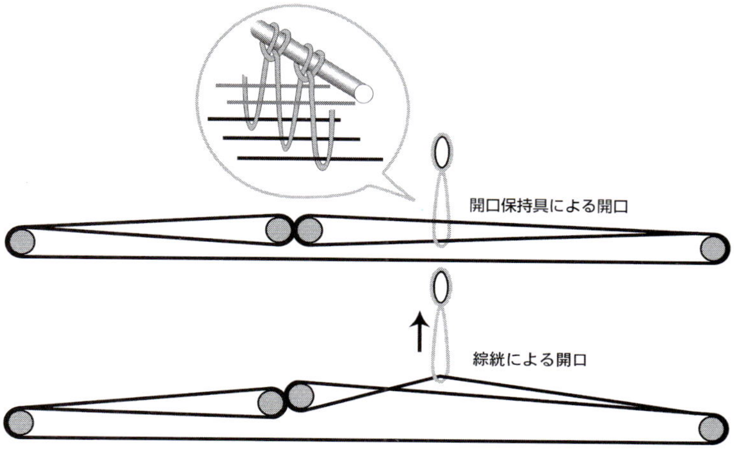

図３　綜絖の形態と経糸開口模式図

3―織り技術

（１）糸の準備

帯を織るための経糸、緯糸は、購入調達される量産の機械紡績糸である。経糸は、黄、ピンク、白、黒、青、紺など多くの色が用意され、ボビンに機械巻きされたままのものと、直径３cmほどの玉状に巻き直しているものとがある。素材については未確認である。緯糸は、木綿製と思われる太い糸であり、すでに網針に巻いて用意されている。製糸、撚糸に関わる道具類は認められなかった。

（２）整経作業

整経は、長さおよそ120cm、幅15cmほどの矩形の木製板（整経板）を用意して、その片面の両端付近に２カ所と中央部付近に２カ所、釘を立てる。板の一端の釘に糸を結び、釘の間を巡るように経糸を輪状に巻く。この一周の長さが帯の全長を生む。板の中ほどに10cmほどの間隔をもって立てられた２本の釘には、経糸が交差するように巻かれて、ここに綾を得る（図２）。

この整経作業時に、経糸の色構成が行われるようで、筆者が実見した時も、ユリア・イワノヴナは色糸の玉をあてがいながら糸の色の組み合わせを工夫していた。経糸の色変えは、巻き始めにある釘の位置で行い、先の糸を切断し、新しい色糸に結び継いで巻いていく。帯の中央部にいたると、黒白の市松を呈する崩し縞を設ける。この縞部分は、黒糸白糸を引きそろえて整経し、色を反転させる帯の中心部分にいたると、黒糸白糸を切断して結びなおし、白糸黒糸の順で再び引きそろえて崩し縞を整経する。これを過ぎると、前半の経糸の配色順と対称になるように色糸を配して整経を終える。経糸本数は総数121本、崩し縞を成す経糸は28本を数えた。

整経が終わると、綾を成す２本の釘位置に木製丸棒の開口保持具を通して、開口ならびに

写真２　帯を織る

写真３　緯糸を緯打具で打ち込む

写真４　仕上がった帯

綾を確保し、釘は取り除かれる。つぎに、整経板上で経糸に綜絖をしつらえる（写真１・図３）。その作業が終わると、輪状の経糸のまま経糸保持具、布保持具を釘と置きかえながら、整経板から取り外して織り付けの作業に入る。

（３）織り

帯の組織は、経糸は細く密で、緯糸は太い。したがって、経糸が畝（うね）を成す地厚の平織りとなる。経糸は、幅約５㎝に121本を、緯糸の打ち込み本数は、おおむね１㎝に５本を数える。織り付けは、整経時に経糸を結び継いだ結節が集中する部分を織り手側の布保持具の位置にくるように据えて、そこから６～７㎝程度をあけて緯糸を入れ、緯打具で打ち込み始める。緯糸の末端は、織り込まずにそのままとされる。帯の織り幅に落ち着くまでは、緯糸にゆるみを持たせて帯の幅を得る作業がある。この部分おおよそ６㎝ほどは、ゆるいテーパー状を成す。織り進むと、織った長さ分だけ経糸を手前に引き寄せるように廻して織り進み、織りが困難になる段階で織りを終える（写真２・３）。

（４）仕上げ

織り終わると、10数㎝ほどの織られない経糸部分を残した、環状の細い布ができあがる（写真４）。この経糸部分の中央をハサミで切断すると、初めて長さ約２ｍの１本の帯となる。織り残した経糸部分は、帯両端の房となる。仕上げ作業として、この房の数カ所の経糸同士を結んで緯糸がほどけないように固定する。また、この房の中に残された経糸の色を結び替えた結節を切りとる。結果、房のなかに、いく本かの短い糸ができる。

以上が、今回、ブラワ村において実見した帯織り技術である。

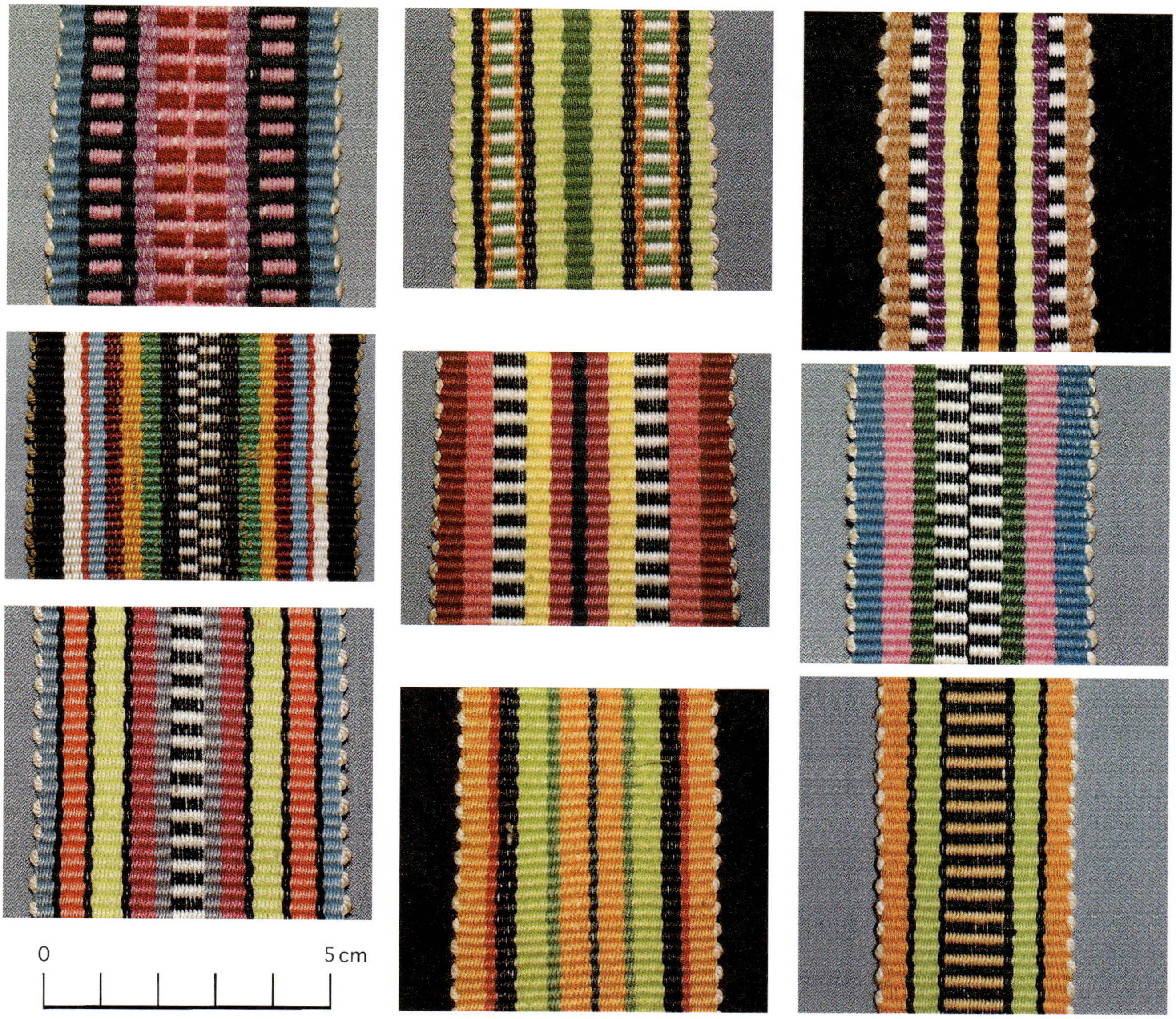

写真５　多色縞のウリチの帯

４ 一分類

（１）第１類

今回の織り技術によって得られた帯を、現在のブラワ村の基準資料ととらえて、同村博物館蔵の帯資料と比較した結果、素材が変わらないこと、彩度の高い多色縞を構成すること、緯糸の張りや打ち込みがよく似ること、織り付け段階のテーパー状部分を見いだせること、ほとんどの帯に、経糸２色による市松ないし反転様の崩し縞が配されることなど、共通する点が多い（写真５）。

しかし、なかには織り付け部、織りじまい部の仕上げ作業が無いものも多く、房のなかに経糸の結節部分が残されているものも多く見られた。帯織りを実演したユリア・イワノヴナは、帯織り技術を祖母から学んだとのことであり、同博物館の帯についても、彼らの作であるとの博物館長の話であったが、作者の同定、制作時期の同定はむずかしかった。今回の織りによって得られた帯と、それによく類似する帯が量を持って存在することから、これを第

図１〜３　筆者作図／写真１〜５　筆者撮影

１類とする。

（２）第２類

このほかに、木綿の機械紡績糸製で幅1.5cm 内外の細いテープ様の平組織の織り紐がある。魚皮靴、獣皮靴、脛あてなどを結束固定するために使われた真田紐（さなだひも）様の布紐で、黒と白を主とする単純な色構成の縞を配する。部分的に赤い縞を配するものもある。第１類と同様の崩し縞を持つものがほとんどである。この帯紐は、今日では織られていない。現存するものも、消耗が激しく傷みが多い。結束用の紐として多く織られ、多用されたと思われる。

この帯紐は、ブラワ村以外でも見かけることができ、普遍的に使用されたものと思われるが、機織技術は分からなかった。この帯紐にも、帯とは用途が異なるであろうことを考えても、機織の様相や縞構成などに類似点が多く、また比較するに足る量が存在する点で第２類とする。

（３）第３類

さらに、ブラワ村で観察した、村人がきわめて大切に保管している帯が存在する。素材は靭皮繊維と思われる。生成糸と褐色濃淡を呈する糸による縞構成をもつ。褐色を呈する濃淡の色は、染織後の時間経過によって退色している可能性が考えられる。織りは同じく平組織で、部分的に経糸濃淡２色による崩し縞を配する。帯本体中央に小紐が縫いつけられるものと、つけられないものがある。帯の幅は、約６cmから７cmであり、第１類と比して幅が広い。この帯の産地、機織技術は、聞き取りによっても分からなかった。この帯は、「クイウマリ（クイの帯）」と呼ばれていることが明らかになった（大塚氏前章参照）。ハバロフスク州郷土博物館の蔵品の中にも、靭皮繊維製と思われる、生成糸と褐色濃淡の色構成による、きわめてよく似た幅の広い帯を見ることができた。

この帯は、第１類・第２類に比して、製作時期がより古いことを思わせるものの、先の二つの類に共通する特徴を持ち、一定の量が存在した可能性がある。これを第３類とする。

（４）まとめ

第１類・第２類・第３類は、作られた時間には隔たりがあるものの、いずれも、必ずといって良いほど、崩し縞を配することは、特徴としてあげることができる。また、実用酷使されたと思われる装飾性の低い第２類にも、共通する崩し縞が配される。第３類の帯は、観察できる資料数は少ないが、生成の糸と褐色の糸による崩し縞、あるいは褐色濃淡による崩し縞を配する。褐色をなす色糸は、染められたことがうかがえる。時間が経過し、素材が替わり、染料や、色構成の変化を経ても、影響されずに継承される要素が存在するといえる。聞き取りによって、かつては漁網にイラクサを用いたと話す現地の人に幾度か出会った。イラクサから糸を得る技術があったことは興味深い。また現在も庭に麻を植えている家もあった。イラクサから糸を得る技術の実際は、同地で大塚氏が実見していると聞いている。

ナナイの刺繡——花嫁衣装を中心に

大塚孝子

1—歴史と伝統技術

アムール川（黒龍江）中流から下流域に居住してきたナナイやウリチの女性用晴れ着は、美しい刺繡で飾られている。素材は魚皮、トナカイなどのシカ類の鞣（なめ）し革、布と多彩である。いずれも、各地の博物館に収蔵・展示されている20世紀初頭以前の資料には、艶やかな絹糸を使った繊細な刺繡が施されており、褪色が進んでいるとはいえ、製作された当時の美しさが想像される。なかでもナナイの花嫁衣装は豪華である。花嫁衣装とそこに用いられている刺繡の手法を紹介し、アムール川流域先住民の文化伝統にもふれたい。

ソビエト社会主義政権下で進められてきた「近代化」「集団化」によって、先住・少数民族の社会は急速に画一化され、「伝統」を維持することができなくなっていった。1930年代には、アムール川流域の先住・少数民族のなかでも物持ちはクラーク層に数えられて粛正された。このような状態のなかで豪華な晴れ着の製作や着用は不可能になっていった。しかし、1970年代にソ連全体で起きてきた伝統的民族文化への見直しの運動に伴って、この地においても自らの文化を掘り起こす機運が広まった。1986年からゴルバチョフが押し進めたグラスノスチとペレストロイカ政策以後は、国の経済的破綻に伴う社会不安の広がりと平行して、民族の伝統文化への回帰志向が進んでいる。国がロシア共和国と名称を変えて市場経済システムが導入され、人々はいかにして収入を得るかを模索しなければならなくなった。

そうしたなかで、資本をもたなくても自分の腕だけで稼ぐことができるのが、民族の伝統的な彫刻と縫い物の技量を生かして、売れる作品を作ることのできる人々であった。男は木や骨を使って彫刻作品を作り、女性は刺繡で飾った壁かけや衣装を作る。良質の作品は国内外からの観光客はもとより、博物館や美術館にも売れる。最近では、伝統的な技術や意匠を生かしながら、芸術の域に達している作品も少なくない。コムソモリスク・ナ・アムーレに住むナナイ出身のアンナ・アレクサンドローヴナ・サマルは、刺繡作品が認められてロシア芸術家同盟員に推薦された。同じくナナイのリュドミラ・ユラモヴナ・パサルは白樺の樹皮を用いた切り絵による作品によってロシア芸術家同盟員になった。アンナ・アレクサンドローヴナ・サマルは、布に下絵を描くことをしないで複雑な文様の刺繡を仕上げる技術をもっている。同様に切り紙細工においても下絵を描くことはない。80歳を過ぎた現在も、小さな鋏で美しい文様を切り抜き、繊細な針仕事に精を出す毎日である（II—10参照）。

2—花嫁衣装

伝統的には、花嫁は3枚、5枚、7枚というように、奇数の衣装を重ね着するという。基本的には、一番下に長さ60cmほどの前掛けをつける。これは両方の乳房と臍を隠し、座った時に衣服の裾が開いても前が見えないように機能する。また、金属の下げ飾りが多数ついており、動くと音がする。この音が悪魔を退散させると信じられてきた。そしてその上に何枚かの衣装を重ねる。

最後から二番目に着るのは、白地の長袖衣で、赤や紺、黒などの布で襟回りから右脇の合わせ部分を通って裾回りまでつながる幅広のブレードがつく。ブレードはうず巻き文様の刺繍で飾り、さらに裾回りに金属の下げ飾りをつける。そして背面には、地色と同色の別布に華やかな色糸で刺繍を施したパターンをかがり縫いで張りつける。文様は虎や鳥、魚や龍などをうず巻きで表現しており、この表現方法が、ハバロフスクから100㎞ほど下流にあり、新石器時代の遺跡（3～4000 B.P.）と考えられているシカチ・アリャンの岩画のそれと類似していることが古くから指摘されている。この衣装の両脇は、あたかも裾から腰のあたりまで深いスリットがあるように表現されている。明朝を倒して清朝をひらいた満州族の衣服は、乗馬のための実用的な意味をもって両脇に深いスリットをつけており、これと関係しているのであろう。袖口にはやはり刺繍で飾った専用のベルトを巻く。

この白い衣装の形態と施文の方法、文様の形式などは、比較的古手の、晴れ着として作られた上質の魚皮衣のそれに酷似している。このことから、この衣装が、先行する魚皮製晴れ着の形式を踏襲しており、あえて白い布地を用いることも、魚皮衣との関連で考えれば納得できるであろう。

さらにこの衣服の上に赤ん坊のよだれ掛けのような形の胸あてをつける（写真１）。

一番上に着る衣装は前開きの形態で、袖は太く短い。前面は彩りの良い布を幾何学的につなぎ合わせたり、全面を刺繍で飾ったり、さまざまであるが、いずれも作り手が最も力を入れる衣装である。背面の上半分はナナイの特徴ある龍の鱗を表現する文様で埋められ、下半分には生命の木や氏族の物語などが刺繍されている。そして背面の裾から腰のあたりまで深いスリットがつけられる。

この一番上に着る衣装は最も華やかで豪華だ。現在作られているものの素材は絹ばかりではなく、木綿やウールなどの布と、主に木綿の刺繍糸が用いられている。しかし、博物館などに展示されている古い資料は、絹の中国の官服を仕立て直したり、さまざまな絹の布や鞣し革を彩りよく剝ぎ合わせた上に、絹糸で気の遠くなるような細かい針目の刺繍が施されていることがわかる。

それからさらに肩を被うほどの大きさの襟飾りをつける。これは縁を雲形にカットしたり、雲形の刺繍で飾られることが多い。そしてガラスビーズの飾りや刺繍を施したヘアーバンドをつけ、耳まですっぽり隠れる黒か紺色の帽子を被るのである。帽子は龍の頭の形を、裏布の赤は火を吹く龍の口を表現していると説明される。柔らかく鞣した革に刺繍や毛皮で飾った靴を履いて、花嫁の支度ができ上がるわけである（写真２・３）。

こうしてみてくると、一番下につける前掛けの形態から最後の襟飾りにいたるまで、明代から清代の中国の貴婦人たちの衣装に祖形が認められる。1858年に中国

写真１　白地の衣裳と胸あて

(清) と帝政ロシアの間で締結されたアイグン条約によって、アムール川左岸はロシア領、右岸はウスリー川以西は中国領、以東は海にいたる地域が両国の共同管理となった。そして1860年のペキン条約で共同管理地はロシア領になった。この時までアムール川下流域は歴代中国の支配下にあったのであり、文化的影響も多大であったことは当然のことであろう。しかし、そのなかで背面の鱗型の装飾や龍の頭形の帽子、生命の木の表象など、ナナイの民族文化の独自性というべきものを追求していくことは、民族の歴史を明らかにする作業にもなるだろう。

写真 2　ナナイの花嫁衣裳の前面

写真 3　同左背面

ハバロフスクから車で約 4 時間半、アムール川に添って下流に進んだトロイツコエに住むベリディ・ソフィア・ペトロヴナさんは娘のサーシャのための花嫁衣装を数年がかりで仕上げた。珍しく入手できたトルコ製の絹布、親から伝えられた中国の龍文のついた絹布、古い金属の飾りやロシアのコインなども使って美しくできあがったセットは10kgを優に超える重さである。このように、民族文化の伝統は確実に復活されつつある。

3 ―刺繍の手法

ナナイの刺繍技術の特徴は、刺繍枠を用いないことであろう。布の裏面に薄い水溶き小麦粉を刷毛で塗って平らに乾かす。急ぐ時はアイロンをかけると布はパリッとなって刺繍しやすい。作品を観察してみると、最も多く用いられてナナイの衣装の華やかさを表現しているステッチは、ヨーロッパ刺繍でサテンステッチと呼ばれるものである。ナナイの花嫁衣装に施されている生命の木や鳥や動物、植物などのほとんどが、布の上に型紙を置いて、それをサテンステッチで埋め尽くすという手法で刺繍されている (写真 4)。

人差し指にキャップ形の指ぬきをつけて針をもち、その指で針頭を押しながら、布の上方から下方へと針を進める。幅広の文様の場合は、型紙の上方の縁から中心線まで針を進める。さらに残りの半分の側を隣合わせになる糸と異なる色で埋める (写真 5)。昔は魚皮を使って型紙を作り (写真 6)、中国から入手した絹の衣服の糸を引き抜いて刺繍糸とした。裾部分に大きな波を分厚く刺繍した官服は、絹糸を入手するために殊の外好まれたらしい。

かつてアムール川流域の交易者として活躍したナナイやウリチが中国から入手し、日本にまで流通して「蝦夷錦(えぞにしき)」と呼ばれた絹織物が、どのていど現在のアムール川流域の先住民のなかに残っているかを調査していた1993年12月のボゴロツコエで、これも中国製の木箱から取り出した官服をひざに乗せて、スーッと糸を抜いて見せたウリチのおばあさんの仕草を思い出す。どうしてこんなに華やかな民族衣装が成立したのか、それまでの筆者の疑問が消え

写真 4

写真 5

写真 6

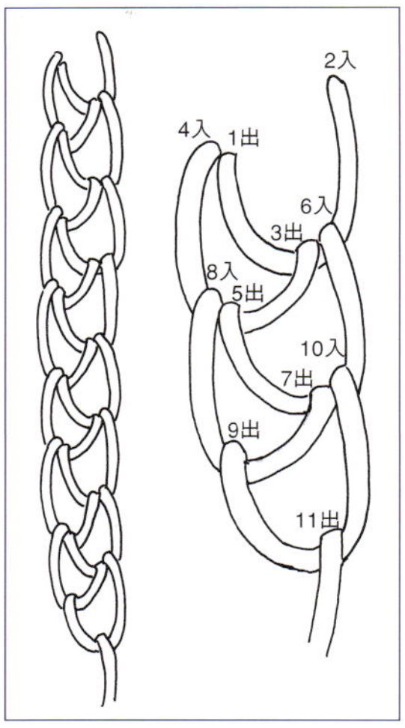

図　鱗を表現するといわれるステッチ

写真 7

写真 8

写真 4 〜 8　ナナイの文様（主として刺繡による）。写真 4 は花嫁衣裳に施された生命の木、写真 7 はその部分拡大。写真 6 は魚皮による刺繡の型紙、龍を表現する。

た一瞬であった。

現在は、ほとんどの人が木綿の刺繡糸で仕事をしている。型紙の存在が分からなくなるようにびっしりと目をつめて針を進めるので、でき上がりは文様部分が盛り上がって立体感のあるものになっている（写真 7）。使用する糸の量も多いから、衣装そのものは重くなる。

伝統的にはチョウザメの胃袋を煮て固めた糊を口に含んで濡らしながら型紙を布に貼りつけていく。この糊はつけすぎても布にシミを作らないが、口がカラカラに乾いてしまうという。現在では、型紙をしつけ糸でおさえるとか、ボンドでとめるとかの方法がとられることが多い。

ナナイの衣服を飾る刺繡には、すでにのべたサテンステッチの他にランニングステッチ、ストレートステッチ、チェーンステッチ、ルーマニアンステッチ、ブランケットステッチ、ボタンホールステッチ、アウトラインステッチなどが用いられている。しかし、ひとつ、ヨーロッパ刺繡にはみられない手法が存在するようである。ほんとうにヨーロッパ刺繡には用いられないのか、単に一般的ではないだけなのかは、今のところわからない。ナナイにおい

写真 1 〜 3　筆者撮影／写真 4 〜 8　大塚和義氏撮影／図　筆者作図

ては比較的多く用いられており、龍か魚の鱗（うろこ）を表しているステッチであると説明する人もいる（図）。主に、布の切り端を美しく押さえるとか（写真８）、太めの線を表現するのに用いられている。

また、何色もの色が実にたくさん用いられていることもナナイの刺繡の特徴であろう。ひと色でほんの２～３cm進むと次の色に変わる。これも、糸を束で入手したのではなく、古着から引き抜いた糸を利用してきた伝統が関係しているのかもしれない。最近の作品は、同系色の濃淡の糸を使って刺繡するとか、わざと地布の色を出すように、荒い針目のステッチを用いるとか、伝統にとらわれない色使いによる作品づくりをしている人たちもいる。

４―アムール川流域の現在

ソ連が崩壊してロシア共和国成立後約10年、経済の混乱は納まってきたとはいえ、アムール川流域に住む先住・少数民族が、民族の伝統を生かしながら生活の糧を得る道は厳しい。すでに述べたが、伝統の技術を伝える技量をもつ人は少なくない。彼らは質の良い民族の伝統的生活用具を製作しながら生活したいという希望をもっている。ソ連時代は、教育費は無料であったし、大学には少数民族枠も存在したから、芸術学部でデッサンなどの基礎的な訓練を受けた人材もいる。そして民族の文化を根底に据えながらも、新たな創作活動を模索している人々もいる。

さまざまな動機をもってさまざまな作品が作られている。材料を入手したり、作業の場を確保できるのは都会を離れたふるさとの地である。しかし、仕上がった作品は都会でなければ売るのは難しい。しかも、彼らと消費者をつないで円滑に流通を機能させる組織が存在しない。確実に売れるものならば、どんなに手のこんだ作品でも作る技術と意欲はもっているが、売れる当てがなくてはどうしようもなく、生きるために魚をとりに川に下り、キノコを捜しに森に入ることで日常が過ぎ去ってしまうというのが、アムール川流域の現状である。

II―10

ナナイの現代の工芸芸術

タチヤナ・V・メリニコヴァ

I ―ナナイの衣装にみる伝統文化――垂飾品を中心に

ロシアのアムール川流域の先住民ナナイの現代の造形芸術活動は、この民族のたどってきた歴史的展開や過程に加えて、20世紀という時代が伝統的家内手工業全般におよぼしてきた影響を反映していることは当然のことである。

すでに20世紀初めには、沿アムール地方の他の民族と同じくナナイの「伝統的」文化は、その浸食過程にあったといってもよいかもしれない。伝統的素材の変容は、19世紀中頃から生じてきた。この変容のプロセスが特に急速に進んだのは、伝統的衣装においてであり、布が速やかに魚皮に取って代わったことが代表的なものである。

ナナイは新しい要素を自己の文化に取り入れ、自分のものにするという面では非常に優れていた。そのひとつの例として、垂飾品をあげよう。この垂飾品は、女性の上衣の裾をめぐっている何段かのブレード部分に縫いつけられているものである。

このような垂飾品のもっとも古い形態は、子安貝の殻やカサトカ（魚の名）の骨であった。文献にはカワウソの歯、テンの歯、オオヤマネコの骨、カモの頭が言及されている。ナナイの女性はカサトカを食べるとき、その椎骨の突起部分を集めて大きさごとに分けておいた。骨がたくさん集まると、それを白くなるまで煮た（4時間ほど)。長く煮れば煮るほど骨は丈夫になった。「ᐯ」のひっくり返った形をしたカサトカの骨は、上の三角の隆起部分と突起を縫いつけて上衣に固定された。20世紀に入ると、カサトカの骨で上衣の裾周りを飾ったのは貧しいナナイの人々だけだった。

すでにR・K・マークが言及しているように、現在の中国領のアムール川とスンガリー川の合流点付近に居住するホジェン（赫哲）からアムール川下流に住むウリチ（マングーン）にいたるまで、アムール川流域先住民は子安貝を垂飾品として用いてきた。19世紀末から20世紀初頭にかけての時期になると金属製垂飾の使用が支配的となっていた。

銃砲の普及とともに（特に20世紀前半に）薬莢(やっきょう)の基部で作った垂飾が出現した。ハバロフスク州郷土博物館に所蔵されている20世紀中頃に製作された上衣には、ボタンの笠状部分やファスナーのギザギザの歯の金属を利用した裾飾りがみられる。

アムール川下流域のナナイは垂飾を裾の縁から2番目のブレードに、上流域のナナイは3番目に縫いつけた。(1)

1920～60年代には、ナナイのどの地域集団の日常生活からも伝統的器物はほとんど完全に駆逐されたが、それはこの国と先住民の生活の急激な変化によるためである。たとえば、1930年代にすでに伝統的衣装類の大半は、廃れものの部類に入ってしまった。例外は冬場の狩猟着で、それは「カチョイ」「カチョ」と呼ばれる上着、「ミアタ」という袖なしの上着、長靴下、先端の曲がった伝統的な靴などである。

1960年代末にはナナイの伝統的器物は、日常生活用具、儀式用具も、過去の遺物となり、博物館の展示品と舞台用の衣装としてのみ再現された。1950年代にはハバロフスク芸術産業工房で芸術担当職員のK・P・ベラボロードフは、ハバロフスク地方の先住民の村々を歩いて、民族の刺繍芸術を消滅させてはならないと、女性たちにその伝統技術の保存を呼びかけねばならなかった。[(2)]

2—現代のナナイの工芸芸術

(1) 工芸作家たち

おしなべて、世界中の先住民の工芸芸術活動全般にあてはまることであろうが、現代のナナイの芸術活動にはおよそ次の三つの方向性をあげることができる。

①伝統主義：伝統的な定型と技術を正確に踏襲する

②現代主義：個人的な経験と世界観に基づく伝統の展開過程で作品を創造する

③卑 俗 化：似非伝統的、民族外製品の製作

すでに述べてきた背景をふまえて、現在工芸芸術活動を行っているナナイの工芸作家たちを紹介する（カッコ内には生年／現居住地／製作分野を記した）。

伝統主義的方向の代表はL・G・ベリディ(1954年／ナナイ地区ジャリ／衣装・刺繍・切り絵)、V・G・ホジェル(1914年／アムール地区アチャン／衣装)、P・P・ホジェル(アムール地区アチャン／衣装・刺繍)、V・S・キレ(1928年／アムール地区アチャン／衣装・絨毯・刺繍・モザイク織り)、Yu・A・アクタンコ(1946年／ナナイ地区ジャリ／樺皮細工)、T・K・ホジェル(1914年／ナナイ地区ジャリ／衣装・絨毯・刺繍・切り絵)、N・B・ゲイケル(1920年／ナナイ地区ダエルガ／衣装・刺繍・ゴザ類)、A・A・サマル(1918年／コムソモリスク・ナ・アムーレ／衣装・絨毯・刺繍・切り絵)、Z・N・ベリディ(1936年／ナナイ地区トロイツコエ／衣装・刺繍・切り絵)、L・F・サマル(1954年／ソルネチヌィ地区コンドン／衣装・絨毯・刺繍・切り絵)、Yu・D・サマル(1938年／コムソモリスク・ナ・アムーレ／衣装・刺繍・切り絵)、D・E・オネンコ(1964年／ナナイ地区ナイヒン／木彫)、K・T・オネンコ(1951年／ナナイ地区ナイヒン／木彫)、A・E・ステパーノヴァ（1928年／コムソモリスク地区ヴェルフヌィ・ネルゲン／衣装・絨毯・刺繍・切り絵・モザイク織り)、N・N・ウー（1958年／ナナイ地区ジャリ／木彫）等である。

写真1（左） L・G・ベリディ(左)と母親のN・F・ベリディ
写真2（右） 自作の刺繍入りスカーフをまとうYu・D・サマル

筆頭にあげたラリサ・ガンズゥリエヴナ・ベリディ（ロシア芸術家連盟会員）の活動は際だっている。彼女は、確かな伝統的技術をもつ母親のニューラ・フォドロヴナ・ベリディ（1922年生）と密接に協力しあっていることによって、その仕事は一層高く評価されている[(3)](写真1)。ユーリー・ドミトリエヴナ・サマルにも触れたい。彼女は年金生活に入ってから工芸芸術活動に取り組み、2000年に、ロシア芸術家同盟会員に推薦された。ナナイの造形芸術の将来的展望という点からみると、

スカーフ、マフラーなどの身近かなものに伝統的文様を使う彼女の試みはおもしろい(写真2)。

ついでながら、西欧式の衣装と民族文様の結合は1960～70年代に流行した。ナナイの女性はコート、スカート、ブラウス等に渦巻きで表現する伝統的文様を刺繍した。1979年にはハバロフスク会館の模型デザイナーN・A・ステパニュクは、エヴェンキの文様を切り絵の手法で図案化した衣装コレクションを発表した。2001年も、民族モチーフによる衣装コレクション「スンガリー」をハバロフスクのデザイナーT・ブゥロヴァが試みたが、その評価は大いに議論の余地がある。

現代のナナイの工芸芸術の木彫分野において、ニコライ・ニコラエヴィッチ・ウーは、伝統的方向と新機軸の方向の両方を代表している(写真3)。彼は老工の伝統を継承する素晴らしい木彫家であり、また、鉛筆とグァッシュ絵具を用いてナナイの内なる民族の心を表現するグラフィックの作品も注目される。

モダニズム的方向で活動しているのは、L・U・パサル(写真4)、E・A・キレ(写真5)、N・M・ディゴル(写真6)、V・L・サマルその他多くのハバロフスク教育大学出身の若い工芸芸術家たちである。

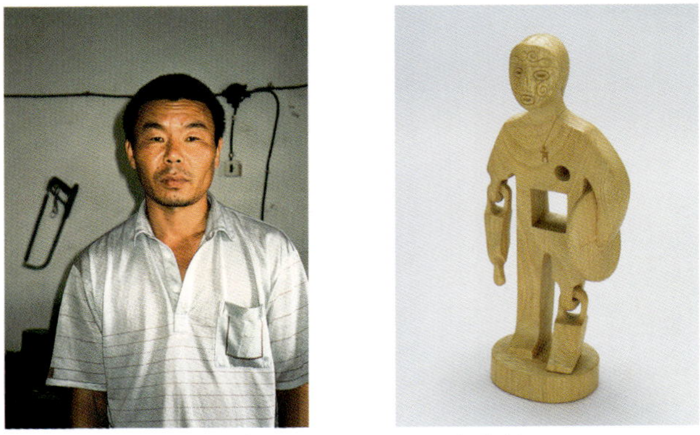

写真3　N・N・ウーと作品

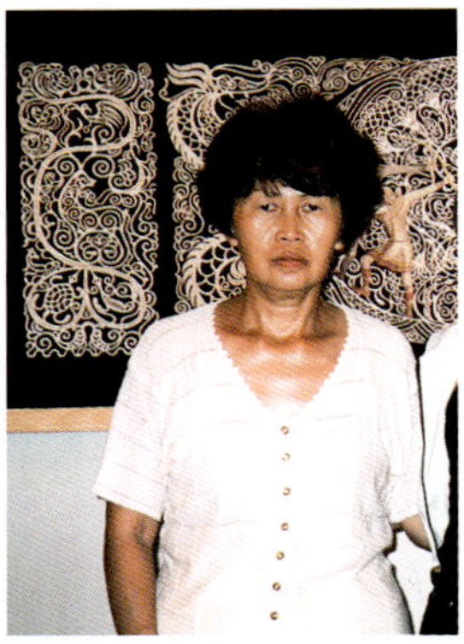

写真4　L・U・パサルと作品

写真5　E・A・キレと作品

写真6　N・M・ディゴルと作品

写真7　L・F・サマルと作品

ナナイの現代工芸芸術の最新の方向のきっかけとなったのは、ハバロフスク芸術産業実験生産団体の活動であり、それはシカチ・アリャン住民の活動にもっとも鮮明に代表される。彼らは学術刊行物に掲載されている伝統的文化の器物を見本として再現し[(4)]、どの民族がそれを製作したかということに注意を払わない。したがって、彼らの販売するものには民族的伝統を踏まえていないものがよく見受けられる。

現代工芸の方向のひとつに、ナナイのバラノーフ家（コムソモリスク・ナ・アムーレ在住）の活動を含めるのは難しい。彼らは主に樺皮を扱っており、その製作作業に5人が従事している。製品は伝統的な技法で作られ、伝統的形態が再現されてはいるが、伝統的顔料ではなく、現代の顔料を積極的に用いている。さらに彼らの製品を飾る文様は彼ら自身のものではない。アムール川流域の多くの先住民がもっている、一見同じようにみえる渦巻きで表現される文様は、それぞれの伝統的コンテクストの中で、作り手個人が創作するものであった。バラノーフ家の製品は、伝統的コンテクストを無視している点においても、自民族の中で非難され、現在も非難され続けている。

写真8　切り紙細工をするA. A. サマルと刺繍作品(部分)

(2) 将来へむけて

かつて伝統的な手細工はアムール川流域の先住民のもとでは、専門的なものではなかった。必要があれば、誰もがその手細工に従事していた。手工業的伝統は家族の中で、両親から子供へと伝えられたが、20世紀末から21世紀に入った現在は、学校や校外の創作協会で子どもたちが民族工芸芸術の初歩知識を得ている。民族学校において、子どもの創造的才能が育まれているところもある。才能ある子供たちは、さらにハバロフスク教育大学の施設でその勉強を続けることができる。この最高教育施設の最近の卒業者は現在、ハバロフスク地方の芸術センターや中学校で伝統的な手細工を教えている。

現代の工芸芸術は、プロフェッショナルなものになりつつあるということであろう。加えて、現在製作されている伝統的な器物のリストは非常に少ないことに注意しなければならない。

多くの現代のナナイの工芸家たちは、ロシア各地の博物館に保存されている自己の民族の遺産から学びはじめている。同時に、製作や創作の過程にも多くの変化が生じている。ナナイの老職人たちは下書きなしに作品をこしらえた。例えばアンナ・アレクサンドローヴナ・サマルは(写真8)、左手に紙片を取り、右手に小さいはさみを持って、複雑な図形を切り抜くが、鉛筆で下絵を描くこともないし、終わるまでその作業はほとんど止まることもない。しかし、多くの現代の工芸家たちは、たくさんの下絵を描くことから自分の作品を作り始めている。おそらくこれが、先住民族文化からの離脱の一つの指標なのだろう。

全体としてはこの国の複雑な社会経済的状況が、ロシア・ナナイの現代の工芸芸術のレベルに否定的に影響している。先住民たちは、なによりもまず稼ぎのことを案じねばならず、確かな伝統を踏まえて技術的にも芸術的にも高水準に達するまでの過程の経済的不安定な状態に耐えられないのである。

いずれにしても、民族的伝統は時の経過とともにダイナミックに動いている。この「伝統」の担い手たる民族が存在するかぎり、伝統は跡形なく消え去るわけではない。それは変化し、新たな特徴を得るが、その存在が途絶えることはない。　(訳：枡本　哲)

(1) Смоляк А.В. 1975 *Традиционное хозяйство и материальная культура народов Нижнего Амура и Сахалина (середина XIX - начало XX в.)*. Москва, с.157.

(2) Белобородовая К.П. 1996 *ПМА*.

(3) Самар Л.Ф. 2000 *ПМА*.

(4) Жители с. Сикачи-Аляна в беседе с автором, состоявшейся в 1999 г., ссылались на фотоальбом *Краски земли Дерсу: (Фоторассказ об искусстве малых народов Приамурья)* Хабаровск 1982 276 с.

写真1～8　大塚孝子氏撮影(写真3の右・8の左　国立民族学博物館蔵)

II—11

アムール川流域先住民の魚皮衣

大塚和義

1—魚皮衣

魚皮衣の製作と着用は、アムール川中流域から下流域、シホテリアン山脈の南端およびサハリン（樺太）と北海道の地域の先住民に歴史的に限定されていたといってよい。ナナイ、ウリチ、オロチ、ニヴフ、ウデヘ、ウイルタ、アイヌ等は、魚皮を鞣（なめ）して縫製した衣服を日常的に使うだけでなく、儀礼などの特別の時の盛装にも用いてきた（大塚 1993）。

この魚皮衣の形態は、大きく２種の様式に大別できる。中国の官服を模して右脇で合わせる様式と、前で合わせる様式である。アムール川中流から下流にかけて居住するナナイとウリチは、前者の様式をとる華麗な魚皮衣を製作してきた（写真１・２）。魚の捕獲を除いて、魚の皮剝ぎ、鞣し、染色、縫製などすべての工程を女性が担ってきた。とくに女性の盛装用の衣服は、幅広くゆったりと仕立てられ、刺繡や切り伏せ（アップリケ）による手のこんだ文様が縫いつけられている。魚や獣の鞣皮にあらかじめ刺繡や切り伏せ文様を施したパターンをいくつも用意し、魚皮衣に縫いつけて仕上げる。擦り切れるなどによって衣服を廃棄する時には、その精巧な技を注ぎ込んだ文様のパターン部分をはずして再利用する。すぐれた技による装飾パターンは、ときには娘や孫に与えられ、大切に継承されて手本とされたり、新たな衣服に取りつけられたりする。華麗な文様を多く施す盛装のための魚皮衣は、皮の質が薄くて色が比較的白っぽく仕上がる、コイやカワカマス類が多く用いられる。日常の作業衣として仕立てる魚皮衣には手の込んだ文様を施すことはしないが、盛装用として作った衣服も痛んで色鮮やかさを失うと日常着にされる。衣服の襟や袖口、裾周りには青や赤に染めた魚皮を飾り、金属製の飾り金具をつける。青色はツユクサの花、赤はコケモモなどの汁を擦り込んで皮を染める。

男性用の魚皮衣は、腰までの丈の上着と、ズボンがセットになった形式である。現在アムール川流域各地の博物館や郷土資料館や個人に所蔵されている30点ほどの実物の資料をみるかぎり、男性用の魚皮衣の上着は、右脇で合わせる形式である。

アムール川河口とサハリン島北部に居住してきたニヴフも、伝統的に魚皮衣を製作してきた。衣服の形態は中国の官服のそれを模したものであり、右脇で留め、素材はほとんどサケ・マスの皮を利用している。刺繡などに

写真１　ナナイの魚皮衣
（ナイヒン村／2000・8）

写真２　ウリチの魚皮衣
（ニコラエフスク・ナ・アムーレ市博物館所蔵／ブラワ村採集）

写真３　サハリンアイヌの魚皮衣（サハリン州郷土博物館所蔵）

よる文様は、襟周りから右脇の打ち合わせ部分を通って裾周りまで縫いつけられる何段かの布上に施されている。裾周りには、金属製の飾り金具が縫いつけられることもある。

アイヌも魚皮衣を製作した。サハリンアイヌの魚皮衣の形態は、腰の部分に切り替えが入って下半分はフレアスカート状に広がり、前面で右前の打ち合わせとなっている（写真３）。北海道アイヌの手になる魚皮衣は、現在いくつかの博物館に所蔵されている数点の資料が存在するだけで、いずれも筒袖で肩から裾へ切り替えなく広がる様式のものである。それらの保存状態は悪く、皮は硬くなり、衣服の原形を復元することもままならないくらいに固まった状態で折りたたまれている。1987年、筆者の勤務する国立民族学博物館のアイヌ展示のために、魚皮衣の復元を試みた時点で、すでに魚皮の鞣し技術を伝える北海道のアイヌはひとりも存在しなかった。

この時、復元のために必要であったアイヌ伝統の魚皮鞣し技術を、筆者に教えてくださったのは、日本の敗戦後、サハリンから北海道に移住して、1987年当時、北海道日高門別の老人ホームに入居しておられたサハリンアイヌの浅井タケさんであった。

ロシアのナナイと同族である中国のホジェン（赫哲）は、黒龍江（アムール川）と松花江（スンガリー川）とが合流するあたりから烏蘇里（ウスリー川）にかけて居住し、解放前は他の中国人から「魚皮套子（ユーピータォヅ）」、つまり「魚皮の服を着た人」と呼ばれてきた。そこに現在まで残る技術による魚皮衣の形態は、ロシアのナナイの男性用魚皮衣と同一である。

2 ―魚皮の加工技術

（１）「ウリチの魚皮加工」の描画について

ここに、Ｇ・Ｄ・パヴリーシンの手になる「ウリチの魚皮加工」の画がある（写真４）。この画は魚の皮剝ぎから縫製直前までの加工工程であり、縫って衣服に仕立てることや文様の切り抜き部分が欠けている。この画に添いながら、筆者が観察し聞き取り調査で得られたナナイの事例を交えながら、魚皮加工技術を紹介する。

画を描いたゲンナーヂイ・ドゥミートリェヴィチ・パヴリーシンは1938年ハバロフスク生まれ、1964年ウラジオストク美術専門学校を卒業後、ロシア科学アカデミー極東支部歴史民

写真４　「ウリチの魚皮加工」パヴリーシン描画

族学部に勤務。1973年以降はハバロフスクに住んで創作活動に従事し、ロシア人民芸術家の称号をもつ。彼の水彩画は高い芸術性と民族学的観点からみても描写の正確さで知られている。民族学的作品として刊行されたものに『ロシア極東先住民』があり、また『アムールの民話』をはじめ多数の本の挿絵も描いている。

（２）　魚皮加工の工程

ⓐ加工の対象になる魚は、およそ長さ30cm以上あればなんでも利用できたといってよい。カワカマス、ドジョウ、ナマズ、コイ、サケ、マスなど、アムール川で獲れるほとんどの魚の皮を利用することができる。まず、魚の内臓、頭、鰭を取り去る。

ⓑ天候により異なるが、ほんの10分から３時間くらいまで、魚の表面のヌルヌルがとれて、作業しやすくなる程度の時間干す。干すことによって、皮も剝がれ易くなる。

ⓒアカシカやムースなど大型のシカ類の四肢骨製の骨ベラ、ナナイ語では「ソグピポ」で皮を剝ぐ（写真５・６・７・８）。

ⓓ乾燥させる。

ⓔパヴリーシンの画では、ここで皮の一枚一枚についてスクレパーで鱗を取り去る工程が描かれるが、筆者が聞き取りできたナナイの古老たちは、特にこの鱗を取る作業を行うことはしないという。パヴリーシンは、ウリチの魚皮加工について描いたと強調しているので、ナナイとウリチの魚皮加工技術にはいくぶん違いがあるのかもしれない。しかし、筆者は、実

際に魚皮加工の体験をもつウリチの古老から聞き取りする機会を得ていないので、現在のところ確かめることはできない。

ⓕ次の工程は乾燥した魚皮を木製の鞣し台の中央の抉り部分に重ねて置き、木槌で適度のやわらかさになるまで打つことである（写真9）。鞣し台の両端は先端が上反りに翼状になっており、ちょうどそこに脚を載せて座って作業できるような形になっている。ナナイの古老たちは、この連打作業によって魚の鱗は取れるという。乾燥した魚皮はかなり硬くゴワゴワ、ガワガワで、とても衣服に仕立てて身につけることなど想像もつかない状態である。抉り部いっぱいの厚さになる位の枚数、10数枚の皮を重ねて抉り部に置き、重い大きな木槌で丹念に打ち続ける。そのとき魚皮は鱗の側である表と表、裏と裏を合わせてたたむ。約2時間も打っているうちに皮は熱くなってくる。熱くなってくると、硬かった皮は次第に柔らかくなり、ふわふわした手ざわりにさえ変化してくる。重ねた皮は薄くなり、つぶれてだんだん抉り部に沈んでいく。そこにまた新しい乾燥皮を補いながら槌を下ろし続けるのである。

パヴリーシンによれば、乾燥させたサケの卵（イクラ）と水を混ぜた液を魚皮にかけながら、再びたたいて鞣す。筆者の聞き取りでは、これと少しばかり異なるデータを得ることができた。ひとつは、生のイクラを水に漬けておくと油が浮いてくる、その油を魚皮の両面に塗って重ねて打つ。また、二つ目は、少し腐臭がでてきたイクラを手で皮の両面に塗り、打ち続けるというものである。

ⓖさらに鞣しの仕上げは、手で揉む作業である。揉めば揉むほど皮は柔らかくなる。内皮は

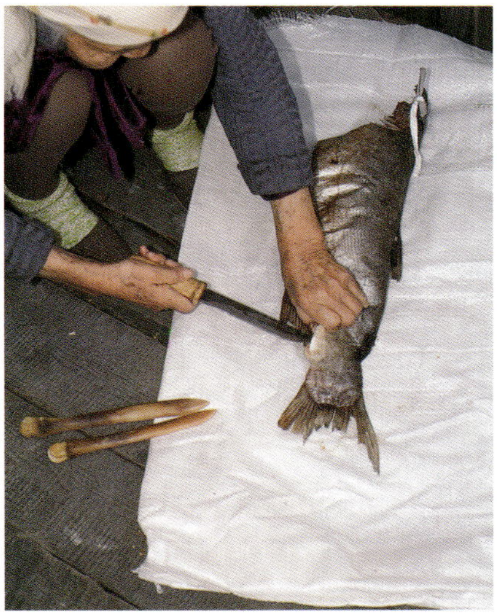

写真5　ナイフと骨ベラで魚の皮を剥ぐ
（ジャリ村／ナナイ／2000・8／以下同）

写真6　ナイフと骨ベラ「ソグピポ」

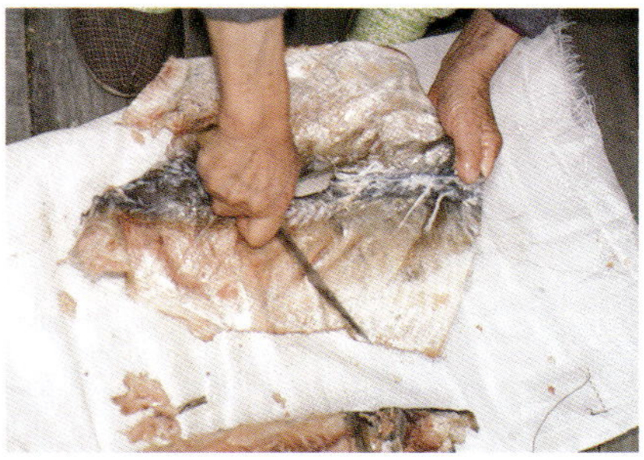

写真7　剥いだ魚皮に残る肉などをそぎとる

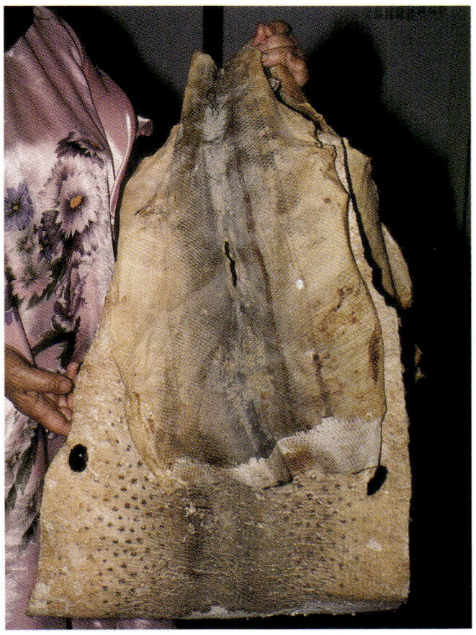

写真8　乾燥させた魚皮

写真9　鞣し台で魚皮を打つ

写真1～9　筆者撮影

綿花のようにふわふわとなって感触がよくなり、保温効果も高まるのである。これで縫製加工のための魚皮は仕上がる。

ⓗパヴリーシンによる最後の２場面は、魚皮の縫糸の製作である。何枚も重ねて細く切った皮を、火に炙りながら引っ張ると長く伸びて細くなる。これは冷えると非常に細くて丈夫な糸に仕上がる。筆者も、この糸を用いて縫製したという話を聞くことはできた。

夏季に皮を集め、４または６の工程を終えて、使う時まで保存する。10数枚の乾燥魚皮の束が倉庫の梁にいくつも掛っている光景は現在でも眼にすることができる。このような手順によって鞣された魚皮は、衣服ばかりでなく鞄や手袋や靴に仕立てられ、詰め物をして子どもが投げたり蹴ったして遊ぶボールにもなった。現在聞くことができる魚皮衣の利点は、第一に「軽くて風を通さない」ことである。布製の衣服の上に魚皮衣を着るととても暖かいという。

３—交易品としての魚皮衣

サハリンのニブフやウイルタに用いられて、現在、博物館資料として採集された上質の魚皮衣は、彼ら自製のものではない。いずれもアムール川流域のナナイやウリチなど、いわゆる日本では山丹人として知られてきた人々から入手したものである。筆者もサハリン北部のニヴフがアムール川流域から繊細な文様の施された魚皮衣を購入したという聞き取りをしている。

世界各地の博物館に収蔵されている華麗な文様が施された魚皮衣は、いかにも似通った文様と手法によって製作されており、その製作に携わった人々や地域はそれほど広範囲にわたっているとは考えにくい。製作地は、採集された地域よりもずっとその範囲は狭く、アムール川中流の、ナナイとウリチの居住地域に限定できるだろう。そして精緻な装飾と技法で製作された上質の魚皮衣は、交易品としても重要な価値を有していたと考えてよいだろう。

ここで興味深い事例がある。1865年（元治２）の『山旦人渡来一件』（北海道立文書館所蔵）のなかに、交易品目が詳細に記されており、山丹人の船の積荷に赤地牡丹形錦と並んで、「筒袖魚皮衣」が少なからず記されている。すなわち、サハリン南端の白主に設けられていた幕府の対山丹交易所において魚皮衣が明らかに購入されているのである。この時期、清朝勢力の衰退にともなって、錦類など高級中国製品の山丹人への供給量が減少していたことは明らかであり、山丹人はそれを補うかたちで自製の魚皮衣を積荷のリストに入れたのであろう。日本国内においては、18世紀末の寛政期の江戸に、異国の珍しい文物などを展示して見せる「珍物茶屋」が開設され、博物学の隆盛もみている。この文脈から眺めると、魚皮衣も、珍しいものに目がないだけでなく、入念な手仕事の技術に殊の外価値を見いだした和人社会に好んで受け入れられたことであろう。

現在のウリチを主体に近隣の民族集団で構成されたと考えられる山丹人が、全面に精緻な文様を施して華麗ともいえる魚皮衣を完成させるのは17～18世紀であり、清朝の支配やロシア人との接触、さらにはサハリンなどへの進出による「我々意識」の高揚が大きく作用していると考える。同様にその時期、サハリンアイヌはイラクサを材料として織った布を仕立てるテタㇻペ衣を、北海道アイヌはオヒョウを材料に織った布で仕立てるアットゥシ衣をそれぞれ特徴ある文様で飾り、「我々意識」を確認し誇示したのである。それゆえ、アイヌにおいては魚皮衣を作る技術が高度に発達することはなく、「布を織る」という技術に民族の知恵が結集されたと筆者は考える。1854年（安政４）に佐倉藩士の須藤兼徳が現地で描写したサハリンアイヌの魚皮衣は、鰭を切り取ってできた穴を塞ぐための切り伏せが添付されただけの、いかにも簡素なものであった。

魚皮衣の製作は、現在、中国とロシアの国境に分断されて居住するナナイが伝統技術を保持しており、とくにロシア領の技術と造形は優れている。しかし、ウリチとニヴフの作り手は、1990年代末で残念なことに絶えたようである。サハリンアイヌはもとより北海道アイヌも絶えて久しい。最近、北海道アイヌによる魚皮衣製作の技術再生の試みがなされているが、ロシアのナナイ女性の指導を受けている状況である。すでにのべたが、北海道アイヌの現存する古い魚皮衣があまりにも技術的に拙く簡略であることをすでに筆者は指摘したが（大塚1993)、この意味するところを解き明かさなくてはならない。

【参考文献】

大塚和義　1993 「魚皮衣」『アイヌモシリ――アイヌ文様からみたアイヌの世界』国立民族学博物館

II—12

環オホーツク海のセイウチの牙交易

菊池俊彦

1—はじめに

サハリン・北海道のオホーツク海沿岸・千島列島に遺跡が分布しているオホーツク文化（3・4～13世紀）には、アムール川流域の諸文化との交易・交流を通して大陸製の青銅製品や鉄製品、軟玉製やガラス製の装飾品がもたらされていた。他方、オホーツク文化とオホーツク海北岸に遺跡が分布している古コリヤーク文化（5～17世紀）との間には、一部の土器の類似、骨角器の発達、アザラシ猟やクジラ猟において共通点が見られ、そのことは両文化の間に交流があったことをうかがわせている。

このようなオホーツク文化の遺跡からセイウチの牙を素材とする牙製彫像が出土している。オホーツク文化にセイウチの牙はどこから、どのようにしてもたらされたのだろうか。セイウチの牙をめぐってオホーツク文化の人たちの交易について考察してみよう。

2—オホーツク文化のセイウチの牙製品

礼文島船泊の重兵衛沢遺跡から戦前に、牙製婦人像が採集された（図1－1）。遺跡はオホーツク文化に属すると判断されている。彫像の胸部には微かな膨らみによって乳房が表現されている。高さ13.8cm、材質はセイウチの牙と推定されている（大川 1950；39-40、大塚 1968；24）。同じ礼文島の浜中遺跡から戦後に、牙製婦人像が採集された（同－2）。遺物の年代は確定されていないが、オホーツク文化に属すると判断されている。彫像の胸部は剥落しているが、そこに乳房が表現されていた痕跡をとどめている。高さ9.2cm、材質はセイウチの牙と推定されている（大塚 1968；21-23）。網走市モヨロ貝塚はオホーツク文化の代表的な遺跡として有名である。このモヨロ貝塚付近から戦前に、牙製婦人像が採集された(同－3)。彫像はオホーツク文化に属すると判断されている。彫像の胸部には乳房の隆起が

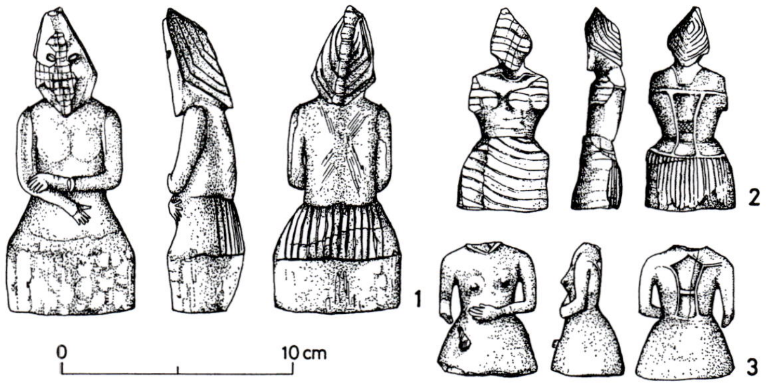

図1　オホーツク文化のセイウチの牙製婦人像
1　礼文島船泊重兵衛沢　2　礼文島浜中　3　網走市モヨロ貝塚

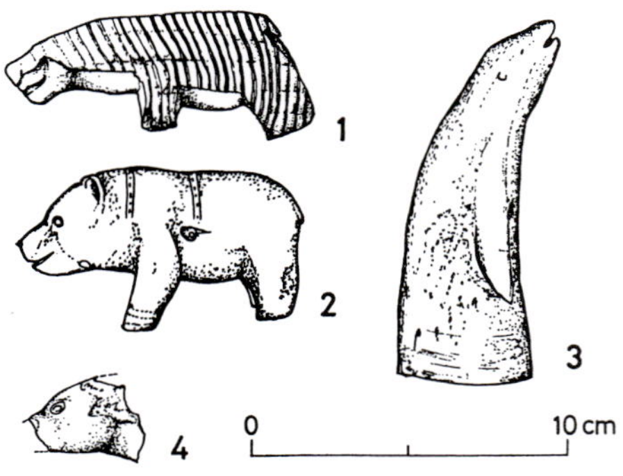

図2　オホーツク文化のセイウチの牙製動物像
1　礼文島上泊　2～4　湧別町川西

図1・2　大塚 1968より

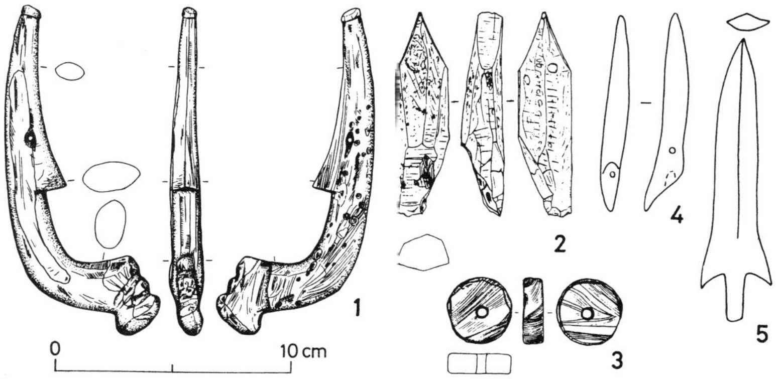

図3　オホーツク文化と古コリヤーク文化のセイウチの牙製品
1〜3　礼文島香深井A　　4・5　ナヤハン

図4　セイウチ

顕著に表現されている。高さ6.0cm、材質はマッコウクジラの歯牙と推定されたが（米村・北溝 1940；657）、セイウチの牙とも推定されている（大川 1950；41、大塚 1968；25−26）。

礼文島上泊遺跡から牙製のクマの彫像が採集された（図2−1）。彫像はオホーツク文化に属すると判断されている。この彫像は形状からクマと判断され、最大長9.8cm、セイウチの牙に特有な襞が背中全体にみられる（大塚 1968；24）。湧別町川西遺跡から写実的に表現されたクマの全身とシャチの上半身の牙製の彫像が発見された（同2−2・3）。彫像はオホーツク文化の第2号住居址の床面から出土した。クマは全長9.0cm、シャチは長さ11.0cm、材質はいずれもセイウチの牙と推定されている（米村 1961；4、大塚 1968；25）。この川西遺跡からはほかにもセイウチの牙製と推定されるクマの頭部破片が発見されている（大塚 1968；25）。

礼文島のオホーツク文化の香深井A遺跡からセイウチの牙製品が3例発見されている。魚骨層Ⅳからは大型の釣針軸（図3−1）、魚骨層Ⅲからは銛先の未製品（同−2）、間層Ⅰ/Ⅱからは有孔円盤（同−3）が出土した（大場・大井 1976；310•644、同 1981；145）。ただし有孔円盤はマッコウクジラの歯牙の可能性も考えられている（同 1976；310）。

このようにオホーツク文化の遺跡からセイウチの牙製の婦人像、動物像、釣針軸などが出土している。オホーツク文化の人たちはこれらの牙製品の素材であるセイウチの牙をどこから入手したのだろうか。オホーツク文化の遺跡からはアザラシ、オットセイ、トド、アシカの骨が多量に出土しており、その点において海獣狩猟が発達していたことがオホーツク文化の大きな特徴となっている。アザラシはサハリン・北海道・千島列島周辺の海域に棲息しており、アシカは日本海に棲息している。オットセイとトドは北太平洋に棲息して日本海・オホーツク海、千島・北海道南岸に回游している。したがってオホーツク文化の人たちがこれらの海獣を狩猟することは十分に可能であった。しかしながらセイウチはサハリン・北海道・千島の周辺に棲息していないし、沿岸に回游することもない。ではオホーツク文化にセイウチの牙はどこからもたらされたのだろうか。

3―セイウチの棲息域

セイウチ（図4）は鰭脚類の中でもっとも群集性があり、北氷洋にのみ棲息し、冬季にはベーリング海に南下する。日本周辺では根室・函館・八戸などで捕獲された記録がある（西脇 1965；334）。しかしながらこれは回游による南下ではなく、群れを離れて迷い込んだセイウチである。北構保男氏が指摘しているように、セイウチの生活圏はカムチャツカ半島中

図3　大場・大井 1976・1981　Vasii'evskij 1971より／図4　西脇 1965より

部以北であり（北構 1974；178）、最近の文献でもセイウチの分布域の南限はカムチャツカ半島中部以北のベーリング海（図５）である（ジェファソン 1999；257）。北構保男氏はセイウチが北千島のパラムシリ島と中部千島のオンネコタン島で見聞されたことを紹介しているが（北構 1974；178）、これも群れを離れてカムチャツカ半島東岸から千島列島に南下した単独のセイウチであろう。

上述のように北海道東部の網走市モヨロ貝塚と湧別町川西遺跡からセイウチの牙製の彫像が出土している。これらの彫像の素材であるセイウチの牙の入手は北千島や中部千島から根室周辺に、群れを離れて南下したセイウチがオホーツク文化の人たちによって捕獲された結果だったかも知れない。しかしながらオホーツク文化の遺跡からセイウチの骨は全く見出されていない。遺跡出土の動物遺存体としてセイウチが報告されている根室市トーサムポロ遺跡（北構・須見 1953；36）と根室市オンネモト遺跡（国分ほか 1974；130）の２例はいずれもセイウチの牙の小断片であり（北構 1974；177）、セイウチの骨ではない。したがってモヨロ貝塚と川西遺跡の彫像の素材であるセイウチの牙や、トーサムポロ遺跡とオンネモト遺跡のセイウチの牙はいずれもそれらの遺跡周辺の沿岸でセイウチが捕獲された結果、オホーツク文化の人たちがそのセイウチの牙を入手したのではないだろう。そこで考えられる入手方法は北千島あるいはカムチャツカ半島南部からセイウチの牙が北海道東部地域に持ち込まれた可能性である。

オホーツク文化の遺跡は南千島のクナシリ島・エトロフ島、中部千島のシムシル島、北千島のパラムシリ島・シュムシュ島に分布しており、特に北千島では多数の遺跡が発掘されている。また北千島のそれらの遺跡の遺物にはカムチャツカ半島の文化との交流の反映がうかがわれる（菊池 1995a；318－324）。こうした状況を踏まえるならば、カムチャツカ半島東部沿岸でセイウチが捕獲され、そのセイウチの牙が交易によって北千島のオホーツク文化の人たちを経由して北海道東部のオホーツク文化の人たちにもたらされる可能性

図５　セイウチの棲息分布域

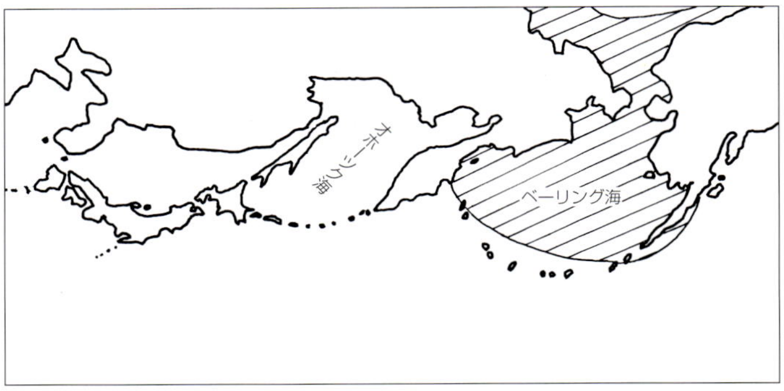

図６　セイウチの牙製品と牙・骨の出土遺跡

1	礼文島船泊重兵衛沢	2	礼文島浜中	3	礼文島上泊
4	礼文島香深井Ａ	5	湧別町川西	6	網走市モヨロ貝塚
7	根室市トーサムポロ	8	根室市オンネモト	9	ロパトカⅢ
10	リャブーヒナ	11	ナヤハン	12	クフトゥイⅧ

図５　ジェファソン 1999より筆者作図／図６　筆者作図

は十分に有り得たであろう。例えばカムチャツカ半島最南端のロパトカ岬のロパトカⅢ遺跡（図6参照）からセイウチの牙製のラブレット（口唇装飾具）が出土している（Dikova 1983；36）。またロパトカ岬から北西へ13kmのリャブーヒナ遺跡からセイウチ（？）の牙が2点出土している（Ponomarenko 1993；45）。ただしこれはセイウチに疑問符が付されている。おそらくこれらのセイウチの牙はカムチャツカ半島東部沿岸で捕獲されたセイウチから得られた牙であろう。

4—オホーツク海北岸のセイウチ

北海道東部地域の遺跡出土のセイウチの牙製彫像やセイウチの牙はカムチャツカ半島東岸から交易によってセイウチの牙がもたらされたことによるのであろうと推測されるが、では北海道北部の礼文島のセイウチの牙製彫像や釣針軸などの素材であるセイウチの牙はどこからもたらされたのだろうか。それらが北海道東部のオホーツク文化の人たちからオホーツク海沿岸を経由して、礼文島のオホーツク文化の人たちにもたらされたと考えることは容易である。だが北海道東部のオホーツク文化の人たちが千島列島経由で入手したセイウチの牙は必ずしも多くの量ではなかったろう。それにも拘らず、礼文島におけるセイウチの牙製品の出土は6例もあり、しかも香深井A遺跡では魚骨層Ⅳ、魚骨層Ⅲ、間層Ⅰ/Ⅱの時期にわたっている。その点においてこれらの牙製品の素材は北海道東部からの移入品ではなく、別な移入経路を想定することが必要となろう。

オホーツク海北岸のオホーツク市北西5kmのクフトゥイⅧ遺跡からセイウチの骨が出土している（Lebedintsev 1990；147）。これは牙ではなく、骨と記されている。同遺跡は初期鉄器時代の遺跡群に属し、放射性炭素による年代測定では1900±100年前と1400±100年前である（同上；179）。

オホーツク海北岸に広く遺跡が分布している古コリヤーク文化の遺跡からは海獣の遺存体が多量に出土している。その圧倒的多数はアザラシであり、ほかにトドが出土している。そのような遺跡のうち、ギジガ湾のナヤハン遺跡からセイウチの牙製の回転式離頭銛の銛先（図3－4）と鏃（同－5）が出土している（Vasil'evskij 1971；125）。同遺跡の年代は古コリヤーク文化のアタルガン期（10～13世紀）に属している。古コリヤーク文化の遺跡を発掘調査したヴァシーリエフスキーはこれについて「ナヤハン、ギジガ、カブランではベーリング海の水域から流氷に乗ってそこへやって来たセイウチを時たま狩猟した」と記述している（同上；147-148）。おそらくそれらのセイウチは群れを離れてカムチャツカ半島西岸を北上した単独のセイウチだったろう。他方、ヴァシーリエフスキーはナヤハン遺跡はセイウチの狩猟が主要な生業であり、セイウチの骨が交易品だったエスキモー民族の居住地域に近いことを指摘してる（同上；126）。この点を考慮するならば、ナヤハン遺跡出土のセイウチの牙製品の素材はむしろベーリング海沿岸からカムチャツカ半島北端部を横断してギジガ湾側に交易によってもたらされた可能性が推測される。オホーツク市北西のクフトゥイⅧ遺跡出土のセイウチの骨はそのようなセイウチの牙や骨の交易によってギジガ湾周辺から西へ運ばれたのであろう。

クフトゥイⅦ遺跡が属する初期鉄器時代の遺跡の南限はシャンタル諸島北方のウイカに発見されている（Lebedintsev 1990；149）。ウイカ遺跡の土器はオホーツク文化の土器と類似しており、またウイカ遺跡出土のイヌの装飾上腕骨は礼文島香深井A遺跡出土のイヌの装飾上腕骨と極めて類似している。この状況はオホーツク文化とオホーツク海北西岸の初期鉄器時代の文化の間に何らかの交流があったことをうかがわせている（菊池 1995b；225-227）。またオホーツク文化と古コリヤーク文化の遺物の類似も、両文化の間に交流があったことをうかがわせている（菊池 1995a；358-368）。このようにオホーツク文化とオホーツク海北西岸の初期鉄器時代の文化や、オホーツク海北岸の古コリヤーク文化との間に交流があったと推測されることを踏まえるならば、礼文島出土のセイウチの牙製品の素材ははるか北方のオホーツク海北西岸や北岸から交易・交流を通してもたらされたセイウチの牙であったと考えることができる。

5―おわりに

北海道のオホーツク文化の遺跡から出土したセイウチの牙製品の素材であるセイウチの牙はどこからもたらされたのか、この問題はまだ解明されていない。この問題について小論では、セイウチの牙はカムチャツカ半島南部から千島列島経由で北海道東部地域に交易によってもたらされたであろうこと、他方、オホーツク海北岸地域からオホーツク海北西岸を経由して礼文島に交易によってもたらされたであろうとの仮説を提起した。セイウチは北氷洋とベーリング海に棲息している。そのセイウチの牙が交易によって北海道にもたらされていたとすれば、環オホーツク海には広大な範囲の交易が展開されていたことになる。

【引用文献】

大川清　1950 「北方文化圏出土の婦人像」『古代』 2、pp. 38-41

大塚和義　1968 「オホーツク文化の偶像・動物意匠遺物――その信仰形態の再構成への試み――」『物質文化』11、pp. 21-32

大場利夫・大井晴男編　1976・1981 『香深井遺跡　上・下』東京大学出版会

菊池俊彦　1995a 『北東アジア古代文化の研究』北海道大学図書刊行会

菊池俊彦　1995b 「オホーツク海北西岸の初期鉄器時代の遺跡」『北海道考古学』31：北海道考古学の諸問題、pp. 215-218

北構保男　1974 「牙製婦人像について」国分直一ほか編『オンネモト遺跡』根室市教育委員会、pp. 169-199

北構保男・須見洋　1953 「北海道根室半島トーサムポロ・オホーツク式遺跡調査報告」『上代文化』24、pp. 31-48

トマス・A・ジェファソンほか著　1999 『海の哺乳類―― FAO 種同定ガイド――』山田格訳　NTT 出版

西脇昌治　1965 『鯨類・鰭脚類』東京大学出版会

米村喜男衛　1961 「北海道紋別郡湧別町川西遺跡」『網走郷土博物館シリーズ』1、pp. 1-4

米村喜男衛・北構保男　1940 「オホーツク文化圏出土の牙製婦人像」『考古学』11－11、pp. 654-660

Dikova 1983　Дикова Т.М. *Археология Южной Камчамки в сеязи с проблемой расселения айнов,* Москва

Lebedintsev 1990　Лебединцев А.И. *Древние приморские культуры Северо-Западного Приохотья,* Ленинград

Ponomarenko 1993　Пономаренко А.К. Новые археологические помятники Южной Камчатки и полуострова Лопатка (к вопросу об обитании айнов на Южной Камчатке), *Краеведческие записки,* Выпуск 8, Камчатский Обласной Краеведческий Музей. 3-135.

Vasil'evskij 1971　Васильевский Р.С. *Происхождение и древняя культура коряков,* Новосибирск.

II—13

北太平洋を行く交易品

Ch・M・タクサミ

1—海と大陸と島々の文化交流

北太平洋地域は非常に広大である。そこに含まれるのはロシア極東地方、アメリカ北西海岸地域、アリューシャン列島とクリール（千島）列島、サハリン島（樺太）、そして日本列島である。これらの地域には古くから漁撈、海獣狩猟、トナカイ飼育、狩猟、そして採集活動などで暮らす人々が住み着いていた。つまりエスキモー、アリュート、チュクチ、コリヤーク、イテリメン、ニヴフ、ウイルタ（オロキ）、アイヌ、北アメリカインディアンなどの先住諸民族である。

彼らの文化には多くの類似性が見られる。それは彼らの伝統文化が類似の生態学的な条件のもとで発展してきたことと、共通の社会経済的な発達段階にあったことによって説明できる。しかし、同時にここ数世紀にわたって北太平洋の諸民族が文化交流を促進してきたことにも注意を向けなければならない。さらに、アムール川がアジアとその近辺の島々やアメリカ大陸との間の文化交流、あるいはアジアの北部と東部の間の文化交流を促進するのに重要な役割を果たしてきたという説さえある。確かに、この地域の諸民族はアジアとアメリカの太平洋沿岸地域に住む諸民族の文化的・歴史的な関係の促進に大きな役割を果たしてきた。

オホーツク海沿岸とアムール地方は南北の民族文化の接点、つまりアジアの古代文化とアメリカ、北太平洋の島々の文化との接点である。周知の如く、17世紀から19世紀にかけての時代には北太平洋の多くの民族が直接接し合うように暮らしていた。例えば古代のパレオアジア系民族の子孫であるニヴヒはツングース系の諸民族に取り巻かれており、アイヌ、満洲、漢族、日本、朝鮮などの人々と接触しながら暮らしていた。民族間の接触の過程では当然のことながら、相互に影響を受け合い、文化的に価値の高いものを交換し合うというようなことも起きた。しかし、文化的に価値の高いものが普及する最大の要因は交易であった。多く

写真1・2　クンストカーメラ入口で開館を待つ人々と博物館の表示

の民族が直接、間接にとなりの民族を通じて必要な交易品を手に入れたり、自分が作ったものを売りさばいたりした。

もちろん何よりも最も広く北方の諸民族の間に普及したものは、鉄製品、布、穀類、煙草、お茶、装飾品などである。例えば満洲や中国からの品物はアムール川下流域の諸民族のみならずサハリンや北の地域にまで広まっている。また後にはロシア製品がヤクートやツングースの人々の手を経て同様に普及した。アムール川下流域の先住諸民族の中から交易の仲介を行う人々が輩出したことはよく知られており、その中にはニヴフも含まれていた。そのような交易民たちは犬ぞりに乗って長い旅を続け、満州、中国方面へ毛皮を売りに出かけた。そして帰りはボートに乗って、毛皮を売って仕入れたものを持ち帰ってきた。

写真3　クンストカーメラの北米展示(左)と日本展示

2―「もの」の旅

交易の旅はしばしば数カ月に及ぶ長いものであり、普通は3月から5月にかけて行われた。交易民の家族には鋳鉄の鍋、銅製の食器、玉製の女性の装身具、イヤリング、ブレスレットなどを持つものが多かった。そのようなものを持つ者は、裕福だとみなされた。北太平洋の諸民族が暮らす地域には人々が集まる交易拠点がいくつかあった。そこは市であり、交易はそのような市で行われた。例えばアムール川下流域ではデレンがその一つで、そこは極東の多くの人々に知られた場所であった(デレンについてはII―1参照)。

北太平洋の先住少数民族にとって交易は大きな意味を持っていた。交易のおかげで人々は隣接する国々の文化を知り、また関係を広げていくことができたのである。無論、物資が北太平洋に普及していく過程を追うことは非常に興味深いことである。一つ一つの「もの」には多くの情報が含まれている。だれが作ったのか、どこに、いかにして北方民族の手に渡ったのかなどの情報である。「もの」はその文化の担い手とともに移動することもあるが、また人を追い越して、いまだ知られていない方法によって他の民族集団のもとへ移っていくこともしばしばある。その場合には、最初にそして唯一そのような「旅」を行った先駆的な「もの」が必ずある。

「北方先住民の交易と工芸」という研究テーマはきわめて重要である。というのは、交易は諸民族の社会生活、その知的伝統の発展、交通輸送手段の発達、世界観と芸術の発展、そして物資文化、精神文化の発展の上で大きな役割を果たしてきたからである。交易研究は民族間の文化接触や北太平洋における水上交通路など、従来あまり研究されてこなかった部分に光を当てることができる。そして、そのコンセプトからしてきわめて魅力的である。このテーマは北太平洋諸民族の文化に興味を持つ人や伝統的な経済関係に興味を持つ人を広く引きつけることができるだろう。

◆クンストカーメラの所蔵資料◆

写真４　ナナイの村長が所有していた中国官吏の帽子

写真５　アムール川流域で採集された金属製飾り金具と土製鋳型

写真６　アリュートのラッコ木彫

３―クンストカーメラのコレクション

ロシア科学アカデミーピョートル大帝記念人類学民族学博物館（通称：クンストカーメラ）は1714年にピョートル一世によって設立された、世界でも最も古い博物館の一つである。収蔵庫には188万点に及ぶ民族学・考古学・人類学資料が保管されている。その中でもひときわ際立っているのが、シベリア諸民族文化のコレクションである。

シベリアコレクションの充実に貢献したのは、アカデミー主催の調査に参加した探検家、ロシア人の学者、旅行家、航海者、そしてロシア地理学協会である。民族学的資料の収集は20世紀もなお続けられた。筆者もコリヤークの資料収集のためにカムチャツカへ行き、またサハリンのニヴフ、アムール川下流域のウリチとニヴフ、そしてタタール海峡のオロチのところで資料収集を行ってきた。

現在、シベリアの基本的な標本資料は747のコレクションからなり、標本総数27,000点にのぼる。また北アメリカ諸民族の標本資料数は約5000点であるが、その学術的な意義とユニークさにおいて、世界の同様の博物館に決して引けを取らない。その中で活発な交易活動が行われていたことを物語るような資料は決して多くはないが、重要な意味を持つ資料を有している。それらは北太平洋の漁撈民、海獣狩猟民、トナカイ飼育民、狩猟採集民の伝統文化の中で異彩を放っており、またその分布の広がりは人々の交易圏の広がりを端的に表している。交易は他の民族文化との出会いの機会を飛躍的に増やしてきた。

今回この書物として結実した北方先住民社会に関する共同研究のテーマは我々に、相互に学び合うこと、自分のたちの文化を発展させるためには他の民族の成果を取り入れていかなければならないことを教えてくれた。この共同研究がさらなる友好の道となることを願うものである。（訳：佐々木史郎）

写真１～６　大塚和義氏撮影

III

千島列島・カムチャツカ半島・アリューシャン列島からアラスカおよび北西海岸

III－1

ウルップ島のラッコ猟

手塚　薫

1－ウルップ島の植民活動

戦前の日本人による北部千島（クリール）列島のシュムシュ島における発掘調査では、オホーツク文化期からアイヌ文化期に相当する貝塚から、多数のラッコの骨が出土したことが報告されている（馬場 1979）。これらのラッコの頭骨はそのほとんどが、項部が叩き割られ、脳髄を取り出されていたと思われる痕跡をとどめているが、もとより食料としてのみ重要だったのではない。戦後、ロシア側によって実施された中部千島のウルップ島やシムシル島の調査でも、ラッコの骨が複数出土しているという。これらはいずれも露米会社の現地取引所が開設されていた島々に相当する。この事実は、島の住人によって偶発的に捕獲されたのでなく、千島が18世紀以降、急速に拡大した毛皮交易に組み込まれるようになったことをあらわしている。つまり、ロシア人によって移住させられたアラスカ・コディアック島やアリューシャン列島の先住民が、ヨーロッパ・中国市場向けの商品を多数生産するための狩猟に駆り立てられた歴史が存在するのである。

すでに江戸時代に日本人からラッコ島と呼ばれ、高級な毛皮を有するラッコが多数いることで注目を集めていたのもこのウルップ島である。文政9年（1826）にオランダ商館長の江戸参府に随行したフランツ・フォン・シーボルトに江戸でラッコ皮の売り込みを図った人物がいたのも、また、その2年前にジャワのバタヴィア政庁あてに送付した、長崎滞在中にシーボルト本人が収集した自然物の収集リストにラッコの毛皮が2枚含まれていたのも（栗原 2000）、おそらく千島海域で捕獲されたものがこの当時広く市場に出回っていたことを示唆している。

筆者は、1991年と2000年の夏にこの島でフィールドワークを行う機会を得、多数のラッコが間近に遊弋（ゆうよく）する光景を目撃したが、他の千島列島中のどの島よりもこの動物に遭遇する機会がはるかに多かったことを考えると、ラッコ島という名称がつけられたのもうなずけるところである。

毛皮需要は先史時代から存在していたが、近代以降のそれは先史時代のものと大きく異なり、外部に成立した市場経済の影響を強く受けることが特徴となる。欧州人や中国人が莫大な量の毛皮を欲したという事実が、世界中に毛皮のネットワークを張りめぐらせ、市場原則に基づく世界経済システムのもとで、北方の先住民社会は、それまで経験したことのなかったような大変革に直面した。

17世紀以降、世界には清朝と欧州という二大毛皮市場が存在した。中国ではクロテンは宮中用や一般官職以上のものに限定され、ポイント装飾や冬用帽子などに利用された。一方、欧州では16世紀から19世紀にかけてビーバーの毛を利用したフェルト帽が流行し、新大陸のビーバー資源に目が向けられる（岸上 2001）。やがて毛皮生産は北米北部に中心を移し、イギリスとフランスの毛皮商人が競い合って西進し、太平洋で露米会社勢力と出会う。ロシアのシベリアにおける毛皮の独占は17世紀に始まるが、バイカル湖南方の中露国境の町、キャフタを通じて中国に渡った物資のうちで最も重要だったのは、クロテン、カワウソ、ビーバー、ラッコである。ラッコ、クロテンは北部太平洋や北米北西沿岸で捕獲され、カムチャツカからオホーツク経由でイルクーツクに陸送され、中国・中央アジア・欧州市場用へとそれぞれ荷分けされた。カナダで捕獲されたビーバーとカワウソは、ハドソン湾会社が大西洋を横断してロンドンやペテルブルクに搬送し、そこから陸路でキャフタに運ばれた。これらの毛皮は世界をめぐって中国市場に集中したのである（手塚 2000）。寒さの厳しい中国北部では、値は張るが暖かいラッコ皮を、南部では、かさばらないビーバー皮をふんだんに使った防寒衣類の人気が、庶民レベルにまで深く浸透していた。1875年以降、英国人が開拓した海路によって、欧米人の広東への接近がはかられるようになり、19世紀初めまでにラッコの海路交易は内陸のキャフタ交易を凌駕するものに発展していく。クルーゼンシュテルンを船長とするロシア艦隊が世界周航の旅に出立したのは、時間と経費が嵩（かさ）み、毛皮の損耗もはなはだしい内陸ルートによらずに、植民地でとれる毛皮を広東に直送する航路を切開き、米英に対抗する必要に迫られたからに他ならない。

一方、日本では、ラッコは松前藩主の独占品とされ、馬具に仕立てられ、将軍家や本州の諸大名への贈答品として用いられ、一般の売買は禁じられていたが、実際には商人の手を介して大坂の市場に流入したり、長崎に持ち運ばれて古くから唐船との交易に使われたりしていた。当時、長崎から中国の南部沿岸にラッコの皮を輸出していた事実は、18世紀にはすでに寺島良安によって編集された日本最初の百科事典『和漢三才図会』や、旅行者や幕吏などの紀行文によって知られるところとなっていたのである。

しかし、18世紀後期には、赤人（あかひと）が来て、エトロフ・クナシリのアイヌと競って猟をするためにラッコが年々減少しているとの風聞があったことも指摘されている（『蝦夷草紙』『東遊記』）。千島海域に世界で最も品質のよいラッコが豊富に存在したため、日露が競合するのは時間の問題であった。両者ともに自ら十分に資源を開発するだけの技術と知識を持ち合わせていなかったため、ラッコ猟に卓越した技術と経験を有する先住民を利用したことも共通している。なお、ウルップ島には、この頃、アイヌは定住しておらず、アッケシ、エトロフ、クナシリやラショワなどのアイヌが季節的にラッコ猟に訪れていた（『蝦夷拾遺』）。

この赤人とは、ロシア人のことをさすが、1760年代以降、ロシアは千島でのラッコ猟を積極的に推進するために島伝いに南下を始め、コサック百人長イヴァン・チョールヌイやその後、やや遅れてヤクーツク商人イヴァン・プロトジャーコノフらの一行がウルップ島に到来し、ラッコ猟を始めたため、ウルップ島を季節的な猟場としていたアイヌとの間に緊張状態が高まった。明和７年（1770）と翌８年には両者の間で多数の死傷者が出る事件に発展した。

幕府は蝦夷地近海にヨーロッパの船がしきりに出没するという緊迫した情勢に対応して、たびたび調査隊を蝦夷地に派遣する。ウルップ島にも天明６年（1786）に、最上徳内が調査に訪れてすでにロシア人の動静を探っているが、享和元年（1801）にはさらに富山元十郎や深山宇平太らが、島に居座って久しいロシア人たちに直接会って退去を勧告している。東蝦夷地が幕府の永久上地となり、直轄政策がしかれるようになると、ウルップ島のロシア人を締め出すために、享和３年に交易物資が渡らないように、アイヌのウルップへの出猟を禁じ

写真１　アリュートカ湾の全景

写真２　1991年に著者等によって発掘されたいわゆるアリュートの竪穴住居址

図１　アリュートカ湾で確認されたアリュートの集落址とその復元予想図

た。その結果、ズベズドチョートフの殖民集落は崩壊し、しばらくの間、日露双方のウルップ島の開拓は中断する。

さて、これらのロシア人によるウルップ島の植民活動は次の４期に区分できる（手塚1993）。

Ⅰ　露米会社以前（1768～80）

Ⅱ　ズベズドチョートフの植民（1794～1805）

Ⅲ　露米会社千島交易所（1828～67）

Ⅳ　露米会社以後（1867～77）

第Ⅰ段階では、ロシア人が来島し始め、ラッコ猟をめぐってアイヌとの間に争闘が持ちあがったり、アイヌに対する毛皮貢税が試みられたりしたが、1780年の大地震とそれに付随して生じた大津波のためにロシア集落は終焉を迎える。第Ⅱ段階は、ルイリスク商人グレゴーリー・シェレホフの指示でヴァシリー・ズベズドチョートフ（ケレトフセ）を指導者とする31人の狩猟者、４人の入植者、３人の女性、２名のアリュートからなる殖民団がウルップに渡り、居を定め、ラッコ猟を実施した。アッケシの棟梁イコトイなどのアイヌは、これらのロシア人と交易活動を繰り広げていたことが知られている。Ⅱ期にはまた、幕府の調査隊がズベズトチョートフとの接触を図るが、ズベズトチョートフの死や生活必需品を供給していたアイヌとの接触を、幕府の政策によって遮断されたことにより、第Ⅱ段階は幕を閉じる。第Ⅲ段階は、北太平洋における植民地の独占的な経営活動を認められた国策会社としての露米会社が、1828年にアドルフ・エトリンの指揮の下殖民グループを派遣し、集落の復興を図った。狩猟を効率よく実施するためにコディアック島の先住民を約50人ほど移住させた。冬

写真１・２・４　筆者撮影／図１・３　Shubin 1990より

図2　条約調印直後に描かれたウルップ島アリュートカ湾岸の集落
中央から右にアリュート首長ピョートル氏やその仲間の家屋（竪穴住居）が、左に露商ヘリピュースの倉庫（平地住居）が見える。両者の構造や屋根の葺き方の相違に注目。

期間に狩猟者はラッコ猟に携わり、1829年にかけて80万ルーブル相当の毛皮を獲得し、会社に大きな期待を抱かせた。ウルップ島はまもなく露米会社の千島部局の中心となった。

1984年以来、重要な集落が形成されていた太平洋岸中部のアリュートカ湾（日本名：小舟湾／アイヌ名：ワニナウ）におけるサハリン州郷土博物館を主体とするチームの調査によって、Ⅲ期以降に相当する集落の全容が解明されている。遺跡は２本の河川に挟まれた海抜５ｍ程度で、全長200ｍの海岸段丘上に約4000㎡以上の範囲で広がっている。今までに上記の時期に相当する多数の竪穴住居や平地式の木造家屋などの住居跡が発掘調査されている（写真１・図１）。

２―ウルップ島の住人の生活

ウルップ島におけるラッコ猟は、樺太・千島交換条約の締結にともない明治９年（1876）に千島の視察を行った開拓使役人のレポートによれば、銃声はラッコを遠ざけるので岩上にいる獣にのみ用い、特に沖猟では別の方法（革舟（バイダルカ）・鋼叉・鈎・弓矢など）で捕ることが一般的であった（長谷部辰連・時任為基 1876）。ウルップ島のアリュートカ湾では、11軒の竪穴住居に33人のいわゆるアリュートが居住していることが確認された。竪穴は地面に約150〜180cm程度の深さの穴を掘り、柱は流木で築き、屋根は草葉で葺き、その上を土で覆うもので、表面からはその存在をなかなか察知できなかったという（写真２）。明治８年（1875）９月の調査時に開拓使測量課官吏福士成豊によって残されたスケッチには、これらの複数の竪穴住居と露商ヘリピュースの地表式倉庫の存在をはっきりと確認できる（図２）。地表式の倉庫はこれまでシュービンらの発掘によって第Ⅱ段階のものとされてきたが、保存状況や平面プランから第Ⅳ段階のものと考えたほうが妥当であろう。開拓使はさらにウルップ島の東北隣のシムシル島で13軒に57人のアリュートがいることを記録し、3人乗りのバイダルカ（革舟）を収集しているが、このようなアリューシャンやアラスカ海域で先住民に使用されていたのと同じタイプの、機動性のある皮（革）舟がラッコ猟にも威力を発揮したであろうことは想像に難くない。さらに古い時代には、アイヌはラッコを弓とヤスで捕えるのに対し、ロシア人は刺し網を張り、鉄砲も利用したという（『辺要分界図考』）。

ラッコの交易価格に関しては古い時期には具体的な資料が残っていないが、19世紀の後半段階では、現地の狩猟者からの聞き取り情報によれば、ラッコ皮は50〜60ルーブルで取引され、キツネのほぼ７倍の値がついたという。特に品質のよい毛皮は露商が40ドルで、米人は30ドルで引き取ったという。当時、千島近海では、高品質のラッコを求めて横浜やサンフランシスコなどからの米・英・日・露の密猟船が多数横行していた。この時期、島での生活に必要な物資は自給したのではなく、不定期な補給船やこうした密猟船からの供給に依存していた。小麦粉、塩、洋服、金布（紅白または更紗類）、洋酒、紅茶、棒砂糖、煙草、蠟燭、フランネル襦袢、襟巻、ブランケット類、弾薬が主要な取引品目であり、ラッコなどの毛皮

図２　原資料北海道大学附属図書館北方資料室蔵

と交易するのが常であった。

アリュートカ湾岸の発掘調査の結果、竪穴住居からは、骨角製や金属製の狩猟具の他、鉄鍋などの日常雑器（写真4）、ガラス製品も豊富に出土した。毛皮の梱包を封印するための露米会社の頭文字入り鉛印も見つかっている（図3）。また、発掘資料の中には英国・ロシア製の陶器も多数含まれている。これはアラスカ先住民と同様、ロシア人だけでなく島に連れてこられた先住民によっても愛用されたことを示している。

特に19世紀の英国製のものが大半を占め、王冠をあしらった囲みにCOPELAND & GARRETTと記された製造マークが底部に捺印されたものが多い（図4）。東方植民地の経営で恒常的な物資不足に悩む露米会社は、1839年にハドソン湾会社とハンブルクで協定を結び、茶器を含む多くの物資を英国から輸入し始めた。1833年に創業された英国スタフォードシャーにあるスポード社はこれらの磁器を含む、オリエンタル風のモチーフを多用した青や緑絵の茶器を生産した。ウエッジウッドほどの高級茶器メーカではなく、大衆向け製品を製造していたが、このメーカの磁器が遠くウルップにも搬入されていたのである。スポードは現在でも操業を続け、最近は日本の小売店の店頭でもこの会社の製品をよく目にするようになった。

さて、樺太・千島交換条約によって、島に残っていたアリュートはなつかしいふるさとへ帰ることを希望し、その願いはやがてかなえられることになる。鳥居龍蔵が明治32年(1899)の調査の際、千島アイヌから採録したsakshiitak「矢先」という単語は、明らかに「銛頭」のアリュート語であった（宮岡 1985)。また、仏人言語学者のA・ピナールは1871年にアラスカでインフォーマントから千島アイヌ語を収録しているが、これは千島に住んでいたエスキモー語の話者が、アイヌから学んだ単語をアラスカに戻った後もなお覚えていたことを示す傍証になる。これらの事実は、アイヌとアリュート、エスキモーが千島でラッコ

写真4　竪穴住居址出土の鉄鍋

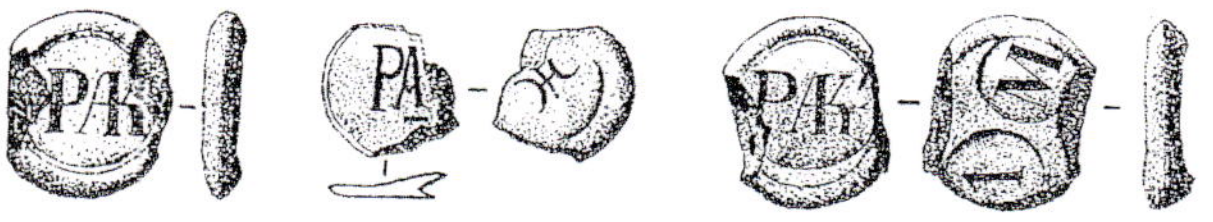

図3　毛皮の梱包を封印するための鉛印

図4　アリュートカ湾岸遺跡から出土した英国製茶器

図4　Шубин 1995 より

などの狩猟を通じ、互いに交流をもったことを物語っている。

しかし、鳥居龍蔵から馬場脩にいたるまでの多くの優れた研究者は千島に強制移住させられ、ラッコ猟に駆り立てられた人々をアリュートとみなしていたが、実際にはアリュートではなく、コニャッグ・エスキモー（イヌイットではなく、スフピアック系のエスキモー語を話すコディアック島の先住民）が主体であることを見抜いたのは林欽吾であった（林 1953）。いったいこのような誤解を生じさせた原因は何だったのであろうか。

露米会社は自らの植民地で出会った先住民を分類する上で、経済的な自立性の度合いに基づき（それは毛皮交易を合理的に実施するためには好都合なものであったにせよ）、自立的・半自立的・依存的という３つのカテゴリーを用いて先住民を分類したが、それぞれの民族集団ごとに固有の名称を適用したものではなかった。したがって、それらの民族集団はアリューシャンをへてアラスカにいたるまで、アリュートであろうと、エスキモーであろうと、全てアリュートという用語で包括されてしまったのである。

当世はやりのグローバライゼーションの先がけとなった毛皮交易の重要品目としてのラッコの生産を末端で支えた多くの先住民は、その当時、機械的に当てはめられた民族名が示しているように、自らのアイデンティティ崩壊の危機と隣り合わせになりながら、危険な海上での狩猟活動に従事させられていたのである。

【参考文献】

岸上伸啓　2001「北米北方地域における先住民による諸資源の交易について――毛皮交易とその諸影響を中心に――」『国立民族学博物館研究報告』25巻３号

栗原福也　2000「出島からバタヴィアへ――フォン・シーボルトの日本調査報告書1823、24年――」『東京大学史料編纂所研究紀要』10

手塚薫　1993「ウルップ島アリュートカ湾の日ソ共同調査について」『二十一世紀への考古学』櫻井清彦先生古稀記念会編集　早稲田大学出版部

手塚薫　2000「北東アジアにおける毛皮獣狩猟活動の意義――毛皮の獲得と毛皮交易の視点から――」『北の文化交流史研究事業研究報告』北海道開拓記念館編集・発行

長谷部辰連・時任為基　1876「千島三郡取調書」『日本庶民生活史料集成』4　三一書房

林欽吾　1953「日本北地の古文化と種族」『ロシア人日本遠訪記』原書房

馬場脩　1979『樺太・千島考古・民族誌』北方歴史文化叢書　北海道出版企画センター

宮岡伯人　1985「A・ピナールと極北諸語関係資料」『北方文化研究』17

Shubin, Valery O.　1990　Russian Settlements in the Kurile Islands in the 18th and 19th centuries, *Russia in North America : Proceedings of the 2nd International Conference on Russian America*, edited by Pierce, A. The Limestone Press.

Шубин,В.О.　1995　Научные Каталоги Музейных Коллекций. *Вестник* 1, Сахалинского Музея.

III—2

カムチャツカにおけるクロテン猟と毛皮交易——イテリメンを中心に

渡部　裕

1—カムチャツカ半島の資源と先住民

ロシア・カムチャツカ半島における先住民社会と毛皮交易のかかわりを概観し、毛皮交易におけるクロテンの位置づけを考えてみたい。

カムチャツカ半島にはおよそ北緯58度以南に狩猟採集民であるイテリメン、その北部にコリヤークが居住してきたとされている。コリヤークは海獣狩猟やサケ漁を生業基盤とする海岸コリヤークとトナカイ飼育民であるトナカイコリヤークに大別されてきた。また、半島中央部、ブイストル地区に居住するトナカイ飼育民エヴェンはおよそ150年前に北部からトナカイ群とともに移住してきたとされている。

カムチャツカ半島は北太平洋沿岸に特徴的な陸獣・海獣類およびサケ類から構成される動物資源にめぐまれてきた地である。とくに、先住民の主要な食料資源として利用されてきたサケ類は豊富である。カラフトマス、シロザケ、ベニザケ、ギンザケ、マスノスケの５種が遡上することから漁期も長く、前２種の遡上量が最も多い。海獣類ではゼニガタアザラシ、ゴマフアザラシ、ワモンアザラシ、アゴヒゲアザラシ、トド、キタオットセイ、さらに大型鯨種とともに西海岸ではシロイルカの回遊が顕著である。とくに西海岸の河川の多くは、河口から数10km上流まで標高差が小さく、おどろくほど上流まで潮位の影響を受ける。サケ類の遡上期には潮位の上昇とともに魚群を追ってアザラシ類やシロイルカが河川を遡上するため、イテリメンは河川内で比較的容易に海獣類を狩猟することができた。もっとも、イテリメンにとって海獣類の皮下脂肪が発達する冬季の猟が重要であることはいうまでもない。

サケの捕獲場も梁（やな）および籠罠（かごわな）を組合せた捕獲施設の設置条件からみて、水深があまりない場所が求められ、河口よりも中流あるいは上流域、支流との合流地点が望ましい条件をもつ

写真１　北洋漁業時代に日本から伝えられたと考えられる運搬具（カムチャツカ州ハイリューゾヴァ村）

写真２　北洋漁業時代に日本から伝えられたと考えられる運搬具（カムチャツカ州チギリ村）

写真3　現代のサケ漁（ハイリューゾヴァ川）

地点ということができる。イテリメンは夏季には丸木舟によって、冬季はイヌ橇（ぞり）によって河口から上流まで幅広く利用していたと考えることができる。イテリメンの伝統的集落が海岸ではなく内陸中流河畔に設けられていたことは、このような資源利用のあり方と関係するであろう。ただし、かつて大河カムチャツカ川流域に最も多くのイテリメン人口が集中していたことは、イテリメンがサケ資源に強く依存していたことを示唆しているであろう。

河川中流域に集落をもつイテリメンは山猟にも精通していた。カムチャツカにおける陸獣ではヒグマ、シベリアビッグホーン、野生トナカイが肉用獣として重要であり、アカギツネ、ホッキョクギツネ、クロテンなどの毛皮獣は、毛皮交易の浸透とともに重要性を増してきた。

2—カムチャツカにおける毛皮交易

アトラーソフ率いるコサック兵のカムチャツカ到達にはじまるロシアのカムチャツカ支配は、クロテンに代表される稀少毛皮が目的であった。カムチャツカへの進出は、乱獲によってすでにシベリア各地の毛皮集荷量が減少したなかで、ロシアのシベリア東進の最終地として大いに期待されていた。ロシアは抵抗する先住民を武力によって残酷に鎮圧し、鎮圧した先住民に毛皮税を賦課し、あるいは交易によって大量の毛皮を収奪した。毛皮税は15歳から55歳までの男性に課せられた。1738年のイテリメン人口は8448人、その内、毛皮税の支払い義務を負った男性は2113人と記録されている。ロシアの到達時点でイテリメンは12,600人あまりと推定され、40年間におよそ36%の人口減少が推定されている。カムチャツカにおける毛皮税納税者は、1715年の3912名から1732年に2055名に減少し、その後増加し1738年には2816名と記録されている。

国庫に収めるべき毛皮税は一定の割合で賦課されることになっていたが、現地の責任者は何倍もの税を課し、私腹を肥やしていた。どれほどのクロテンがカムチャツカから集められたかは正確にわからない。毛皮税の賦課の割合が時代や地域によって異なり（18世紀には狩猟者1人あたり年3枚から10枚の税が課せられ、狩猟者の妻にも賦課された時代があったとされ、最終的に毛皮税は狩猟者当り年1枚とされた）、また、実際に賦課された数量は国庫に収められたものか、徴税者の懐に入ったものが含まれたのかもあきらかではない。1712年、ペンジナからヤクーツクへ運ばれる途中に襲撃された徴税毛皮の内容は、クロテン毛皮5640枚、キツネ毛皮761枚、ラッコ毛皮137枚などであった。同じく18世紀前半に横領で告発されたカムチャツカの指令官の1人ペトリロフスキーは、1年間にクロテン5600枚、キツネ2000枚、ラッコ207枚、カワウソ169枚を私していたという。おそらく18世紀には年に1万尾をはるかに超えるクロテンが集荷されていたと推定される。クロテンは森林の動物であり、イテリメンの居住地から多く産出されていたため、北部のコリヤークはカムチャツカにおけるクロテン毛皮の生産にあまり関与することはなかった。

ロシアにとってカムチャツカはヨーロッパロシアから隔絶した毛皮生産地以外のなにものでもなかった。先住民は毛皮交易によって布製品やナイフ、斧、やかん、鍋などの金属製品、茶、タバコなどの嗜好品を手に入れていた。19世紀にいたってクロテンの捕獲数は減少した。ペンジナ、ギジガなどの北部地方ではクロテンは消滅し、南部でも激減した。1840年代には

1万尾に達した捕獲数は1890年代に2千尾に減少し、1913年から3年間の禁猟を余儀なくされた。

カムチャツカ産のクロテンは最も大型として知られてきたが、毛皮の品質は最上というわけではなかった。それは毛皮の色の問題にすぎないが、最上の色の条件は黒色に近い褐色であり、カムチャツカ産クロテンは一部を除いて淡い褐色であった。毛皮交易は少なくとも18世紀半ば以降、国家の専売とされ、クロテン毛皮の主な販路は中国であった。

写真4　イヌの餌用に干したサケの頭と中骨
（カムチャツカ州ハイリューゾヴァ村）

このようなロシアにおけるカムチャツカの経済的意味は19世紀末まで変わらなかった。20世紀にいたって、北米からO・スエンソン社、ハドソン湾会社がカムチャツカの毛皮交易に参入し、日本企業も幾分かはかかわりをもった。1919〜23年には、これら外来企業の進出によって毛皮獣の乱獲がもたらされたという。

3—クロテン猟

現在もカムチャツカにおけるクロテン猟は先住民経済に一定の役割をはたしている。クロテン猟には小型のトラバサミや小口径銃あるいは散弾銃もときには使われるが、イヌと網を用いた狩猟法が最も一般的であった。イテリメンは後者の狩猟法を少なくとも18世紀半ばから今日まで採用してきた。

クロテンの猟期は9月からはじまるが、11月が中心である。通常、単独で行われる猟で、1〜2頭のイヌを使ってクロテンの足跡をたどり、クロテンの潜む木の洞を発見する。クロテンは追いつめられた場合に、あるいはねぐらや休息場として木の洞を利用する。その周りに高さ1.5mほどの網（かつてはイラクサ繊維の網が使われた）を張りめぐらし、煙で燻すなどして中のクロテンを追い出し網に絡めて捕獲する。囲いに使う網はイヌに背負わせたカバンで運ぶが、この猟に使われるイヌは訓練が必要であり、現代ではハスキーやライカが適しているとされている。

4—新たな交易と毛皮産業

19世紀末から始まった日本人漁業者による北洋漁業は、カムチャツカに新たな経済システムをもたらした。イテリメンは従来の毛皮交易に加え、新たにサケを媒介とした交易にもかかわるようになった。この新たな動向は、日露戦争終結にともなう日露漁業協約によって生じた。日本人漁業者はカムチャツカなどロシア北東沿岸における陸上根拠の水産資源漁獲活動を認められ、沿岸に設定された租借漁区においてサケ漁を行い、陸上施設で塩蔵（えんぞう）サケあるいはサケ罐詰の生産を始めた。日本人漁業者には海面漁区が割当てられたが、河川漁区におけるサケ漁は先住民等のロシア人にのみ許可された。

日本企業は限られたサケ遡上期間に大量の源魚を確保しようとし、先住民が河川で捕獲したサケを買い付けた。さらに日本人漁業者は先住民に漁網の製作方法や漁獲技術を伝え、先住民の漁獲の増産に努めた。先住民はサケのほかに毛皮類も日本人との交易に利用し、一時的に日本企業による毛皮交易も行われたが、日本との毛皮交易はさほど成長せず、サケに比

写真５　摘み取ったベリー類
（カムチャツカ州ハイリューゾヴァ村）

較すれば小さなものであった。日本の漁場に近接する集落のイテリメンは自ら捕獲したサケを衣類や鉄製品、食料、さまざまな日用品、アルコール飲料と交換した。イテリメン社会に米食や日本製の背広の着用が普及するまでになったと報告されている。サケは17世紀末に始まった毛皮経済の重要性を低下させ、先住民社会は新たな資源の交易へと踏み出していった。

このような比較的濃密な先住民と日本人との接触はロシア革命後までみられたと考えてよいであろう。日本企業の漁場は東海岸ではカムチャツカ川周辺からカラガ湾、コルフ湾等の北部まで、また西海岸では南端より北部のパラナ付近まで展開された。一方、1930年代からソ連は国営企業を中心にサケ罐詰、カニ罐詰生産など、カムチャツカの水産資源開発を進めた結果、先住民の経済基盤は日本企業からソ連国営企業へと移行した。さらに、カムチャツカの集団農場はトナカイ飼育を基幹産業とし、イテリメンはそれまで無縁であったトナカイ飼育にかかわりをもつようになった。

ペレストロイカ以後、カムチャツカの先住民経済における狩猟や漁撈の重要性は増してきている。そして、ソ連体制のもとで市場経済とかかわりを持たなかったトナカイ飼育産業は、体制崩壊とともに衰退してきている。カムチャツカ州がまとめた1993年時点の経済概況によれば、クロテン毛皮の産出は１万尾とされている。困窮する先住民社会の現状をみれば、今日の〝毛皮交易〞が重要な役割をはたしていないことは確かである。

【参考文献】

Jochelson, Waldemar　1908 *“The Koryak”*, *The Jesup North Pacific Expedition 6, Memorirs of the American Museum of Natural History,* Leiden, E.J.Brill.

Murashko, Olga　1994　A Demographic History of the Kamchadal / Itelmen of Kamchatka Peninsula: Modeling the Precontact Numbers and Postcontact Depopulation, *Arctic Anthropology* 31-2, pp. 16-30.

Murashko, Olga　2000　Istoriy olenevodstova v Bystrinskom rajone Kamchatki. *MIR Korennyx Narodov: 7ivaq Arktika*, 2000, No.3, pp. 62-67.

岡本信男編　1971　『日魯漁業経営史』第１巻　水産社

M・ラテルネル　1942　『ベーリング海周航記――浦潮よりノームまで――』竹林浩吉訳　文政同志社

エム・ア・セルゲーフ　1937　『堪察加經濟事情』露領水産組合

竹村浩吉　1942　「カムチヤトカ現況」『ベーリング海周航記――浦潮よりノームまで――』付録　文政同志社、pp. 289-334

渡部裕　2001　「カムチャツカ先住民の文化接触――北洋漁業と先住民の関係」『北海道立北方民族博物館研究紀要』10号、pp. 17-46

写真１～５　筆者撮影

III－3

カムチャツカ半島先住民のビーズ工芸

大島　稔

1 ―なぜガラス・ビーズは重宝がられるのか

北海道から北東へ、北方領土の千島列島を北上すると、オホーツク海とベーリング海にはさまれて北太平洋を南へと今にも泳ぎださんとするサケの姿をしたカムチャツカ半島がある。その半島の先住民（チュクチ、コリヤーク、イテリメン）にとって、過去においても現在においてもガラス・ビーズは装飾の素材として欠かすことのできないものである。

16世紀後半から、ロシア人がクロテンなどの毛皮を求めてシベリアを東進し、17世紀前半にはカムチャツカ半島北部に達した。クロテン増産をめざして新しい土地を求めるロシア帝国の国策のため、コサックの将校ウラジーミル・アトラソフ率いる探検隊は、ナイフや斧などの鉄製品と毛皮を交換しながら、毛皮税（ヤサク）を課す土地と人を求めて、1697年から1699年までのあいだカムチャツカの東海岸と西海岸を踏査した。

ガラス・ビーズがカムチャツカ半島の先住民の手にわたるのは、このアトラソフ探検以降と考えられている。ガラス・ビーズが入ってからの先住民の衣類、特に晴れ着はビーズなしには考えられないほどになっている。

ロシア語では、ビーズ一般を biser（単数）、bisery（複数）、大型のビーズは korol'ok（単数）、korol'ki（複数）。ガラス製ビーズは、特に st'ekl'arus と呼ぶ（st'eklo「ガラス」と yarus「段、層」）。先住民語では、コリヤーク語でクッリラウ（kEllilaw）、イテリメン語でクッラウニチ（kEl'l'a$\underline{?}$n'ch）という。ともに複数形で、個々のビーズ玉ではなく、ビーズを糸に通して一本にしたビーズ紐を指す。

ガラス玉以前にもビーズは存在した。柔らかい石、骨、牙、歯、貝殻、琥珀などがガラス以前のビーズの素材であったと考えられている。素材は違うがビーズがすでにあったからこそ、美しいが新奇なものであるガラス製ビーズが広く受け入れられたと思われる。カムチャツカでもビーズは古くから存在したであろう。狩猟者は、豊猟のお守りとして先祖伝来のクマの爪や歯のネックレスを現在でも使っている。

2 ―衣類とガラス玉

カムチャツカ先住民は、コフリャンカと呼ばれるトナカイ皮の上衣（イッアン it$\underline{?}$an/イチアン ic$\underline{?}$an）を現在でも着用している。特に戸外で仕事をするトナカイ飼育民にとっては冬期間の衣服として必需品である。都市に住む人でも祭りのための晴れ着（ケルケル kerker）として持っている。コリヤークの人々は、さまざまな祭りでコフリャンカなしには踊りもできないし太鼓歌も歌えないという。写真１に見るように特に女性の晴れ着には、刺繡と垂れ房の他にたくさんのガラス・ビーズ装飾が使われている。

写真1　歌と踊りに欠かせない晴れ着のコフリャンカ
（オリュートルスキー地区ハイリナ）

写真2　コフリャンカの細部
（オリュトルスキー地区ヴェルヒニ・パハチ）

ビーズ細工は、今でも先住民の女性のたしなみで、母から娘へと伝えられる技術である。新しく服を作るたびにビーズ細工をするのではなく、ビーズ細工は日常的な女性の仕事で、暇があれば、トナカイの腱（けん）から糸を縒（よ）るかビーズ細工をしている。まず糸にビーズを通し、なめしたトナカイ皮または布にビーズを縫いつけておく。デザインはすでに頭の中にあるので幅広のベルト、紐状、円などの形のアップリケ（切り伏せ）をいくつも用意しておくのだ。トナカイ皮を小便につけて、なめし板となめし具で油脂を取り除き、ハンノキの皮で赤く染めて燻煙した後で服に仕立てる。仕立て終わると、用意してあったビーズをアップリケとして服地に縫いつけていく。縁取りにはクロテンなどの毛皮獣の毛皮をあしらい、染めたトナカイやウサギの毛の垂れ房（ピニャカウ：pin'aqaw）とビーズ紐を組み合わせて「垂れ」にする。垂れの下端には鉄製の鈴がついていることが多い。

写真2で詳細がうかがえると思うが、円形のビーズ細工（ユッイルグン：jEʔilgEn）は、神である「太陽」と「月」を象徴している。その「太陽」と「月」から垂れ房やビーズ紐を2本ないし3本ぶらさげるのが基本的なデザインである。多くの「太陽」や「月」をコフリャンカの前身ごろと後身ごろに配置するが、その配置の仕方には地方差や個人差があるものの、基本的に左右対称となるように配置する。

晴れ着とは異なり、死装束のコフリャンカには、色ビーズはほとんど用いられない。死装束には白いトナカイの毛皮と犬の毛皮が用いられ、全体の色調は、白で、染色した毛とアザラシの食道を使った黒白の格子模様などで構成されている。

その他に靴にも帽子にもビーズの切り伏せが使われる。特に靴の胴部の皮の合わせ目には、縦にも横にもベルト状のビーズを用いる。靴底にはすべりにくくするためアザラシの皮を使うが、擦り切れると、靴底だけ取り替え、ビーズを施した胴部は次世代へと受け継がれることが多い。帽子は、本体がトナカイの毛皮で顔が当たる縁取りには犬の毛皮などの吐く息で凍らない素材を使う。コフリャンカと同様にベルト状のビーズ細工、ビーズ紐、染色した毛の垂れ房が取りつけられる。写真1に見られる女性がかぶるヘアーバンドは、全体がビーズで構成されているといってよい。

3 一装身具と容器

現在ではほとんど見られないが、他のさまざまな装身具にもビーズが用いられていた。

少女と女性は、昔の髪型では、三つ編みのお下げにして柔らかい皮のリボンを編み込み、その端にビーズをつけていた。

また、少女と女性は、腱の糸に明るい色のビーズを通したイアリングをつけていた。この

写真３　子供用の冬の帽子(カラギンスキー地区カラガ)

写真４　草製バスケット(オリュトルスキー地区ティリチキ)

イアリングは、時には肩に達するほど長いものであった。イアリングには、銅製の耳輪にビーズ紐を下げてその下端には青銅片をつける。ネックレスにもビーズと銅・青銅が使われた。

また、皮製煙草入れ、針刺し、皮製の容器、草製容器などさまざまな容器にも衣類の場合と同じ切り伏せの方法によるビーズ装飾が見られる。写真４のように日用品の容器にビーズの装飾を施すのは、現在でも盛んである。

写真５　木偶のお守り(カラギンスキー地区カラガ)

４―儀礼とガラス玉

コフリャンカのビーズ装飾「太陽」と「月」にも見られるようにカムチャツカ先住民コリヤークの衣類には、神話の世界が反映され、「太陽」と「月」の力が、着ている人（特に内臓）を悪霊から守るという呪術的な意味が込められている。コフリャンカには、首のところから前垂れが下がっている。この前垂れも邪悪な呪術者から呪術をかけられたときに身を守るためのものといわれている。また、ビーズ細工のデザインそのものが悪霊を追い払う魔よけの形を組み合わせたものであるといわれている。

カムチャツカでは、このように宗教や呪術に関する信仰がビーズ細工に具現化されている。先の写真２に見られる「太陽」と「月」の象徴は、ビーズ製の円（裏面に小石を皮袋に入れて縫いつける）にクロテンなどの毛皮で縁取りをして、ビーズ紐を２本から３本垂らして首から下げて単独で護符として用いられる。これは旅人に旅の安全を祈願して贈られる。そのような護符が、現在ではネックレスの土産品として流通するようになったが、旅の安全祈願の意味を失っているわけではない。

コリヤークには、写真５に見られるような女性のみが代々継承する木偶（ギチギ：gicigi）がある。写真５の木偶は、家族のトーテムであるクマを象り、クマの毛皮を着せ、その上にビーズを切り伏せ縫いしてあり、願い事を行うたびに、ビーズ紐を捧げて結ぶ。家族に病人が出たときには、脂肪や乾燥した魚や肉片などを食べさせ、また水をその口に含ませて、病気の回復を祈願し、どのように治療したら良いかを尋ねるという。

写真６のコリヤークの火起こし板は、シラカバ製で、カラック（kalak）と呼ばれる。カ

写真6　火起こし板のカラック（ペンジンスキー地区マニリ）

ラックは、作るのは男性だが、それを保管し、儀礼に際してこれを使って火を起こすのは女性である。原則として拡大家族（複数の核家族が血縁で結びついた家族制度）の長女がこれを代々継承する。古いもので何代前に作られたのかすでにわからなくなっているものも多い。したがって、火起こし板や木偶には何世代も前の交易で得たビーズが使われていることがある。

カラックは、家族を悪霊から守る家の守護神であり、また海獣とトナカイの守護神でもあるので、海獣儀礼やトナカイ儀礼には欠かせない儀礼具である。カラックの上部には目と口があり、首のところに服として草が巻かれ、ビーズ紐の装身具が結ばれている。また、通常、火起こし板には、青いビーズの皮製人形、トナカイ飼育者を表す木製人形、オオカミなどの動物木偶、供物用のスプーン、孔の開いた聖なる石などが図6に見るように数珠つなぎに結びつけられている。

また、クマを捕った家では、草やビーズで飾ったクマの頭蓋骨をしばらく屋内に安置する。また、あの世の精霊と先祖の霊との仲介の役目を負うシャーマンの場合には、草とビーズで飾り立てたクマの頭蓋骨は、シャーマンがあの世へ旅をするための助手である。また、コリヤークの片面太鼓は太陽を象っており、この世の人間の思いをあの世に伝える道具であるが、ある女性シャーマンが使う太鼓には、裏面の十字に走る紐の交差部分の取っ手にビーズで象ったクモが結びつけてある。このクモは、コリヤーク語でアンニャピリ（an'n'apil'）といい、「火山に登り火をくわえて戻り人間に火をもたらした」という神話に基づく象徴である。

ガラス・ビーズはカムチャツカ半島の先住民にとって衣服の装飾や生活用品の装飾の素材として用いるという芸術的な機能もあるが、もう一方ではビーズで象る形状とともに果たす呪術的な機能も忘れてはならない。ガラス・ビーズが毛皮交易を通じて半島にもたらされる以前は、ガラス以外の素材が芸術的・呪術的意味を担って用いられていたであろうが、いったんガラス製ビーズがもたらされるとガラス・ビーズが旧い素材のもつ霊力を引き継ぎ、新しい素材の役割を引き受け、ビーズ工芸全体を大きく変貌させてしまったといえる。

写真1～6　筆者撮影

III―4

アリュートの皮舟

長谷部一弘

I―3人乗りの皮舟

アリュート民族は、自らをウナンガン（人間）と称し、元来アリューシャン列島に連なるアラスカ半島およびシュマギン諸島等の半島周辺諸島に居住した極北の海洋民族である。そもそも彼等に「アレウト」の名称を与えたのは、ロシア人であり、アリュートは、ロシア人をコサックと呼んだ。アレウトの名称は、ベーリング探検以後の18世紀前半期にさかのぼり、1741年における最初のアリュート接触をへて、1747年のアッツおよびアガッツ島を探訪した狩猟者に関する報告書に初めて登場する。そして18世紀中頃のロシア人によるアリューシャン列島の発見は、極北の豊かな自然に囲まれたアリュート民族の生活を一変させることとなった。ロシアの毛皮商人は、ラッコを中心とする海獣毛皮を獲得するためにアリューシャン列島への進出におよんで、この地に居を構えながら伝統的な海獣狩猟を生業としていたアリュートをその高度な技術とともに使役することとなったのである。とりわけ1799年に設立した露米会社に象徴される毛皮商人によるアリュートのプリビロフ諸島、コマンドル諸島への強制移住は、アリュート自身の貧困と平均寿命の低下をともないながら、それまで無人島であったコマンドル諸島等をも海獣狩猟の一大拠点にしていった。

アリュートは、元来、海洋に依存した海獣・鳥類狩猟、漁撈、採集民族であったが、特に海獣狩猟は独自の猟法と巧みな皮舟（バイダルカ）の航海術を有し、狩猟の主たる対象はトド、アザラシ、クジラ、イルカであった。海獣狩猟は、クジラやイルカの中でもザトウクジラの捕鯨が最も重要な生業として行われ、アリュートにとってラッコは、人間に由来した動物として敬われながらも、ラッコの肉、毛皮は珍重されることなくラッコ猟自体、さほど重要な生業活動ではなかったのである。皮舟は、普通一般、海に出猟の際には座口一つの１人乗り用が使用され、荷物の運搬あるいは老人が若者を引き連れて海に出る時に座口を二つ有する２人乗り皮舟が用意された。ロシアの毛皮商人による海獣狩猟が本格化すると、本来ロシア人の乗り物であった３人乗りの皮舟が登場する。３人乗り皮舟は、18世紀中頃のベーリング探検隊の調査期にアリューシャン列島のアッツ、アガッツ、アライド、ニズキー、シェミヤなどのニアー諸島付近

写真Ｉ　皮舟によるアリュートの海獣狩猟

写真２　投槍器に投げ銛を乗せて構えるアリュート

で発見されたものといわれ、ロシア人と３人乗り皮舟との最初の遭遇であった。そして、ロシア毛皮商人のアリュート生業領域への進出は、ラッコ猟の使役という苦境を生み出しながらアリュートに３人乗り皮舟をもたらせ、ラッコ猟を主体とする生業形態に変容させていった。このようにアリュートの皮舟は、独自の生業形態とともに18世紀中頃を境にその役割を違えながら存在していたのである。

２—高度な航海術

1840年の文化人類学者イワン・ヴェニアミノフのウナラスカ島報告に次のようにある。

「(中略) 一つ坐口のバイダルカの大きさは－四乃至五メートル、幅半メートル、高さ約二〇センチである。従ってこれは細長い浅い舟であって、非常に軽く、舟足が早い。バイダルカの根幹とも称すべきものは幾本かの横木で組まれた上部の枠 (即ち棒木) であるが、この枠棒は両端に於て集結されている。一番幅の廣い部分は舳に近いところにある。枠の下側には龍骨がとりつけられているが、これは常に三つに区切られている。聞くところによれば、それは浪に打たれても曲り得るためであるという。龍骨には柳或は赤揚の舳材、艫材及び肋材が八乃至一八センチの間隔で取付けられ、しかしてこれらの上端はバイダルカの縁に添へられた若干の棒木に結びつけられている。以上の各部分はすべて鯨の鬚を巻付けて連結する。(中略) 即ちバイダルカには舳材と漕手の坐る穴を除いた全体を覆って、アシカや大型アザラシの皮を縫いつけるのである。内部には全然皮を縫いつけず、ただ舟底に大型アザラシの古い皮を敷くだけで、その上に敷草をして荷物を入れる。皮覆は、永もちするように油を塗るが、それでも一ケ年とは保たない。坐穴には水の浸入を防ぐため筒型の袋が嵌められる。この袋は長さ三五乃至五〇センチのアシカの腸皮或は首皮で、下の縁はこれを鯨の鬚でバイダルカに縫いつけ、上の縁はこれを漕手が胸のあたりに腱の紐で引緊めて、左の肩に懸ける。バイダルカの櫂は、漕手の身長に應じ、一・八乃至二・一メートル、必ず二つの水掻がついてをり (但し二人乗のバイダルカには水掻一つの櫂を用いることがある)、出来限り、最も軽い用材であるカルホルニヤのチャガの木 (Taxodium sempervirens) で作られる。漕ぐ場合には、櫂の中央を手に把り、両端の水掻で交互に漕ぐ。(中略) かつてのアレウト・バイダルカは更に優秀であった。即ちそれは非常に軽くて七歳の童子ですら運搬することができ、非常に細く尖っていて、乗手がをらないと水上に正しく浮くことができず、また非常に速いので『鳥に遅れをとることすらなかった』という。アレウト族はバイダルカを操って一時間に十キロも走ることが出来る。如何なる舟でもバイダルカと競争することはできない。これに反しアレウト族は一時間に四浬の速度をもって走っている船に追いつくことが出来るのである」

この19世紀中頃のウナラスカ島におけるアリュートの皮舟についての記述では、バイダルカ本体の構造、大きさ、材質はじめその性能を、付属する櫂の用途を含みながら詳細に知ることができ、とりわけ、バイダルカの機能性を高めるための構造体の工夫と素材の選定には、アリュート独自の生業に関わる高度な航海術が読みとれる。

「舟の大きさはおよそ－長さ四メートル、高さ六十センチ、幅は高さと同じである。前部

写真１・２『BAIDARKA The kayak』情報センター出版局より

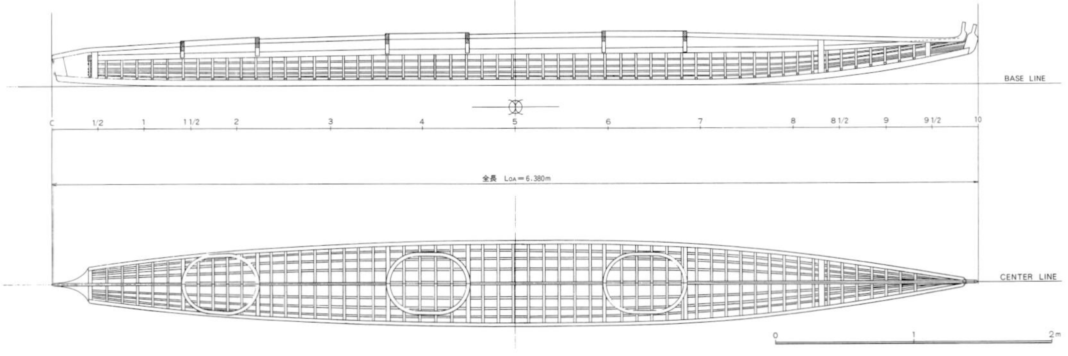

図　3人乗り皮舟の船体構造図

写真3　3人乗り皮舟

の舳は尖り、後部の両側は寄って角をなしている。（中略）舟体はこれを外側から大型アザラシのそれと想はれる皮で覆い包み、その上を暗褐色に彩ってある。底には龍骨らしいものがあるが、これには木かまたは骨を横あいから嵌めこんで舳に止めつけてある。艫から一メートル半のところには圓い穴をあけてあるが、この穴の縁には筒型にした鯨の腸皮の一辺が縫いつけてある。腸皮の他辺は、これに通してある紐によって開閉出来るようになっている。「アメリカ人」は舟に坐り、両足を前方に投げ出してから、紐を引き緊めて腸皮を体のはまりに密着させるのである。そのために水は舟の中に浸入できない。腸皮を縫いつけた穴は坐穴であるが、その後方には赤く塗った棒が十本ばかり束ねてあった。（中略）舟は非常に軽いので、アメリカ人は右手を坐穴に入れてこれを提げ、陸上を運搬している。櫂竿の長さは一サージェン、その両端には掌ぐらいの水掻がついている。アメリカ人は左右の水掻を使って前進させるのであるが、波浪の高いときでも頗る巧である」——18世紀中頃、カムチャツカ探検を目的とするベーリング探検隊の一員であったゲオルグ・ウィルヘルム・ステラーの皮舟に関する報告記録の一節である。アリュートの使用する皮舟の装備を説くステラーは、文中で彼らをアメリカ人と称し、船体の後方に束ねられた赤く塗った棒は、ラッコ猟に用いる銛（もり）棒をさしている。

ここで若干、日本におけるアリュートの皮舟に関する記録に言及すれば、18世紀後期までさかのぼって知ることができる。それは、天明3年（1783）、大黒屋光太夫らのアリューシャン列島のアムチトカ島漂着にまつわる帰国後のロシア情報の聞き取りによって寛政6年（1794）に『北槎聞略』、文化4年（1807）に『環海異聞』が著されている。

3―ラッコ猟

さて、18世紀中頃以降ロシア人、アメリカ人の相次ぐアリューシャン列島への進出が盛んになると、毛皮獲得を目的とするラッコ猟が本格的になり、子供の頃から育まれたラッコ猟に秀でて頑強な多くのアリュートが使役された。アリュートのラッコ猟は、沖合いおよび浜で行われた。沖合猟は、一斉に横一列で出猟し、最初のラッコ発見者は櫂を頭上に掲げなが

図　吉田悟郎氏作図

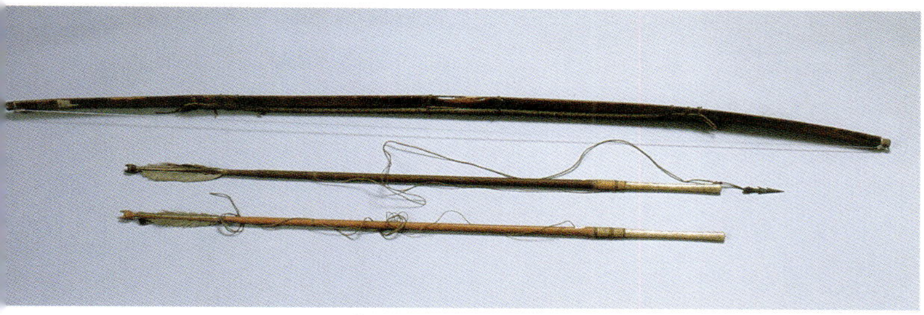

写真４　ラッコ猟具

らその場所に留まり、他のバイダルカはその周りを囲む。潜水、浮上を繰り返すラッコの浮上機会を待って投槍器による離頭銛の投擲が行われた。ラッコに命中した銛頭は、体内に突き刺さったら抜けることはなく、捕獲には離頭銛一本で十分であった。使用される銛は、離頭銛と海鳥の腸や胃袋製の浮き袋が柄に装着したものがあり、銛の堅い柄は一般用、しなやかな柄は強風、水面飛行用として使用された。浜猟は、荒天の時、岩礁に上がってくるラッコを捕獲するもので、荒天を見計らってラッコが上陸する離島や岩礁に荒波を斬ってバイダルカを走らせ、用意した棍棒で一斉に撲殺する。棍棒は、木や鯨骨で作った約60㎝ほどのものでラッコ猟のほかの海獣やオヒョウなどの大型魚の捕獲にも使用された。

海獣狩猟に不可欠なバイダルカのほかに、狩猟に必要とする装備用具は、服飾具から狩猟具におよんだ。服飾に関するものは、アザラシの食道、腸などの内蔵皮で作った防水用のカムレイカが着られ、頭部には、庇付きの帽子（笠）が被られた。帽子は、狩猟時の水しぶきや太陽光線を遮るためのもので、木板を薄く削って帽子の形に蒸し上げられ、額の部分は長い庇を支えるために補強された。そして帽子は多色の縞文様やトドの長鬚、アイボリーの動物、人物像などで飾られた。ステラーらによると、頭頂を坊主にしているアリュートは、目を射る光線を遮るために頭に緑と赤で彩色した木皮製の笠を被り、額の上の笠裏には、色とりどりの鷲の羽毛や草の束をつけていると説明している。また、この帽子には、頭上の開いたものと塞がっているものとの二種類があり、塞がったタイプは、頗る高価なもので上等品は奴隷１人ないし３人に相当し、高貴な族長に限って被られるものという。また、皮舟を漕ぐ櫂は、ダブル・ブレード・パドルを呈し木材でも最も軽いスギ科の素材を利用した。そして櫂は、舟を漕ぐほかに投げ銛で獲物を捕る際に海面で皮舟を安定させておいたり、ラッコ猟時に櫂を立てて獲物の位置を他のハンターに知らせる役目を果していた。

４―露米会社によるアリュート使役

さて、バイダルカは、ロシアの毛皮商人によるアリューシャン列島進出によりラッコ猟には必要不可欠な皮舟であったが、このことによりアリュート本来の１人乗り用、２人乗り用に加え３人乗り用すなわちスリーハッチの皮舟が使用されることになる。これは、海獣狩猟等に際しロシア人行政官らが中央に乗り両端でアリュートが櫂を漕ぐ皮舟であった。ここに、全長6.38ｍ、幅0.612ｍ、高さ0.374ｍ、重量27.5kg、スリーハッチ、木製フレーム、トド皮革カバー張りの19世紀後半に使用されていたとする３人乗りの皮舟がある（図・写真３）。明治８年（1875）の樺太・千島交換条約批准に際し、千島列島に渡航した開拓使長官黒田清隆、開拓使五等出仕時任為基（ときとうためもと）らによる中部千島新知（シンシル）島の収集資料で、開拓使東京仮博物場に収められたものである。明治14年、開拓使東京仮博物場の閉鎖にともない函館仮博物場へ移管となり、同17年８月、函館県博物場、第二博物場において函館（北海道）最初の公開をみるにいたる。明治25年の函館県博物場から函館商業学校への博物資料移管にともなう引継物品目録に「第九十二号海獺船　一艘　千島國新知郡出　明治十七年八月」が観てとれる。この３人乗り皮舟に関わる開拓使長官黒田清隆一行の千島巡航は、千島列島における自然環境およ

写真３・４　市立函館博物館蔵

び居住民の風俗・生業・言語などの実態調査を目的に行われ、開拓使判官長谷部辰連(はせべたつつら)・開拓使五等出仕時任為基による調査報告『千島州巡視概記』として遺されている。特にこの報告の「第一島シムシール・漁猟具」の項には、皮舟に関する次のような興味深い記述を観ることができる。

革舟ハ一人乃至三人乗アリ船骨ハ数條ノ木片ヲ以テ縦横ニ編作シ要所ニ鯨骨ヲ用ヒ或ハ用ヒサルアリ外面海豹皮ヲ以テ包ミ上部ニ穴ヲ穿テ坐スル所トナス二人乗ニハ二ケ所三人乗ハ三ケ所穴ヲ穿ツ其製頗ル軽便ニシテ片手ヲ以テ陸上ニ引揚ルヲ得ヘシ又駕ルトキハ巧ニ波上ヲ軽走ス曽テ一日試シニ力ヲ極メテ疾走セシメタルニ驚クベク迅速ニシテ水面ニ密錯浮漂スル海菜ヲモ顧ミス進駛スルコト恰モ水鳥ノ波際ヲ飛カ如シ故ニ自在ニ海獣ヲ猟獲スル推テ知ルヘシ

前述のヴェニアミノフのウナラスカ島報告にも対比される中部千島におけるアリュートの皮舟に関する黒田一行の詳細な観察と実体験を通した海獣狩猟時のすこぶる有能な皮舟の存在を記し、果たして、黒田一行は、中部千島、新知島より３人乗り皮舟バイダルカを蒐集したのである。ところで、千島列島に絡むアリュートの動向に眼を向けると、かつてアラスカ湾に浮かぶコディアク島がラッコ猟の重要拠点であり、コディアク・エスキモーとともに重要なラッコ猟の担い手であった。しかし、アリューシャン列島におけるラッコ棲息の減少に起因して露米会社のラッコ毛皮獲得のための千島列島進出が本格化すると、1826年、コディアク島のアリュートは、得撫島(ウルップ)、新知島の千島列島に強制移住させられている。そして、得撫島には、1869年の露米会社解散にいたるまで露米会社出張所が置かれたのである。黒田一行の開拓使調査団が、新知島上陸を果たした時、わずか57人を数えるアリュートの生活様式は、宗教・儀礼・風俗・言語などにいたるまでことごとくロシア化し、永きにわたる露米会社によるアリュート使役の顛末を目の当たりにしている。そして、皮肉にも極北の海洋狩猟民アリュートにとって、露米会社などによるラッコ猟使役という厳しい生活環境の中で、彼等の巧みな皮舟の航海術が少なくとも19世紀後半頃まで伝統的に受け継がれていたことも事実である。

【参考文献】

長谷部辰連・時任為基　1876　『千島州巡視概記』

長谷部辰連・時任為基　1969　『明治九年千島三郡取調書　千島着手見込書』高倉新一郎編『日本庶民生活史料集成　第４巻　探検・紀行・地誌・北辺篇』三一書房

エリ・エス・ベルグ　1942　『カムチャツカ発見とベーリング探検』小場有米訳　龍吟社

レフ・Ｓ・ベルグ　1982　『カムチャツカ発見とベーリング探検』小場有米訳　原書房

Ｗ・Ｓ・ラフリン　1986　『極北の海洋民　アリュート民族』スチュアート・ヘンリ訳　六興出版

馬場脩　1979　『北方民族の旅』北海道出版企画センター

Ｈ・Ｊ・スノー　1980　『千島列島黎明記』馬場脩・大久保義昭訳　講談社

長谷部一弘　1995　「アリュートの皮舟」『第９回特別展　北方民族の船』北海道立北方民族博物館

右代啓視・手塚薫　1992　「ウルップ島アリュートカ湾岸遺跡出土の遺物」『1991「北の歴史・文化交流研究事業」中間報告』北海道開拓記念館

ジョージ・Ｂ・ダイソン　1992　『BAIDARKA The kayak』徳吉英一郎訳　情報センター出版局

大槻玄澤・志村弘強　1976　『環海異聞』石井研堂校訂　叢文社

加藤九祚　1986　『北東アジア民族学史の研究』恒文社

桂川甫周　1968　『北槎聞略』谷川健一編『日本庶民生活史料集成　第５巻　漂流』三一書房

III－5

アラスカ先住民の交易

岸上伸啓

1 ―先住民の交易ルート

18世紀のアリューシャン列島からアラスカにかけての海岸地域には、アリュート人、（ユッピック、イヌピアックら）アラスカ・エスキモー人、エヤク人、トリンギット人らが住んでいた。また、アラスカの内陸部にはアサバスカン語族系の先住民グループが居住していた。

アラスカの海岸地域に住む先住民は、アザラシやクジラなど海獣やサケ・マスをとることを生業とする狩猟・漁撈民と見なされてきた。しかし歴史的に見ると、アラスカ先住民はロシア人と接触する以前から近隣地域の他の先住民集団と交易を行い、お互いに稀少な資源を交換しており、交易者でもあった。

例えば、アラスカの海岸部と内陸部ではアザラシなど海獣の毛皮や脂肪と、カリブーの毛皮が交易されていた。カナダ極北北西部のコロネーション湾周辺で産出されるソープ・ストーンで作られた石ランプや石鍋がアラスカの先住民を通してシベリアへと交易されていた。また、アラスカ南部沿岸地域と現在のカナダ国ブリティッシュ・コロンビア州地域との間では、海獣の油、セイウチの牙、ツノメドリのくちばし、カリブーやラッコなどの毛皮、こはく、銅、ツノガイ、アワビの貝殻、木製カヌー、山羊角製スプーン、衣類が交易されていた。

2 ―ベーリング海峡交易

18世紀半ばにロシア人がアラスカに到来する以前から、チュコトカ半島とアラスカ北西部地域に住む先住民の間でベーリング海峡をはさんで交易が行われていた。この先住民間の交易を通して、アラスカではロシア人の到来以前からロシア製品が流通していた。

この新旧両大陸間で行われた先住民による交易で重要な役割を果たしたのは、シベリア側ではチュクチ人とシベリア・エスキモーであった。チュクチ人は1700年代からロシア帝国の侵略に抵抗し続けてきたが、1788年にロシアと和平条約を締結し、1789年からコリマ河沿いのアニュイで年に一度、ロシア人と交易を行うようになった。このことがひとつの契機（巨大な毛皮の需要の出現）となり、ベーリング海峡交易はさらに活発になり、チュクチ人やシベリア・エスキモー人の仲介者をへて新大陸に入っていくロシア製品の量が大幅に増加した。19世紀の前半にベーリング海峡交易はピークに達し、ロシア人、仲介者としてのチュクチ人やシベリア・エスキモー人、アラスカ先住民という交易のネットワークが形成されていた。

ロシア側からアラスカ側へと入ってくる主な交易品はタバコ、ビーズ、金属製ボタン、たん茶、装飾品、ナイフや銛頭（もりがしら）、針、鍋、やかん、はさみなどの金属製品であった。タバコは19世紀初頭には最も重要な交易品となっていた。一方、アラスカからチュコトカ半島へ流れていった交易品は、テン、ビーバー、ホッキョクキツネ、ジャコウネズミ、カワウソ、ヤ

図　北太平洋地域の地図（太線は交易経路を示す）

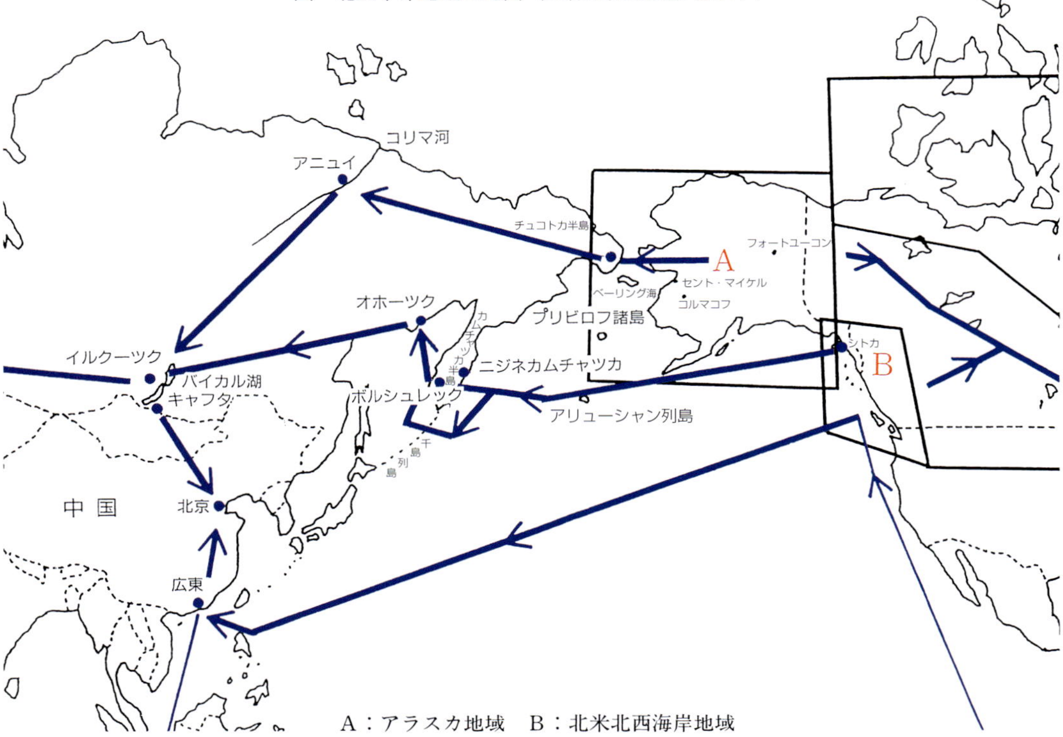

A：アラスカ地域　B：北米北西海岸地域

マネコ、アナグマ、アザラシなどの毛皮、海獣の油、セイウチの牙、木彫品、クジラのヒゲなどであった。この交易のネットワークを通して、先住民の物品も交換された。アラスカへはチュクチ人のトナカイの毛皮が、チュコトカ半島へは弓矢の材料となる木板、仮面、パイプ、椀、人形、衣類などが交易された。

1867年にアラスカがアメリカ領になってからもアラスカ・エスキモーとシベリア・エスキモー人やチュクチ人との交易は続いたが、米ソの冷戦の開始をもって、このベーリング海峡交易は幕を閉じることになる。

3—ロシア人による毛皮交易

ロシア人によるアラスカ進出のきっかけは、ベーリングによる北太平洋探検であった。第二次探検において1741年に北米北西海岸に到達したベーリングの部下は、先住民から数百枚ものラッコの毛皮を入手し、中国北部で高値で売り、巨利を得た。このことを聞き知ったロシア人数百名が毛皮を求めてカムチャツカ半島の港からアリューシャン列島へ出航した。ロシア人は18世紀後半にはアラスカ南部まで進出し、無統制で略奪的な毛皮獲得活動を行った。

海や沿岸部に生息するラッコやアザラシを捕獲するためには高度な狩猟技術および航海技術を必要としたため、アリューシャン列島やアラスカ地域においてロシア人は、アリュート人やコディアク島のエスキモー人のハンターに毛皮獣を捕獲させ、ヤサーク（毛皮税）として徴収したり、ビーズ、タバコ、衣類、銅製ヤカンなど安価な商品と交換したりしていた。

1786年にオットセイの繁殖地であるプリビロフ諸島が発見されると、アリュート人を強制的に移住させ、オットセイを狩猟させた。一方、トリンギット人のようにロシア人が軍事的に制圧できなかった集団や、アラスカのエスキモー人やエヤク人のように部分的にしか支配できなかった集団とはほぼ対等な交易が行われた。

1799年にはロシアの国策会社である「露米会社」が設立され、シトカに新大陸の基地が開

図　筆者作成

設された。千島から北米北西海岸にかけての広大な新植民地は同会社の私領となり、国家権力に代わる統治機関となった。露米会社にとっては、ラッコ皮とオットセイ皮の獲得が最も重要な活動であった。アリュート人やコディアク島のエスキモーを使役したり、トリンギット人と交易をして得た毛皮はシトカから船によってオホーツクの街へ搬送された後、イルクーツクまで陸送された。それから毛皮はモスクワか中国との貿易のためにキャフタのいずれかへと陸送された。

1821年に新たな憲章が付与された露米会社は、トリンギット人との衝突を回避し、かつアメリカ人商人やハドソン湾会社との競合を避けるために南下を中止し、アラスカの内陸部へ毛皮資源を求めて進出するようになる。この時期にはロシア人は北米の先住民を一方的に搾取するのではなく、先住民のハンターには労働の報酬として食料、衣類、ブーツ、ビーズ、タバコなどが支払われた。また、露米会社に協力した先住民のリーダーには衣類、現金、地位を象徴するメダルなどが与えられた。

露米会社は1833年にアラスカ中西部のユーコン河の河口近くにセント・マイケル交易所を開設し、1841年にはアラスカのクスコクイム河中流にコルマコフ交易所を開設した。これらの交易所はアラスカの内陸部に住むアサバスカン語族系の先住民や、より北方に住むエスキモー人とアザラシ、ビーバー、キツネなどの毛皮を交易するためにつくられた。

それらの交易所では、毛皮と交換に次のような商品を先住民に渡していた。それらの交易品とはタバコ、白色や黒色・赤色・暗青色のビーズ、ツノガイの貝殻、針、銅製鈴、耳飾り、銅製指輪、ボタン、削り道具、銅製耳飾り、アリュート式斧、真鍮製パイプ、角製くし、発火用フリント、ヤクート式パイプ、ヤクート式ナイフ、銅製腕輪、小型鏡、鉄製腕輪などであった。交易品の大半は実用的な用途があるものではなかったが、この中で先住民が好むのはタバコとビーズであった。この他にツノガイの貝殻やトリンギット人が好む衣類用布地なども主要な交易品であった。アラスカの露米会社の交易所は1867年におけるアラスカのアメリカ領化にともない、アメリカ資本のアラスカ商会によって買収された。

4 一捕鯨船との交易とハドソン湾会社の進出

ベーリング海峡北域に多数のクジラが生息していることがわかると、1850年頃からアメリ

写真１　クランハット（トリンギット人）
クランの象徴であるカエルをモチーフとした儀礼用帽子

写真２　木製仮面（アラスカ・エスキモー人）
アラスカ・ヌニヴァク島で製作されたアザラシの面で、冬に行われる儀礼ダンスに使用された

写真３　バスケット（同左）
植物の茎や樹皮を編んだ類似したバスケットが北太平洋沿岸に分布しており、歴史的に地域を越えたなんらかの交流があったことを示している

カの捕鯨船が進出してきた。アメリカ人は捕鯨に携わるかたわら、チュコトカ半島やアラスカ北西部の沿岸で越冬し、チュクチ人やエスキモー人と交易を行った。ラム酒、火器、弾薬、鉄製ナイフ、斧、磁器、針、タバコ、衣類、小麦を、クジラのヒゲやセイウチの牙と交換していた。アメリカ人がもたらした交易品は、先住民の仲介者によってさらに他地域へと運ばれていった。1880年頃からベーリング海峡におけるクジラやセイウチが減少しはじめたために、捕鯨者は先住民との交易を通して毛皮を手に入れるようになった。この捕鯨者による交易は1900年代初めまで続いた。

捕鯨者がこの地域に出現した直後、ハワイ諸島に基地を持つ小型交易船がアラスカへやってきて先住民と交易をした。彼らは主に火器とラム酒・ウィスキーを先住民がとったクジラのヒゲやセイウチの牙、海獣の毛皮と交易した。

写真4　スクリームショー
（セイウチの牙製彫り物／シベリア・エスキモー人）
セイウチの牙に生活の様子が彫り込まれ彩色されている

写真5　木箱（アラスカ・エスキモー人）
木箱の側面やふたにはセイウチの牙を彫って作ったアザラシ像などがはめ込まれている

ハドソン湾会社はアラスカの毛皮資源を獲得するために、アラスカ内陸部にカナダ側から進出し、1847年にフォート・ユーコンに交易所を開設した。そこでは露米会社と競合しながらアサバスカン語族系先住民と毛皮を交易した。

5—アラスカ地域における毛皮交易の諸影響

ロシア人やアメリカ人との毛皮交易はアリューシャン列島やアラスア地域の先住民に多大な社会的影響を及ぼした。まず、ロシア人らとの接触の副産物として、結核、インフルエンザ、はしか、天然痘、梅毒などがアラスカ地域の先住民に伝染し、免疫力を持たない多数の先住民が犠牲になった。この人口の減少は先住民グループの移動や再編成を余儀なくさせた。

毛皮交易が進展すると仲介交易者が出現し、先住民社会において階層分化が顕在化した。アリュート社会における首長や貴族は、ロシア人と先住民の仲介者となり、地位や富がさらに強化された。階層分化はベーリング海域のチュクチ人やエスキモー人にも見られた。

直接的なロシアの植民地支配を免れる一方、露米会社との毛皮交易やベーリング海峡交易から恩恵を受けたアラスカ・エスキモー人は、独自の民族文化を開花させた。また、交易によって鉄製ナイフやビーズのような新たな道具や素材が先住民社会に広がり、工芸品製作にあらたな局面をもたらした。例えば、アラスカ南西地域における仮面製作は18世紀末から20世紀初頭にかけて絶頂期を迎えた。捕鯨者との接触や交流を通してベーリング海峡地域の先住民は、スクリームショーと呼ばれるセイウチの牙へ彫刻や細工を施したおみやげ芸術を開花させた。毛皮交易にはアラスカ先住民の諸文化を活性化させ、工芸品や儀礼の発達を促進させた側面があった。

【参考文献】

Fitzhugh, W.W. and A. Crowell, eds. 1988 *Crossroads of Continents: Cultures of Siberia and Alaska*, Washington, D.C., Smithsonian Institution Press.

岸上伸啓　2001　「北米北方地域における先住民による諸資源の交易について：毛皮交易とその影響を中心に」『国立民族学博物館研究報告』25巻3号、pp. 293-354

写真1・3・5　国立民族学博物館蔵／写真2・4　北海道立北方民族博物館蔵

III―6

歌にみる北の先住民交易

谷本一之

I―ガンベル村で採録した太鼓踊り歌

1979年、ベーリング海上に浮かぶセントローレンス島のガンベル村で、次の歌詞をもつ「太鼓踊り歌」を録音した。

①彼は２本の鯨の髭を
ネルソンに売りたいと
持ってきた
そのうちの１本は
充分ではなかった。

この歌をうたったインフォーマント（スティーブ・アニンガヨとルイス・ヤキターン）は、この歌は大変に古い歌で、昔1900年頃にシベリアへ交易に出かけたこの村の長老タマサ・アパシンゴクという人が、あちらで聴き憶えてもち帰ってきたものだと説明してくれた。みんながネルソンの歌といっているこのネルソンは、シベリアや西南アラスカの調査（1877-91年）で著名な民族学者 Edward William Nelson（1855-1934）のことである。

この歌は交易業者でもあったネルソンが、鯨の髭の買付けをしているときの様子をうたったもので、歌詞の「充分でなかった」というのは重さが足りないという意味である。鯨の髭やセイウチの牙は１ポンド幾らで売買されていた。この歌は、重さの足りなかった鯨の髭を買わなかったネルソンを皮肉った歌なのかも知れない。この歌が証言しているシベリアでの交易について彼自身の記録がある（Nelson 1899）。1881年の夏、ネルソンは６回アラスカとシベリアを往復している。彼がそこで見聞した民族間・地域間の交易は、直接に物をやりとりするいわゆる「物々交換（バーター）」で、交換される主な品物は、生皮のロープ、鞣（なめ）したアザラシの皮、鯨の骨、白狐の毛皮等で、特にシベリアとアラスカの中間点に位置するセントローレンス島のユピック（エスキモー）は頻繁にシベリアに出かけ、主に衣服や靴にするためのトナカイの毛皮を大量に持ち帰っていることを記録している。

写真１　シベリアのイースト・ケイプからやって来た交易船が、アラスカのノームに到着したところ。大型のウミアクに男・女・子供が23～４人乗っている。

②モーター・ボートのギヤがこわれた
このロシア・パンとお前のギヤを
取り換えよう（フレッド・アコミヤルゴクの歌）。

1979年に録音したこの歌では、ロシア側（チュコト半島の主にアジア・エスキモーやチュクチ）が、モーター・ボートのギヤを欲しがっている。ここで特にモーター・ボートのギヤを欲しがっているのには理由があって、

写真２　海浜に横倒しにした大型ウミアクの前で「太鼓踊り歌」の太鼓を叩くアラスカのドラマー達。たぶんアラスカ西北部イヌピアクの人々。彼等は太鼓の皮面を叩かずに、下の方から枠の部分を細長い撥で叩く。

写真３　アラスカエスキモーの踊り、たぶんアラスカ西北部のイヌピアクの人々。彼等は踊りの時に手袋を履く。

このガンベル村には20世紀初頭、シベリアでもよく知られていた機械工場（修理工場）があったためである。これについて次のような記録がある。

「それからまた、学校の先生とその奥さんがこの村に適合していた。先生はこの地に、その名声がシベリアにまでひろがるほど立派な、機械工場をこしらへる産婆役をつとめた。私達が到着する二日前に、二艘のウミアクに乗込んだシベリアの原住民が、舷外モーターを修繕するのにこゝの機械工場を使はせて貰いに、ギャムベルに渡ってきていた」（ミラー 1942）

この他にもガンベルでは煙草やシロップ・乾魚等を要求する歌が録音されている。特に煙草を欲しがる歌が多く、ネルソンもプリンス・オブ・ウエイルズ岬で、この種の交易の歌を記録している（Nelson 1899）。

③山に登ろう　海を眺めるために
山の頂上（てっぺん）に坐って海を見渡すと
大きなボートがやってきている
煙草を積んで

煙草を待ちかねている様子が目に見えるようである。トナカイの毛皮で作った衣服も主要な交換品の一つであり、製品だけでなく、生きたトナカイもシベリアからの輸出品としてアラスカ側が最も欲しがったものである。

④やってきたのは誰だろう？
トナカイの毛皮の服をもって
彼の名はイルヤンガ・カタコン

このイルヤンガというのはシベリア側、多分エスキモー・ポイントの村のリーダーの名前と思われるが、これからすると、シベリア側がトナカイの毛皮の服をもって交易にやってきた様子をうたったものといえる。この歌も古いものだといわれている。

2―坐り踊り（タリク）

セントローレンス島でシベリア系の歌が、しかも交易に関する古い歌が多くうたわれているのは、この島がシベリアとアラスカ間の交易の拠点であったことを端的に物語っている。

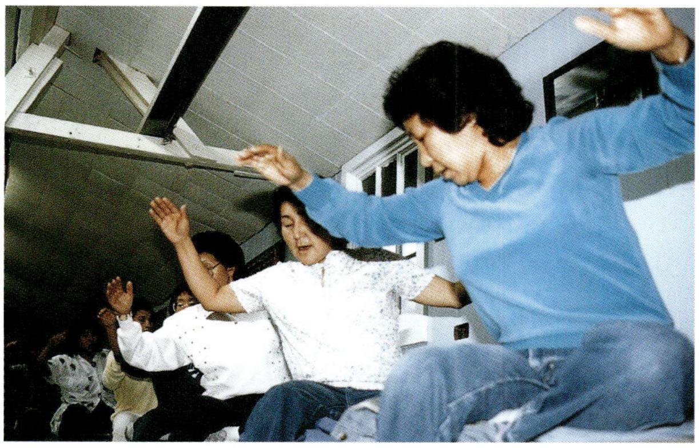
写真4　キング島の「坐り踊り(タリク)」、ベンチに腰かけて腕を上下、左右シンメトリックに振って上半身だけで踊る。

晴れた日にはガンベル村からチュコト半島の山脈がくっきりと浮き上がって見える。ガンベルからエスキモー・ポイントまでは50海里の近さである。このベーリング海上、両大陸の中間地点ということではキング島や今は国境線で分断されている大小2つのダイオメド島も同じで、これらの島にもシベリアのものと人の流入が活発であった。これらの島々が特にシベリアとの絆が強いことを示す踊りがある。

1986年、アラスカのノームで、キング島から移住してきたユピック・エスキモーの人々の特徴的なレパートリーのタリク（taliq）を録画した。この踊りは英語訳ではbench danceとしているように、長いベンチに10人位の女の人が左足を折って同じ方向を向いて坐り、太鼓歌のリズムに合わせて、両腕を左右に、ちょうど櫂を漕ぐような仕草で踊り続けるものである。現在は女の人だけの踊りになっているが、長老のフランク・エラーナによれば、1925年頃までは男女混合で踊っていたということであり、交易や鯨猟に出かけるエスキモーが皮舟「ウミアク」を漕ぐ動作を踊りにしたものであるという。この「坐り踊り」の分布は、ベーリング海上の3島（すこし拡がってアラスカ東北海岸の一部にも）とチュコト半島東端のチャプリーノやシレニキ、ナウカン、ウェレン等に限定されているという意味では、この地域を交流・交易によって形成された「坐り踊り圏」とくくることもできる。

この坐り踊りは、チュコト半島ではベンチを使わずに床の上に坐って踊る。ここでも現在は女の人だけの踊りになっているが、古くは男女が一緒にやる踊りであったようだ。ボゴラスの記録に「男と女がそれぞれ一列になって反対向きに坐り、ha、ha、haと叫びながら手の平を打ち合わせる。それを繰り返しながら、男は時々、銛を打ち込むような仕草で腕を振る」とある（Bogoras 1909）。この文章から、荒れる海で女が懸命に舟を漕ぎ、男が勢いこんで銛（もり）をセイウチや鯨に打ち込んでいる情景が浮かんでくる。

セントローレンス島で録音した①②③の歌は、1967年にアメリカ建国190 周年記念としてガンベルで行われた「鯨祭り」を再現するなかで歌われたものである。タイトルは「鯨祭り」だが、その内容はシベリアからやってきた交易グループを迎えての昔の「交易市（トレード・ファア）」の様子そのものである。村人を南と北の住人に2分し、どちらかが仮にシベリア側の人間になる。このグループがウミアクに乗ってやってくる。風除けのために横倒しにしたウミアクの前に10人近くのドラマーが坐り、一斉に太鼓を叩く。その太鼓のリズムにのってまずシベリア側、次にガンベル側から1人ずつ出てきて、次々と交換したい品物の名前を歌い込んだ歌が、競い合うように歌い続けられる。コンペティションの趣きを呈するのは、良い歌をうたう人の持ってきた品物は良いにちがいない、良い品物を持ってきた人は尊敬される。逆に貧弱なものしか持っていない人の歌はよくなくて、その人は尊敬されないのだ、と人々は考えているからである（フランク・エラーナ、マイク・サクラマーナからの聞き取り）。貧弱な品物しかもっていない人にはこんな歌がうたわれる。

どこから来たんだ
小っちゃな旅の人
おお、海からやってきた

写真1～3　アラスカ大学アラスカ・極地学部アルヒーフ蔵／写真4　ノームにて筆者撮影(1986年)

小っちゃな旅の人
もってきたものも貧弱（Bogoras 1909）

祭りも終わりの方で、男と女の踊りが始まり、踊り終ると男は隠し持っていたプレゼントを女に渡す。交易の場所はまた妻を探す場所にもなっている。

この「鯨祭り」が交易の場にもなっているように、交易が伝統的な祭りの中で行われることが多い。民族間における交易が、単に物をやり取りするだけではなく、獲物を獲ったら必ず一定のルールで全員に分配するという伝統的な生活様式を基盤にした儀礼、饗宴的性格をもっている。特に異なったミュート（氏族〔クラン〕）や異民族間の交易ではこの性格が強調されている。はるばる交易にやってくる者達を客人として迎え、歌や踊り、またさまざまの競技で饗応しながら品物を交換している。しかしこの饗応にはもう一つの側面がある。

3 一物々交換から商業交易の場へ

1900年頃にキング島のアイミリンという人が作った「太鼓踊り歌」が現在でも歌い踊られている。〝誰が勝ったのか〟ではじまる歌詞でおどる踊りは、その踊りの仕草でストーリーの解説をしている。ウミアクを作る、ライフルと槍を持つ、格闘〔レスリング〕をする、負けた方が這って逃げようとする、それを上から槍で突き殺す、といったストーリーをパントマイムよろしく踊りにしている。シベリア側とアラスカ側との間で多くの争いがあったことの証言が数多く残されている。多くは交易に絡んでの争いであり、この踊りもその証言の一つである。鳥居龍蔵にもこれに関する記録がある

写真５の左端部分

写真５の右端部分

「古い話によると、ベーリング側のアジアの方面のNo'okan及びUwe'lenでは、海岸の平坦なところに市場が設けられていた。こう云ふ風の市場の設けられると云ふのは、集る日を定めて、その附近のものが物を交換したものである。（中略）市の日には物々交換をしに来る幾多の民衆達は各々武装している。例えば槍などを携え来て警戒している。これは何かと云うと物々交換について始終、争闘が起こるからである。こゝに集まつて来るものは、槍を携えるが、又一方の手には皮の包を持つて、一方の手には刀子を携へ身構えをしているのであ

写真５　セイウチの牙の彫刻(チュクチ)
左から皮舟での鯨猟、「太鼓踊り」の仕草、アザラシ猟、そして右端は商人が持ってきた銃とトナカイを交換しているところ(トナカイの積込みも)が彫られている（1930年作)。

写真５　Muzeya-Zagorsk　1981　*Chukotskoe i Eskimosskoe Iskusstuo* より

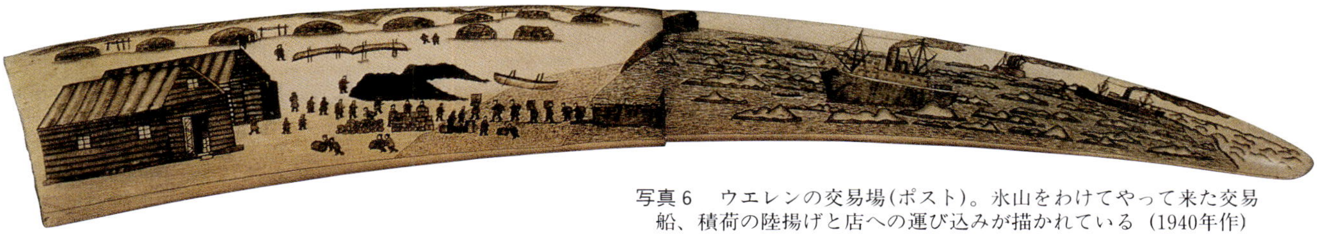

写真６　ウエレンの交易場(ポスト)。氷山をわけてやって来た交易船、積荷の陸揚げと店への運び込みが描かれている（1940年作）

る」（鳥居　1926）。

1989年、チュクチ半島のノヴォ・チャプリーノで、「品物を広げて商売するアメリカの商人がやってきた」の歌詞をもつ「太鼓踊り歌」を録音した。定期的にせよ、不定期的にせよ、物々交換の市場にはロシアやアメリカの商人が次第に入り込むようになり、その場所は次第に「商業交易の場」に変わってゆく。アナディル湾奥のセント・クレス湾の、1908年の春秋２回のチュクチの定期市「ヤールマルカ」での交易品については次のような記録がある。

「交易品の主なるものは、チュルカッキー葉莨（老若男女共に喫煙する)、砂糖、鉄、銅器、木綿糸（色取合)、南京玉、その他小間物等で、大部分はヤクーツクより入荷するが、その一部はアラスカよりアメリカ商人が輸入するものもある。磚茶（約80年前より主要貿易品となった)、ウオッカ、麦酒、火薬、猟銃（モーゼル連発銃、散弾、実包共)。米人は猟銃を以て鯨髭と交換する」（ラテルネル 1942)。

こういう新しい交易の場では次第に儀礼的・饗宴的性格が薄れてゆく。

【参考文献】

Nelson, Edward William　1899　*The Eskimos about Bering Strait*.

Bogoras, Vladimir G.　1909　*"The Chukchee", The Jesup North Pacific Expedition 7*, *Memoirs of the American Museum of National History*, Leiden, E.J.Brill.

鳥居龍蔵　1926『極東民族』第１巻　東洋人類学叢書　文化生活研究会

エム・ラテルネル　1942『ベーリング海周航記』竹林浩吉訳　文政同志社

マクス・ミラー　1942『ベーリング海の霧と人』山本政喜訳　生活社

写真６　Mitlyanskaya, T. B.　1976　*Xudojinki Chukotki* より

III－7

シトカの露米会社——考古学的見地から

デヴィッド・マクマハン

1－キャッスルヒルとロシア領アメリカ

1997と1998年の夏、アラスカ州歴史・考古学事務所は、一般にキャッスルヒルと呼ばれるシトカのバラノフ城址において発掘を行った。 発掘によって、アラスカで最大かつ多様な、19世紀ロシア領アメリカ関連資料を得ることができた。

アラスカの最も重要な歴史的遺跡のひとつであるキャッスルヒルは海抜約18ｍの岬であり、ここには露米会社の行政官事務所などの建造物があった。合衆国がアラスカを帝政ロシアから購入したとき、譲渡式はキャッスルヒルの頂上で行われた（写真１）。

16世紀後半のロシア・コサックによるシベリア征服は、ロシアの北アメリカへの探検と領土拡張の道を開いた。さらにロシアは18世紀初頭、クリール（千島）列島で南への探検と占領を開始し、18世紀半ばまでに毛皮交易者たちはコマンドル諸島とアリューシャン列島に沿って東に進み、毛皮を求めてついにアラスカへたどり着く。1741年、ベーリングは、アラスカ本土を「発見」した最初のヨーロッパ人として知られており、1790年から1818年まで、ロシアの北アメリカ移住地の最高責任者として勤務したアレクサンドル・バラノフは、アラスカでの商業活動を成功させたという点で名声を受けている。

2－シトカ移住の歴史

1799年、バラノフはキャッスルヒルの北およそ10kmに小さい砦を建てた。1802年、バラノフの不在中、この地の先住民であるトリンギットのあるグループが砦を攻撃して燃やし、ロシア人生存者はほとんど残らなかった。バラノフは1804年の秋にアリュートの大兵力と共にここに戻ってキャッスルヒルを占領し、防御柵を施した移住地を建設した。1805年６月までに、ロシア人は石の基礎を持つ８棟の丸太造りの建物を建設した。そして８月にはトリンギットと平和条約を取り交わした。1808年、シトカはロシア領アメリカの首都になった。

1822年、新しい最高責任者の居住地がキャッスルヒル頂上に建設された。さらに1837年には、キャッスル（城）として知られている２階建ての建物が建設され、キャッスルヒルにおけるロシア最後の建造物となった。ロシア人がシトカを領有していた63年の間、会社の建物はキャッスルヒルとその周囲にあった。それらは、行政事務所、浴場、倉庫、作業場、炉、パン屋、造船所および飯場などを含んでいた。

写真１　1970年のキャッスルヒルの景観。丘の頂上に公園がみえる。

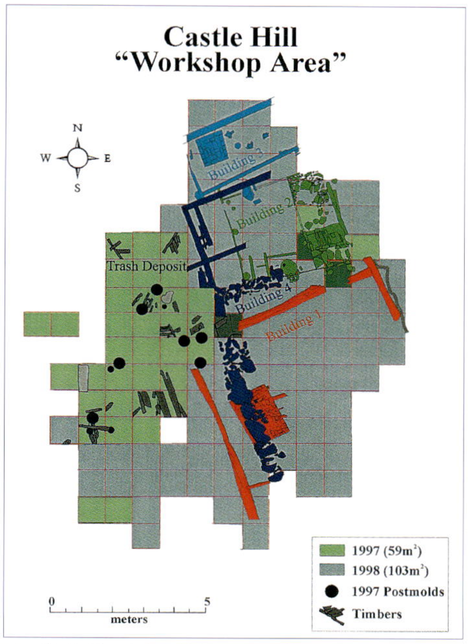

図　作業場地区の発掘区。建物遺構の外壁が見える。

写真２　フォン・キッツリッツによって1827年に描かれたキャッスルヒルの銅版画。前景の建物群は作業場地区。

写真３　建造物１で発見された鯨骨製の白熊

写真４　建造物２の床の煙道遺構

3―キャッスルヒルの考古学

キャッスルヒル考古学プロジェクトは、公園整備に先行して計画され、州の考古学者たちは学生とボランティアの助けを借りて1997年と1998年の夏に発掘調査を行い、300,000点の遺物を得た。丘の頂上と斜面の埋蔵物は、トリンギット、ロシア人、およびアメリカ人が歴史的にこの地に居住していた状況を証明した。先史時代のゴミ捨て場遺構のC14年代測定法では約1000年前を示し、トリンギットが歴史的に居住してきたという伝承を裏付けるものである。

丘の底部近くのテラスでは、予想を超える発掘成果を得た。ここからは露米会社の建物４棟の遺構が発見された（図）。それらは、1827年、最高責任者であったフォン・キッツリッツによって、銅版画に描かれた建物であるかもしれない（写真２）。ロシア要塞内にあったこれらの構造物は19世紀の作業場の集合であり、そこでは金属工が遠くの移住地に輸出するための銅製の生活用具などを製造した。 文書および考古学記録は、1820年から1830年代まで、職人たちが銅製品加工、鍛冶、靴作り、武器および器具修理、桶作り、木工などの雑多な作業に従事していたことを示している。 そこでは先住民とクリオール（ロシアの男性と先住民女性との子供）が、労働力の大きな割合を占めていた。このことは、投射銛、矢柄、編み籠、象牙細工、その他の骨製品といったアラスカ先住民の工芸品を含む多くの遺物の存在により実証されたのである（写真３）。

建造物１（およそ1827-28年――これらは平均的陶磁器の年代であり、建物遺構の絶対年代ではない）は、商人地区である可能性がある。遺物には、西および北部アラスカの先住民の象牙細工やゲームのコマが含まれる。れんが造りの炉を含む建造物２（およそ1820年）は、金属工の店であっただろう（写真４）。床面の残留物は、銅または銅の合金だけではなく銅板細工が行われた証拠を示している。建造物２が崩壊した後に築かれた建造物３（およそ1822年）も同様に金属工の店と解釈される。この建物の内側からは、れんがストーブの基礎、木製の排水管、および金床台らしきものが発見された。

建造物４（およそ1835年以降）は、４棟の建物の中で最も新しく、テラスを占める最後のロシア建築であったかもしれない。この建物は金属工房群の一部ではなく、1867年の地図でこの位置に描かれている「浴室」であったとも考えられる。建物と隣接して、ゴミ捨て場遺構が発見された。この遺構からは、織物、網、ロープ、毛、毛皮、羽、革製品、加工木片、さまざまな植物素材などの有機物が検出された。遺物の保存状態がきわめて良好だったのは、多くのエゾマツの破片が非常に高い土壌酸性度（pH＝5.9 ）を引き起こしたことによる。

４―キャッスルヒルの遺物

19世紀初頭、シトカは、北太平洋の中で最も国際的な港であり、「太平洋のパリ」とさえいわれた。建設後間もなくから、シトカは、北アメリカ西岸に沿っての移住者や、ヨーロッパ・アジア・サンドイッチ（ハワイ）島へ往来する交易者の中継地になった。

従来、ロシア領アメリカの考古学遺跡からの出土資料は、文献記録などの文脈にそって、以下のように理解されてきた。

「1799年以前、ロシア人移住地への物資の供給は、長く困難な陸路運搬の後に、オホーツク港から直接出荷されていたので、シトカは、ロシアから散発的にしか物資の供給を受けられなかった。もし外国船が1805年にシトカに寄航し始めなければ、この物資不足はより深刻となっていたであろう。1839年、ハドソン湾会社との貿易協約に基づき、ロシア人移住地はコロンビア川地方を経由して大量の英国商品を受け取った。1849年以降、移住地は商品を直接イギリス、ドイツ、およびロシアの商人から購入した」

こうした従来からの私たちの理解を超えて、今回得られた考古学的資料は、シトカにおける露米会社の労働者階級が物質的に豊かで多様な文化をもっていたことを示している（写真５）。資料には、子供たちのおもちゃや人形の一部分、木彫のマスケット銃、模型の船にとりつけられていたミニチュアの大砲、時計の一部分、サモワールの部分、およびエッチングが施された鉛ガラスの食器セットなどが含まれており、さらに陶磁器類はロシア・イギリス・中国およびヨーロッパのデルフト焼きなど多様である。

写真５　キャッスルヒル出土の装飾品
（a‐f）シャンデリアのクリスタルガラス
（g）ライオンの頭の形をしたロシア海軍将校のベルトの装飾品
（h）ガラス製の宝石
（i）ガラスのビーズとボタン
（j‐k）磨いたメノウの装飾品
（l）ハート形の銅製イヤリング

写真６　作業場地区から発見された日本製貨幣（寛永通宝）

19世紀初頭にはロシア商品は量的に減少し、植民地は英国およびアメリカの交易者からの商品に依存していたと考えられていた。たしかに英国やアメリカ製品の重要性は否定できないが、キャッスルヒルの出土資料の多くはロシア製品であった。

また、当遺跡の考古学資料は、シトカの地理的に広範な交易関係を証明している。例えば、サンドイッチ島との交易によってこの地にもたらされたであろうココナッツやその外皮繊維などである。この堅い繊維は、ロープ・マットおよび網を生産するために今日も使用されている。竹もまた、検出されている。コロンビア川地方との交易によってもたらされたであろう６個の英国製「フェニックス」ボタンも検出されている。これらのボタンは1820～30年代の遺構から発見されており、太平洋沿岸毛皮貿易に関連して持ち込まれたものであろう。さらにこの遺構からは、19世紀半ばの米国コイン、イギリスやオスマントルコ帝国からのたばこパイプ、フランス製銃の部品、その他多種類のヨーロッパ製品が出土している。

２年間の発掘によって、数千点の織物片や400点以上のビーズとボタンが発見された。M・グローヴァーによる分析の結果、キャッスルヒル出土の織物資料のほとんどは、丈夫な羊毛の平織綾織の布であり、それらは、湿った冷たい気候から体を守ったであろう。さらに彼女は多様な約200点のガラス製交易ビーズについて分析した。その結果、本遺跡出土のガラスビーズは、1840年以降に製造されたイギリス・フランスおよびアメリカの鋳造ビーズが欠落しており、18世紀後半および19世紀初頭に人気があった、透明または緑色の cornelaine d'Aleppo ビーズ（訳注：ハドソン湾会社が売ったビーズ）が多い。また、いわゆる「ロシアンブルー」ビーズとして知られる青い切子面をもつビーズが４個出土しており、これらは、1820年以降にボヘミアで作られたといわれている。

最も注目したいのは、日本の江戸期の３個のコイン「寛永通宝」である（写真６）。いずれも攪乱されていないロシア時代の地層から出土しており、２個はゴミの層から、完形品１個は建造物１の西の壁に沿った地点から得られた。１個には端に穴があけられている。コインがシトカに来た経路は不明である。可能性の一つとして興味深いものは、1842年に仲間と共に漂流しているのを発見され、シトカに連れて来られたジロキチという日本の船乗りによってもたらされたというものである。彼の物語（漂流物語）と描画は、1842～43年のシトカの生活に関する貴重な資料を提供してくれる。キャッスルヒルのコインは、ジロキチのシトカ訪問よりもわずかに前のものと考えれているが、より詳細な分析が必要である。発掘資料の中には、日本製と思われる陶磁器片も識別されている。

キャッスルヒル考古学プロジェクトは、すべての考古学者があこがれる波乱万丈の取り組みであった。300,000点のキャッスルヒル出土資料は今後何年にもわたって学問的な研究上の焦点となり、それらに内蔵された豊かな情報は、シトカの露米会社労働者の日常生活と産業をより深く理解するために役立つであろう。

調査から５年目を迎えた今、私達は、その重要性と真価を理解し始めたばかりである。

（訳：大塚　拓）

写真１～６・図　筆者提供

III—8

北アメリカ・北西海岸における交易

グロリア・C・ウェブスター

1—北西海岸

筆者の属するクワクワキャワク（Kwakwaka' waku）は北米・北西海岸先住民である。

北西海岸の文化圏は、北はアラスカ湾コッパー川デルタから、南はオレゴン州とカリフォルニア州の境に近いチェツコ川まで伸びており、アラスカのチュガチやセント・エリアス山脈からカスケード山脈まで続く本土の山々が東の境を形成する。したがって、アメリカ合衆国の3州とカナダの1地方を含む長さ2400kmの範囲にわたっている。考古学遺物はこの地域に、3000～13,000年にわたって人間が居住していたことを示している。

本稿のために、ホルムによる三つの「地方」 区分を用いることにする。北部地方にはトリンギット(Tlingit)、ハイダ(Haida)、チムシアン(Tsimshian)、ハイスラ(Haisla)、ハイハイス(Haihais)、ヘイルツーク(Heiltsuk)の先住民諸族が含まれる。中央地方には、ヌハールク(Nuxalk〔ベラクーラ： Bella Coola〕)、オーウイキーノ(Oowekeeno)、ヌーチャーヌルス(Nuu-Chah-nulth〔ヌートカ：Nootka〕)、クワクワキャワク〔クワキュートル：Kwakiutl〕(註)が居住する。そして南部地方は、コースト・セイリッシュ(coast Salish)、チヌーカン(Chinookan)、オレゴンと北カリフォルニア沿岸部の人びとから成る(Holm 1990：602)。

北西海岸の気候は、涼しい夏と穏やかで湿った冬をもたらす太平洋と日本海流の影響を受けており、温帯雨林気候である。比較的温暖な晩春、夏、早秋といった気候の周期によって人びとは季節的活動を行った。温暖な時期に狩猟採集と保存食作りが集中し、衣類、生活用具などを作るための材料が集められる。冬期は悪天候で移動が困難なため、人びとは夏に集めた材料でもの作りをする。それらの一部が交易品となった。

2—ヨーロッパ人との接触以前——先住民間の交易

ヨーロッパ人との接触以前、海岸部のさまざまなグループ間でお互いの産物を取引する交易ルートが何百年にもわたって機能していた。また内陸高原のグループとの交易も行われていた。これら長距離交易は、カヌーなしでは不可能であった。頑丈な海洋船の中には、18mの長さをもち、数トンの荷物と漕ぎ手を満載できるものもあり、2本のマストとシダー(スギに代表される多種の常緑針葉樹。いずれも大木を成すレッドシダーとイエ

写真1 バンクーバー島の風景

写真２　交易品を積んでいるカヌー
（ロイヤル・ブリティッシュ・コロンビア博物館の展示）

写真３　重要な交易品だった乾燥ユーラコーン（同左）

ローシダーが重要である）の樹皮で織られた帆を備えていた。北西海岸先住民の全てのグループが独自のカヌーを作ったが、交易用としてはハイダやヌーチャーヌスの手になるものに需要があった。

本土の沿岸部のグループが提供する日用品の中で最も価値あるものは、アラスカのブリストル湾から北カリフォルニアのクラマス川にかけて産卵するキュウリウオ科の魚ユーラコーンからとれる油である（Drake and Wilson：7-8）。一般に「グリース」と呼ばれるこの貴重な魚油の交易に使われたルートは「グリースの道」と名づけられて、沿岸部のさまざまな場所に見られる。グリースはシダー材の箱か乾燥させた大型昆布の茎に入れて貯蔵・運搬された。

毎春、ユーラコーンが遡上する間、ナス川河口では7000から10,000人が交易に集まった。まれに武力衝突も見られたが、概してこの時代、集まった人びとは友好的であった。部族間結婚を通した親族的つながりや、交易関係を維持することの大切さが、争いを避けることに大きく貢献していた。

ハイダは大量の乾燥オヒョウ、乾燥子持ちケルプ（コンブやアラメなどの大型褐藻の総称）、海草、木彫容器や箱を飾る高価な貝殻、彩色された箱を提供し、引き換えにユーラコーン油、乾燥ユーラコーン（写真３）、ムクロジの実（Soapberries）、ムース（アメリカヘラジカ）やカリブー（北米の野性トナカイ）の皮、黄土などの鉱物色素、黒曜石、シロイワヤギの毛、シロイワヤギの毛と上質のレッドシダーの樹皮で織られた儀礼用マントを受け取った（写真５）。内陸部に産する麻（apocynum cannabinum）は、沿岸部のグループからロープを作る材料として需要があった。また、ハイダは、乗ってきた新しいカヌーを売り渡し、古いカヌーを引き取って自分たちの島に帰った。

クワクワキャワクはヌーチャーヌルスと交易し、ユーラコーン油と引き代えにツノガイの貝殻や、儀礼用衣装を装飾するのに使うツノメドリの嘴を手に入れた。クワクワキャワクはさらに、セイリッシュから、バンクーバー島北端や隣接する本土では育たない食用のヒナユリ（camas）の根を入手した。クワクワキャワクの間で祝宴用の品として価値があったムクロジの実は南部地方の本土セイリッシュからもたらされた。これはまず彼らの島内の親族と取り引きされ、次に北のクワクワキャワクとの交易に用いられる。

ハイダとヌハールク、アウイキヌフウ（Awikinuxw）との間では、アサリ、海草、カズノコとユーラコーンやユーラコーン油が交換された。ヌハールクは内陸部の隣人キャリア

(Carrier)、チルコトウン (Chilcotin) から、雪靴用のカリブーなどシカ類の皮を受け取った。北部地方では、ある種の踊りの権利が、部族間の結婚や戦争あるいは略奪を通してやり取りされた。

南部地方の人びとは、バンクーバー島とワシントン州地域の交易を仲介していたマカー (Makah) を通してヌーチャーヌルスからツノガイを入手していた。南部グループのあるものは、貝を通貨として使っていた。シウスラン (Siuslan) やクーサン (Coosan) の間では、男女ともに、ツノガイの輪のサイズを計るために腕に1本または2本の刺青の線を入れていた。

コースト・セイリッシュは内陸部のリルエト(Lillooet)と交易し、ツノガイを渡して鹿皮、籠用の皮、ベリー類、動物の毛皮、雪靴を受け取っていた。

およそこれがヨーロッパ人が来る以前の北西海岸世界であった。

写真4　シロイワヤギの毛を使うコースト・セイリッシュの織物(同前)

3—ヨーロッパ人との接触後の交易

記録上のヨーロッパ人との最初の接触は、1774年、バンクーバー島西岸におけるスペイン人の航海者とハイダとの出会いである。その後矢継ぎ早に、イギリス人とアメリカ人が進出し、すぐに、中国の需要を満たすためのラッコ毛皮交易が栄えはじめた。

ヨーロッパ人はすぐに先住民達が交易活動に長(た)けていることを発見した。キャプテン・クックは、「彼らは熱心な交易者で、手に入れられる限り多くの物を手に入れ、いつでもより多くを要求した」と記している。1786年、ラ・ペルースはヤクタト湾を訪れて、次のような観察をした。「彼らはヨーロッパのいかなる商人にもひけをとらない手管で駆け引きをした」。

写真5　シロイワヤギの毛と上質のレッドシダーの樹皮で織られた儀礼用マント

最初、ラッコの毛皮は、伝統的な石や貝の刃に代わる手斧をつくるための鉄片と交換された。タガネ、ナイフ、板銅、マスケット銃、ブリキの洗面器、ヤカン、毛布、衣服、酒などもラッコと交換された。中国製の木箱は大変な需要があった。一般に「交易ビーズ」と呼ばれたものは、実際は交易ではなく、むしろ取引を始める最初の儀式の中で、贈り物として使われた。ラッコを捕獲し、交易用に加工する時間が必要となったため、先住民たちはもはや伝統的な衣服を作る時間がなくなり、ヨーロッパの衣服を受容するようになった。そのためヨーロッパ製衣類が交易品リストに付け加えられた。同時期に、米、ジャガイモ、糖蜜といった非伝統的食料品もリストに加わる。

先住民が食料を採集し保存するという伝統的生活のサイクルは、ラッコ猟活動によって深刻な影響を受けたのである。

ラッコ毛皮獲得競争が激しくなるのと同じく、先住民の需要も増大した。1801年、極上のラッコの毛皮1枚が、1着の服または2～3丁のマスケット銃、または1樽の火薬の価値があった。それが1812年までに、4枚の毛布、バケツ4杯の糖蜜、バケツ1杯の米、2ダースのパンの塊と1本の斧などと交換されるようになった (Wike 1951；52)。

写真６　ボタン・ブランケット

接触以前の時代に交易をコントロールしていた人びとは、海洋毛皮交易が発達するにつれてより豊かで強大になっていった。彼らは狩猟者である先住民とヨーロッパ人との仲介者としての地位を固めていったからである。ヨーロッパ人との接触を独占しようとする首長たちの間でいくつかの争いが起きた。

1830年代までに、海洋毛皮交易はほとんど終わろうとしていた。ラッコは絶滅寸前まで乱獲された。ハドソン湾会社は既存の交易ネットワークの利点を生かし、ビーバーやテンなど陸上動物の毛皮に交易の焦点を移した。

北西海岸の人びとは、入手した品物を、本来それがもっていた使い方とは全く異なる利用の仕方をした。例えば、交易で手に入れた毛布は、赤い木綿布のアップリケとアコヤガイのボタンで装飾されて「ボタン・ブランケット」と呼ばれた(写真６)。最も高価なボタンは中国製で、クワクワキャワクの間ではツンズス（tsandzas)、つまり「中国からのもの」と言われた。ツノメドリの嘴に代わって鉄砲の弾薬、鉄製指貫、ベルが、儀式用前掛けの飾りとして用いられた。そのうちに、ハドソン湾会社の毛布は通貨としての機能を果たすようになり、１枚のシングルサイズの毛布が50セント、ダブルサイズのものは1.5ドルに相当した。

南部地方の一部では、ツノガイに代わって交易ビーズが通貨として扱われた。さまざまな太さの真鍮や銅線から、腕輪が作られた。イヤリング、腕輪、ブローチがアメリカの金貨から作られ、それらを交易によって初めに手に入れたものたちの子孫によっていまだに所有されている。

４—交易に用いられた言語

北西海岸で交易に従事していたものたちの言語は、英語、スペイン語、フランス語、割合は少ないが45の異なる先住民言語を含み、非常にバラエティーに富んでいた。それゆえ、交易用語はこれら多様な言語集団間のコミュニケーションを容易にするように発達した。それは、南部地方の低地コロンビア川地域のチヌーク（Chinook）の人びとによって話された言葉と区別するためにチヌーク・ジャーゴン（Chinook Jargon）と呼ばれる。全ジャーゴンの語彙はおよそ500 で、その約半数がチヌーク語からきており、文法もそれに準ずる。その他の単語は、ヌーチャーヌスからはおよそ10%の語彙を、英語・フランス語からはそれぞれ15%ずつ借りている。

ヌーチャーヌルスのジャーゴンへの貢献のうち最もよく知られているのは「与えること」を意味するポトラッチ（potlatch）である。この言葉は、同様の儀式を表現する独自の単語をもつ他の北西海岸先住民全体のなかで、「儀式」を指す一般的な言葉として残っている。例えば、クワクワキャワクの間では、儀式の名前はプァサ（pasa)、すなわち「やっつける」である。これは、ホストの気前のよい贈り物のプレッシャーでゲストをやっつける、あるいは葬るという意味である。フランス語のsauvage（野蛮な）からきたサィワシ(Siwash）は先住民を表す言葉として導入された。一方、キング・ジョージやボストンはそれぞれイギリス人、アメリカ人を指す言葉であった。サィワシという言葉は、先住民を指す軽蔑的な用語となり、徐々に使われなくなった。

写真１〜４　大塚和義氏撮影／写真５・６　国立民族学博物館蔵

宣教師や移住者たちの到着後、ジャーゴンの使用は続き、また拡大した。カソリック・プロテスタント両方の布教のなかで、祈り詞や聖書・賛美歌などがジャーゴンに翻訳された。1838年から1849年の間にH・ヘイル，A・ロス，R・S・パーカー他の人びとがジャーゴンに興味をもって単語を集収したおかげで、今日、交易に起因する一連の情報が数多く残っている。

ヨーロッパ人と先住民間の交易が盛んになると、先住民の芸術と諸儀礼は新たな極みへと発展した。しかしその栄光は、宣教師や政府の役人が北西海岸の先住民に対する支配力を大きくし始めるまでであり、以後、流行病の影響などとあいまって、我々の老人たちが「暗い年月」と呼ぶ時代になってしまった。

毛皮交易時代とは異なる現代の状況のなかで、20世紀も後半になって新しい文化的復活が始まり、今日まで続いている。幸いに、ここ数年、先住民が失いかけたその文化的世界を取り戻すという、目を見張るばかりの大きな変化が起きている。　　　　（訳：大塚　拓）

註：〔　〕の名前は現在、さまざまな言語グループに拒絶され、それぞれ独自の名称に置き換えられている。例えば、クワキュートルは最初にヨーロッパ人と接触した一部族だけを指す名称で、ヨーロッパ人が誤って周辺の村々もまたクワキュートルであると仮定してしまったのである。クワクワキャワクは、「クワクワラ（Kwakwala）を話す全ての人たち」を意味し、より厳密性を持つ。

訳註：クワクワキャワクは、現在日本ではクワクワカワクとカタカナ表記されているが、筆者の強い要望により、原音に近い表記にした。

【参考文献】

Cook, James　1778　*A Voyage to the Pacific Ocean; Undertaken by the Command of His Majesty for Making Discoveries in the Northern Hemisphere* ... 3 vols. [Vol.3 by James King], London, Printed by W. and A.Strahan for G. Nichol and T. Cadell.

Drake, Allene and Lyle Wilson n.d. *Eulachon: A Fish to Cure Humanity*, Museum Note No. 32, UBC Museum of Anthropology, Vancouver.

Hale, Horatio　1846　Ethnography and Philosophy, Vol.6 of *United Stated Exploring Expedition During the Years 1838, 1839, 1840, 1841, 1842*. Philadelphia, Lea and Blanchard.(Reprinted: Gregg Press, Ridgewood, N.J.,1968)

Holm, Bill　1990　Art, *Handbook of North American Indians* Vol.7, Smithsonian Institution.

Meares, John　1790　*Voyages Made in the Years 1788 and 1789 from China to the North West Coast of America: With an Introductory Narration of a Voyage Performed in* 1786, *from Begal, in the Ship Nootka*, 2 vols. London, Logographics Press.(Reprinted: Da Capo Press, New York, 1967)

Ross, Alexander　1849　*Adventures of the First Settlers on the Oregon or Columbia River: Being a Narrative of the Expedition Fitted out by John Jacob Astor, to Establish the Pacific Fur Company, with an Account of Some Indian Tribes of the Coast of the Pacific.* London, Smith and Elder. (Reprinted: Citadel Press, New York, 1969)

Van Kirk, Sylvia　1980　*"Many Tender Ties": Women in Fur Trade Society in Westerm Canada, 1670-1870*, Winnipeg, Man., Watson and Dwyer. (Reprinted: University of Oklahoma Press, Norman, 1983)

Wike, Joyce　1951　The Effect of the Maritime Fur Trade on Northwest Coast Indian Society. (unpublished Ph. D Dissertation in Political Science, Columbia University, New York City).

Trade and Crafts of Indigeneous Peoples in the North Pacific Rim

General Introduction

I The land of the Ainu ("Ainu Moshir") and Japan

II Sakhalin and Amur River Region

III Kurile Islands, Kamchatka Peninsula, Alutien Islands, Alaska and Northwest Coast

Summary

Kazuyoshi OHTSUKA

Indigenous peoples in the North Pacific Rim had established inter-societal trading networks and developed their distinct cultures through the exchange of goods, technologies and information. This book presents some of the results of a Minpaku joint research in fields such as anthropology (ethnology), history, archaeology, material sciences and art and crafts, with the overall goal of examining the processes of cultural change. Prior to this research, studies emphasizing local places and trade goods had not been conducted in Japan. In addition, this book deals with several cases of indigenous trade in East Asia focusing on the Ainu, who were not examined in the Smithsonian project "Crossroads of Continents: Cultures of Siberia and Alaska" by W. Fitzhugh and A. Crowell (1988).

This book consists of three parts, in addition to the editor's general introduction.

The first part deals with *Ainu moshir* (the land of the Ainu) and Japan. The Ainu people brought marine products such as kelp and sea otter and other seal furs from their territory, and Chinese products obtained through trade with other indigenous groups on the Mainland, to Japanese society. In this part, several authors discuss the socio-cultural impacts of the Ainu's intermediary trade between the other native peoples and Japanese upon both the Ainu society and the Japanese society.

The second part deals with the Sakhalin Island and Amur River regions, with several authors describing trade and cultural exchange between native peoples of these Sakhalin Island and Amur River Regions. Specifically, the close relationship between the Ainu on Sakhalin Island and the Ulchi in the Amur River region is demonstrated through two examples: 1) the transfer of a belt-weaving technique from the Ainu to the Ulchi, and 2) the diffusion of Japanese lacquered wares originally owned by the Ainu in Hokkaido to the Ulchi area. Also, some authors describe indigenous crafts such as fish skin cloth and embroidery in the Amur region, as well as indigenous trade including circulation of walrus tusks in the North Pacific Rim from a macro-perspective.

The third part deals with the regions from Kulile Islands to Alaska and the Northwest Coast. Russians seeking good quality furs such as sea otter triggered Russian colonization of Alaska. Russian traders forced indigenous peoples to catch sea otter and other fur animals. The involvement in the fur trade of indigenous peoples resulted in drastic changes in their cultures and societies. On the other hand, the native peoples created fine crafts and ornaments with imported glass beads and gave special meaning and value to the beads. One author in this part reports that several old Japanese coins "Kan-ei Tsuho" were found at the Castle Hill site in Stka, where a center of the Russian-American Company was located.

The book is, based on presentations and discussions of two joint research projects "Trade in Indigenous Societies in the North" (fiscal year 1996-1998) and "Economic Systems and Historical Transformation of Indigenous People in the North Pacific Rim" (fiscal year 1999-2001), and from research results of "Ethnological Study of Indigenous Societies and Trades in the North Pacific Rim" (Monbushou Grant-in-Aid for Scientific Research, fiscal gear 1997-1999).

■執筆者一覧■

List of Authors

【総論】

大塚和義(おおつか かずよし) 国立民族学博物館・民族文化研究部教授

(Kazuyoshi Ohtsuka, National Museum of Ethnology)

【I】

田島佳也(たじま よしや) 神奈川大学・経済学部教授

(Yoshiya Tajima, Kanagawa University)

菊池勇夫(きくち いさお) 宮城学院女子大学・教授

(Isao Kikuchi, Miyagi Gakuin Women's College)

松木 哲(まつき さとる) 神戸商船大学・名誉教授

(Satoru Matsuki, Kobe University of Mercantile Marine)

児島恭子(こじま きょうこ) 早稲田大学・非常勤講師

(Kyoko Kojima, Waseda University)

藤田明良(ふじた あきよし) 天理大学・国際文化部助教授

(Yoshiaki Fujita, Tenri University)

森下雅代(もりした まさよ) 森下造形研究室主宰

(Masayo Morishita, Morishita Institute of Leather Craft)

宇仁義和(うに よしかず) 斜里町立知床博物館・学芸員

(Yoshikazu Uni, Shiretoko Museum)

井上洋一(いのうえ よういち) 東京国立博物館・事業普及室長

(Youichi Inoue, Tokyo National Museum)

田口 尚(たぐち ひさし) (財)北海道埋蔵文化財センター・第1調査部第1調査課主査

(Hisashi Taguchi, Hokkaido Archaeological Remains and Cultural Properties Investigation Center)

松崎水穂(まつざき みずほ) 上ノ国町教育委員会・文化財課主任学芸員

(Mizuho Matsuzaki, Education Committee of Kaminokuni-Cho)

中川 裕(なかがわ ひろし) 千葉大学・文学部教授

(Hiroshi Nakagawa, Chiba University)

秋道智彌(あきみち ともや) 総合地球環境学研究所・教授

(Tomoya Akimichi, Research Institute for Humanity and Nature)

【II】

佐々木史郎(ささき しろう) 国立民族学博物館・民族学研究開発センター助教授

(Shiro Sasaki, National Museum of Ethnlogy)

タチヤナ・P・ローン サハリン州郷土博物館・副館長

(Tat'yana P. Roon, Sakhalin Regional Museum)

越田賢一郎(こしだ けんいちろう) (財)北海道埋蔵文化財センター・普及活用課長

(Kenichiro Koshida, Hokkaido Archaeological Remains and Cultural Properties Investigation Center)

赤沼英男(あかぬま ひでお) 岩手県立博物館・主任専門学芸員

(Hideo Akanuma, Iwate Prefecture Museum)

小杉 康(こすぎ やすし) 北海道大学・大学院文学研究科助教授

(Yashusi Kosugi, Hokkaido University)

小林幸雄(こばやし ゆきお) 北海道開拓記念館・事業部普及事業課長

(Yukio Kobayashi, Hokkaido Historical Museum)

柳 元悦(やなぎ もとよし) 沖縄県立芸術大学・非常勤講師

(Motoyoshi Yanagi, Art University of Okinawa Prefecture)

大塚孝子(おおつか たかこ) 民族学研究者

(Takako Otsuka, independent researcher)

タチヤナ・V・メリニコヴァ　ハバロフスク州郷土博物館・主任学芸員
(Tat'yana V. Mel'nikova, Regional Museum of Khabarovsk)
菊池俊彦(きくち としひこ)　北海道大学・大学院文学研究科教授
(Toshihiko Kikuchi, Hokkaido University)
Ch・M・タクサミ　ロシア科学アカデミー人類学民族学博物館・前館長
(Chuner M. Taksami, Museum of Anthropology and Ethnology, Russian Academy of Sciences)

【III】
手塚　薫(てづか かおる)　北海道開拓記念館・学芸員
(Kaoru T.ezuka, Hokkaido Historical Museum)
渡部　裕(わたなべ ゆたか)　北海道立北方民族博物館・学芸課長
(Yutaka Watanabe, Hokkaido Museum of Northern Peoples)
大島　稔(おおしま みのる)　小樽商科大学・言語センター教授
(Minoru Oshima, Otaru University of Commerce)
長谷部一弘(はせべ かずひろ)　市立函館博物館・学芸係長
(Kazuhiro Hasebe, Hakodate City Museum)
岸上伸啓(きしがみ のぶひろ)　国立民族学博物館・先端民族学研究部助教授
(Nobuhiro Kishigami, National Museum of Ethnology)
谷本一之(たにもと かずゆき)　北海道立アイヌ民族文化研究センター・所長
(Kazuyuki Tanimoto, Hokkaido Ainu Culture Research Center)
デヴィッド・マクマハン　アラスカ州　歴史・考古学局・研究員
(David McMahan, Alaska Office of History and Archaeology, Alaska State)
グロリア・C・ウエヴスター　ウミスタ文化センター・元所長
(Gloria C. Webster, Umista Cultural Centre)

あとがき

本書は、国立民族学博物館で編者が研究代表者として開催された共同研究会「北方先住民社会における交易」(1996～98年度)「北太平洋における先住民の経済システムとその変容過程」(1999～2001年度) の研究成果を基礎にしている。この研究会では、ユーラシアとアメリカの二つの大陸を北方で結ぶ交易路を切り開いた数多くの先住民の歴史をふまえて、交易をめぐって文化的にどのような問題が引き起こされたのかを、具体的な「もの」で検討することを目的にしていた。そのために、民族学（文化人類学)、民俗学、歴史学、考古学、科学分析、工芸技術など多分野から専門家の参加をえて大いなる学問的刺激と成果を得ることができた。本書に論考をお寄せいただいた方々に心から感謝するしだいである。本書の編集には、最新の研究内容を、可能なかぎり平易な文章にすること、カラー写真や図などを多数用いて、視覚的にも分かりやすさを心がけた。

本書の特徴は、中国や日本を主軸にした東アジア商品経済の強力な展開が、アムール川流域やサハリン島の先住民、それに北海道島を中心とした先住民アイヌにとっていかなる社会的経済的、そして文化的役割を演じたのかを、多面的に描き出すことができた点である。

本書にいくぶん重なる先行研究の業績としては、アメリカ・スミソニアン研究機構のひとつアメリカ自然史博物館刊行のW・フィッチュー(William W. Fitzhugh)とA・クロゥエル (Aron Crowell) 編『大陸の十字路──シベリアとアラスカの文化 (*Crossroads of Continents ── Cultures of Siberia and Alaska*)』(1988) がすぐれた北太平洋先住民交易の基本文献となっている。しかし、この文献ではアメリカ北西海岸からカムチャツカ半島地域までが扱われ、日本や中国に対する記述はきわめて手薄である。本書は日本や中国を中心にした先住民交易の研究成果であって、両書は互いに補完しあうものとなっており、本書出版の意義もここにある。

さらに本書には、上記共同研究会の成果に加えて、1997～99年度に実施された文部科学省国際学術調査「北太平洋における先住民社会と交易に関する民族学的研究（代表者：大塚和義)」の現地調査の成果をも取り込んである。これらの研究成果の一部は、すでに国立民族学博物館特別展『ラッコとガラス玉──北太平洋の先住民交易──』(2001年9月20日～2002年1月15日) を開催して公表した。アメリカ・ロシア両国と日本国内の博物館等の協力を得て、北方先住民交易をテーマにした大規模な展示が日本で行われたのは、はじめてのことであり注目された。この特別展では、展示図録として大塚和義編『ラッコとガラス玉』(千里文化財団) を刊行した。本書と併読されることを希っている。特別展開催期間には、富山市、札幌市、網走市において特別展関連巡回ゼミナールを実施して、市民に研究成果の公開を行った。くわえて、特別展関連事業として文部科学省国際シンポジウム「北太平洋における先住民交易と工芸 (Indigenous Trade and Art in the North

Pacific Rim」(2001年10月１日～５日）も編者が代表者として実施することができた。この成果報告は本書とは別に準備中である。

本書掲載の露文翻訳は佐々木史郎・枡本哲、英文翻訳は大塚拓が行った。その労に感謝したい。また、本書編集の事務連絡やゲラ校正では、大塚孝子の役割がなくては出版をなしえなかったことを記しておきたい。

本書の刊行に際して、財団法人宮本記念財団から助成をいただいた。また、国立民族学博物館が編集経費の一部を負担した。記して謝意を表したい。

本書の出版は、編者ならびに出版社の事情により大幅に遅延し、執筆者と翻訳者をはじめ関係する皆様に心よりおわび申しあげる次第である。

ことに、出版事情の厳しい折に本館の熊倉功夫教授の紹介を得て、本書を世に出すことを快諾してくださった思文閣出版と林秀樹編集長には、心からの謝意を申し述べたい。

私事にふれて恐縮であるが、本書編集中に還暦をむかえ、刊行が編者にとって、大きな区切りの意味をもつものになった。これを機に、心を新たに研究を進める所存である。

2002年（平成14）12月15日　　大塚和義

北太平洋の先住民交易と工芸

2003(平成15)年2月14日発行

編　者
大塚和義

発行者
田中周二

発行所
株式会社　思文閣出版
(SHIBUNKAKUSHUPPAN CO.,LTD.)
606-8203 京都市左京区田中関田町2-7　電話 075(751)1781(代)

定価：本体2,800円(税別)

印刷・製本　株式会社 図書印刷 同朋舎
 ISBN4-7842-1087-3　C1024